S MENTALITY

반드시 주목해야 하는 책이다. 오랜 기간 심혈을 기울인 연구·조사를 토대로 승리하는 성장 로드맵을 제공한다. 건강한 문화를 구축하고 보유한 기업은 빠르게 규모를 키우면서도, 과부하나 속도 저하의 위기를 피할 수 있다. 신생기업의 경영자나 투자자, 〈포춘〉 500대 기업 경영인 능 비스니스의 싱징을 고려히는 사람이라면 누구든 이 책을 필요로 할 것이다!

–린다 로텐버그 인데버 글로벌의 공동 창업자 겸 CEO

회사가 성장하면 규모와 복잡성이 추진력을 위협할 수 있다. 주크와 앨런의 '창업자 정신'은 리더들이 성공을 지속시키기 위해 민첩성을 유지하도록 유용한 통찰을 제공한다.

–레슬리 웩스너 엘브랜즈의 창업자 겸 CEO

"우리는 기업이 성장하는 과정에서 세 가지 위기가 나타난다는 사실을 확인했습니다. 그리고 그 위기를 극복할 수 있는 솔루션이 존재함을 확인했습니다."

크리스 주크 Chirs Zook

베인앤드컴퍼니의 파트너이자 글로벌 전략 업무를 20년째 이끌고 있는 공동 리더. 〈더타임스〉에서 선정한 세계에서 가장 영향력 있는 비즈니스 사상가 50인에 속한다. 주크의 주 업무는 고객 기업이 수익을 동반한 성장의 다음번 물결을 찾도록 돕는 일이다. 그는 정보기술, 건강관리, 컴퓨터, 벤처캐피탈 등 다양한 분야에서 고객을 돕고 있다. 다보스 세계경제포럼을 포함해 권위 있는 글로벌 포럼들에 종종 연사로 참여한다. 《핵심에 집중하라》와 《핵심을 확장하라》, 《최고의 전략은 무엇인가》, 《멈추지 않는 기업》 등과 같은 베스트셀러의 저자이며 〈월스트리트저널〉과 〈워싱턴포스트〉 등 유수의 언론에 글을 기고하고 있다. NPR과 CNBC, 블룸버그 TV 등에 게스트로 출연했으며, 〈포브스〉 글로벌 CEO 콘퍼런스와 〈비즈니스위크〉 CEO 서미트, 〈이코노미스트〉 서미트, 하버드 저명 연사 시리즈 등을 포함한 광범위한 비즈니스 토론회에 연사로 참여하고 있다. 윌리엄스대학교를 졸업하고 엑세터대학교·옥스퍼드대학교·하버드대학교에서 경제학 석·박사 학위를 취득했으며, 암스테르담 집과 보스턴 집을 오가며 가족과 생활하고 있다.

제임스 앨런 James Allen

베인앤드컴퍼니 런던 지사의 파트너이자 글로벌 전략 업무의 공동 리더. 베인앤드컴퍼니에서 다양한 리더 역할을 수행해왔으며, 대부분 창업자들이 이끄는 고성장 기업들의 글로벌 네트워크인 '베인 창업자정신 100'을 조직하기도 했다. 25년 이상의 컨설팅 경험을 토대로 소비용품, 석유산업, 텔레커뮤니케이션, 건강관리 등 폭넓은 분야에서 글로벌 기업들을 돕고 있다. 특히 글로벌 성장 전략이나 이머징마켓 진입 전략, 기업 회생 전략 등의 개발을 전문으로 한다. 베스트셀러 《핵심에 집중하라》와 《최고의 전략은 무엇인가》 등의 공동 저자이며, 성장 전략과 고객 전략, 2020년의 고객 등을 주제로 많은 기사를 기고하고 있다. 세계경제포럼을 비롯하여 여타 비즈니스 콘퍼런스에 종종 연사로 참가하며, 3년 전부터 베인앤드컴퍼니의 '창업자 정신' 블로그에 정기적으로 글을 올리고 있다. 케니언대학과 존스홉킨스 고급 국제연구 대학원, 하버드 경영대학원을 졸업했으며, 런던에서 아내와 세 자녀와 함께 살고 있다.

BAIN & COMPANY ◉

창업자 정신

창업자 정신

THE FOUNDER'S MENTALITY

크리스 주크 · 제임스 앨런 지음 | 조영서 감수 | 안진환 옮김

한국경제신문

THE
FOUNDER'S
MENTALITY

———
차례
———

—
서문
—

성장의 역설

기업이 성장하면 그에 따라 조직과 체계가 복잡해지기 마련이다. 이 복잡성은 기업이 성장을 지속하는 데 큰 몫을 하지만, 어느 시기에 이르면 소리 없이 성장을 죽이는 요인이 되고 만다. 이를 '성장의 역설'이라 한다. 지난 10년 동안 적어도 유의미한 수준의 흑자 성장 (연 5.5퍼센트 이상의 매출 및 이익성장)을 꾸준히 기록한 회사는 9개 가운데 1개꼴밖에 되지 않는다. 기업 경영진의 85퍼센트가 자사에서 적자를 기록하는 원인이 외부가 아니라 내부에 있다고 진단한다. 이러한 현상이 바로 성장의 역설 때문이다.[1]

기업이 지속적으로 성과를 내는 근본적인 힘은 조직의 내부 깊숙한 곳에서 발원하며, 이는 어쩌면 당연하다고 할 수 있다. 주의 깊게 들여다보라. 그러면 당신이 지금까지 접해본 어떤 성공담이나 실패담에서도 언제나 서로 얽히고설키는 두 가지 스토리를 발견할 수 있다.

첫 번째는 시장에서 전개되는, 외부의 스토리다. 분기별 수익이나 매출, 주주수익률, 시장 점유율 등의 변동과 같이 쉽게 눈에 띄는 요소들로 되어 있다. 현재 상황을 확인하거나 변동을 추적하기가 비교적 쉬우며 이사회 임원들과 투자자, 언론, 대중 등 대부분의 사람이 관심을 갖고 들여다보는 스토리이기도 하다. 특정 기업이 고객의 요구에 어떻게 부응하고 시장에서 어떻게 승리를 거두는지를 설명해주기 때문이다.

두 번째는 기업 안에서 전개되는, 내부의 스토리다. 사업체를 구축하고, 우수한 인력을 채용하여 유지하고, 조직 문화를 강화하고, 시스템을 업그레이드하고, 경험에서 배우고, 사업 모델을 조정하고, 비용을 절감하는 등의 모든 일이 완벽하게 이뤄지도록 사람들을 결집하는 것에 관한 스토리다. 그래서 대개는 얼른 눈에 띄지 않는다.

어떤 기업은 외부적으로는 탁월한데 내부적으로 문제를 겪기도 하고, 어떤 기업은 외부적으로 문제가 있는 반면 내부적으로는 우월하기도 하다. 그렇지만 기업은 성공하고자 한다면 궁극적으로 두 부문 모두에서 경쟁사들보다 앞서야 한다. 내부가 엉망인 채로 시장에서 성장을 지속할 수는 없는 법이며, 시장에서 실패를 거듭하면서 우수한 조직 문화를 유지할 수는 없기 때문이다.

그동안 우리는 외부의 전략 게임에서 승리하는 방법과 관련해

《핵심에 집중하라Profit from the Core》를 필두로 네 권의 책을 발표했다. 이 책은 우리가 최초로 내놓는 내부의 전략 게임에 관한 책이다. 성장기 기업과 성장한 기업 모두가 내부적 위기를 겪기 마련인데, 이 책에서는 그 위기를 피하는 방법에 대해 다룬다.

기업의 성장 과정에서 나타나는 세 가지 위기

우리는 기업이 성장하는 과정에서 세 가지 위기가 나타난다는 사실을 확인했다. 성장의 각기 다른 단계에서 나타나며, 충분히 예측할 수 있는 것들이다.

첫 번째는 '과부하overload' 위기다. 성장이 가파른 신생기업은 종종 사업 규모를 급속히 확장한다. 이때 경영진은 내부적으로는 기능 장애가 발생하고 외부적으로는 추진력이 저하됨을 느끼게 되는데, 바로 이러한 위기를 가리킨다.

두 번째는 '속도 저하stall-out' 위기다. 승승장구하던 기업의 다수가 갑작스럽게 맞닥뜨리는 위기다. 급격한 성장으로 조직의 복잡성이 증가하고, 한때 조직의 핵심이자 에너지의 원천이던 기업의 사명mission이 흐릿해지면서 나타난다.

세 번째는 '자유 낙하free fall' 위기로, 조직의 존립에 가장 큰 위협을 가한다. 기업은 자신의 핵심 시장에서 성장을 완전히 멈추며, 최근까지 성공의 원인으로 작용했던 사업 모델이 돌연 경쟁력을 상실한다. 쇠락의 속도가 너무나 빨라서 속수무책이 되기 쉽다. 경영진은 통제력을 상실했다고 느끼며, 위기의 근원을 확인하는 데 어려움을 겪는다. 나아가 이 위기에서 탈출하기 위해 어떤 레버를 당겨야 하는지도 모르게 된다.

신생기업에서 초기 성장기를 거치며 성공적인 경로를 밟아온 기업들에게는 이 세 가지 위기에 빠진 때가 가장 위험성이 높고 가장 스트레스가 많은 시기다. 좋은 소식은 이들 위기가 예측 가능할 뿐 아니라 종종 막을 수도 있다는 사실이다. 이들 위기를 불러온 요소들 역시 예상할 수 있으며, 때로는 변화를 위한 건설적 기점으로 삼을 수도 있다.

창업자 정신

이 책에 담긴 우리의 통찰은 단순하면서도 심오한 두 가지 진리에 바탕을 두고 있다. 첫 번째는 과부하, 속도 저하, 자유 낙하가 모두 예측 가능한 위기라는 것이다.

이익성장profitable growth을 지속해온 기업들은 대부분 공통된 동기 부여 방식과 태도를 보여준다. 그리고 그 뿌리가 대개는 사업 초기에 방향을 제대로 잡은 대담하고 야심 찬 창업자에게까지 거슬러 올라간다. 이들 기업에는 애초에 그런 성장세를 갖게 한 창업자의 사고방식이 내부적으로 유지되고 있다. 또한 종종 자신들을 반역자 insurgent*로 간주한다는 특성 역시 면면히 이어진다. 충분한 서비스를 받지 못하거나 만족하지 못하는 고객을 대신하여 기존 업계나 표준과 전쟁을 벌이기도 하고, 완전히 새로운 산업을 창출하기도 하는 반역자로 말이다.

이익을 내며 규모를 키워온 기업들은 복잡성과 관료주의는 물론이고 전략을 명확하게 실행하는 데 방해가 되는 것은 무엇도 허용하지 않는다. 그 대신 사업의 세부 사항을 중시하고, 고객과 직접 접촉하는 최일선의 현장 직원들을 존중한다. 그런 기업들에서는 구성원 모두가 사명과 초점을 명확히 인식하고 있다. 이에 비해 일반적인 기업에서는 직원 다섯 가운데 둘만이 자신이 몸담은 조직이 지향하는 바를 알고 있다고 답했다.[2] 또한 지속적으로 성장하는 기업은 직원들에게 강한 책임의식을 길러주는 특별한 능력을 갖추고 있다. 이에 비해 일반적인 기업에서는 다른 경향을 보였다. 예컨대 갤럽의 최근 설문조사에 따르면 일반적인 기업의 경우 고작 13퍼센트의 직원만이 자신의 회사에 감정적으로 연결된 느낌을 갖는다고 답했다.[3]

이러한 태도와 행동방식이 어우러져 특정한 사고방식을 구성하는데, 우리는 그것을 '창업자 정신The founder's mentality'이라고 부른다. 이는 사업에 성공하는 데 가장 중요한 비결임에도 실제로는 그에 걸

---

* [insurgent] 반역, 새로운 것을 취하려고 기존의 것을 거스른다는 의미로 번역했다.

맞은 평가를 받지 못하고 있다. 창업자 정신은 반역적 사명의식insurgent mission과 현장 중시, 주인의식이라는 세 가지 주요 특성으로 구성된다. 이는 성장을 막 시작한 기업이 자신들보다 규모가 훨씬 크고 여건이 잘 갖춰진 기존 기업들에 도전할 때 가장 강력한 경쟁력이 된다. 창업자가 직접 이끄는 기업 또는 직원들이 일상적 결정과 행동 방식에 참조하는 원칙이나 규범, 가치에 창업자의 영향력이 여전히 남아 있는 기업에서 이 점을 확인할 수 있다.

우리는 그간의 연구를 통해 기업에 남아 있는 창업자 정신과 그들이 시장에서 성과를 지속시키는 능력 사이에 깊은 관계가 있음을 발견했다. 신생기업뿐 아니라 모든 단계의 기업에서 마찬가지였다. 우리가 파악한 바에 따르면, 1990년 이래 지금까지 창업자가 여전히 경영에 참여하는 기업의 주주수익률이 그렇지 않은 경우의 3배에 달했다(그림 0-1 참조).[4] 가장 높은 성과를 일관되게 올린 기업들은 최악의 성과를 거둔 기업들보다 창업자 정신의 속성을 4~5배 많이 보유하는 것으로 나타났다.[5] 또 다른 예로, 10년 이상 지속적으로 수익을 내면서 성장해온 기업은 대략 9개 중 1개꼴이었다. 그런데 그 하나에 해당하는 기업들의 3분의 2가 창업자 정신이 지배하는 기업인 것으로 드러났다. 이는 주목할 만한 수치다.

문제는 기업들이 규모가 커져 감에 따라 너무도 쉽게 창업자 정신을 잃어버린다는 것이다. 기업이 성장하고 규모를 키우는 일은 필연적으로 프로세스와 시스템을 증가시킨다. 이에 따라 조직에 복잡

그림 0-1 | 창업자가 이끄는 기업들의 총주주수익률

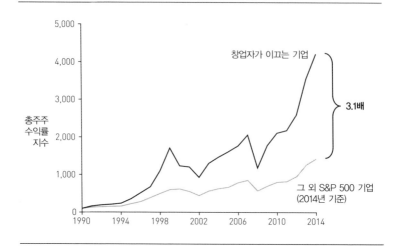

성이 더해지며, 창업 당시의 반역적 의식이 흐려지고 창의적 인재를 유지하기가 어려워진다. 그리고 이와 같은 깊고 미묘한 내부 문제는 다시금 제반 외부 활동에 악영향을 미친다. 〈그림 0-2〉는 전 세계 325명의 임원을 대상으로 한 설문조사 결과를 정리한 것이다. 기업의 리더들이 자사에 창업자 정신이 작용한다고 인식하는 정도가 기업이 커짐에 따라 감소한다는 점을 보여준다.

자사의 핵심 시장이 날로 성장하고 있고, 막대한 투자 자금과 독점적 기술을 갖췄으며, 최고 수준의 브랜드 인지도와 방향을 제대로 잡은 리더십 등 모든 것을 보유한 기업이 있다고 하자. 실로 업계를 지배한다고 얘기할 수 있을 것이다. 그런데 만약 그 기업이 어느 날

그림 0-2 | 기업 규모에 따른 임원들의 창업자 정신에 대한 인식

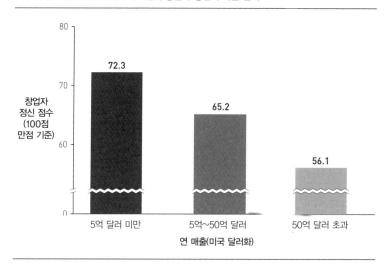

갑자기 쇠락의 길로 접어든다면 어디에서 이유를 찾을 수 있을까?

실제 사례가 있다. 바로 노키아Nokia다. 1990년대의 노키아는 휴대전화 단말기 시장의 절대 강자였다. 우리는 1990년대 내내 노키아가 전 세계 단말기 시장의 이익 중 90퍼센트 이상을 가져간 것으로 추정한다. 그랬기에 당연히 앞으로도 오랜 기간 시장 지배력을 유지할 거라고 봤다. 노키아는 심지어 차세대 스마트폰에 적용할 수 있는 여러 요소까지 마련해놓고 있었다. 당시 이미 소형 터치스크린 기술을 개발했을 뿐 아니라 소형 카메라 분야의 세계 선두 주자였으며, 음악을 유통하는 방법도 익혀둔 상태였다. 전화기에 공짜 이메일 서비스를 추가해준 최초의 기업 중 하나이기도 했다. 그런데 기업이 성장함에 따라 과부하가 걸리고, 급증하는 조직적 복잡성 탓에 눈이 멀게 되었다. 그러더니만 결국 자신들의 우위를 제대로 활용하지 못하고 차세대 휴대전화 개발에서 뒤처지고 말았다.

노키아가 실패한 것은 자원이 부족했거나 기회가 없어서가 아니었다. 노키아는 유례가 없을 정도로 급격히 성장하는 시장의 주도자였으며, 역사상 가장 엄청난 돈더미 위에 올라앉아 있었다. 하지만 반역자처럼 생각하고 미래에 투자하는 대신, 그 수익의 40퍼센트를 주주들에게 배당했고 자사주를 대량으로 되사는 데에도 그 돈을 썼다. 그로부터 2~3년도 안 돼 애플과 삼성, 이어서 구글이 스마트폰 시장을 나눠 가졌다. 그리고 한때 혁신과 반역적 사고방식의 모범이었던 노키아는 급격한 쇠퇴의 길에 접어들었다. 노키아의 이사회 임원 중 한 명은 인터뷰에서 그 원인을 묻자 경쟁 상황의 변화가 아니라 내부적 요인이라며 이렇게 말했다. "우리가 너무 느려서 적절한 행동을 취할 수 없었던 겁니다."[6]

성장 과정에서 기업이 마주치는 위기를 연구하면서 우리는 노키아와 같은 기업을 수없이 접했다. 시장에서의 우월한 지위와 브랜드 파워, 기술, 고객, 재정적 여력 등 외부적으로 보기에는 모든 것을 가진 것으로 여겨졌지만 결국 충격적인 방식으로 그 모든 것을 상실한 기업 말이다. 이들은 내부의 게임을 제대로 해내지 못해서 실패했다. 그러나 우리는 또한 그와 반대되는, 놀랍고 고무적인 기업들도 많이 접했다. 외부에는 아무런 가망이 없는 것으로 비쳤지만, 내부에서 리더들이 기업을 사실상 재창업함으로써 부활한 기업들이다. 이 책에서도 몇몇 사례를 만나게 될 것이다.

그중 하나가 바로 다비타DaVita다. 1999년 파산 문턱에 이른 것으로 보였지만, 이후 개혁에 성공해 오늘날 미국 최고 수준의 의료 서비스 기업으로 거듭났다. 위기 당시 켄트 시리Kent Thiry가 CEO로 취임했는데, 그는 다비타가 껴안고 있는 문제와 난맥상을 공개적으로 소상히 밝히는 것부터 시작했다. 그 시점 이래로 지금까지 다비타의 주가는 100배나 올랐고, 시장 가치는 거의 제로 수준에서 150억 달러로 성장했다. 현재 16년째 CEO를 맡고 있는 시리는 기업 내부에 창업자 정신을 재충전함으로써 변혁을 성공으로 이끌었다. 이 책의 뒷부분에서 그 방법과 과정을 자세히 들여다볼 것이다.

우리는 연구 · 조사를 어떻게 수행했는가

세계 어느 곳을 막론하고, 이익성장이 갈수록 힘겹고 드문 일이 되고 있다. 이 책에는 이러한 문제의식을 바탕으로 우리가 수행한 수년간의 연구 · 조사와 분석이 담겨 있다. 시작은 관찰이었다. 10년 이상 이익성장을 지속하는 기업이 아홉에 하나꼴밖에 안 된다는 현상을 발견하고 이를 살펴보는 데서 시작한 것이다. 이어서 우리 베인앤드컴퍼니

Bain & Company는 세계 주식시장의 모든 상장기업에 대한 자체 데이터베이스를 만들어 지난 25년 동안의 성과를 추적했다. 그 결과 앞서 관찰한 내용이 실제로도 맞아떨어진다는 사실을 확인했다.

그다음 우리는 장기간에 걸쳐 수익을 내며 성장해온 기업들의 목록을 살펴봤다. 그들은 핵심 사업과 관련된 기회에 초점을 맞추는 능력과 핵심 사업을 환경 변화에 맞게 조정하거나 확대함으로써 새로운 성장 기회를 찾는 능력이 탁월했다. 우리는 또한 목록을 자세히 들여다보면서 그 기업들 대부분에서 창업자의 영향력이 존재한다는 점을 알게 됐다. 오라클Oracle, 하이얼Haier, 엘브랜즈LBrands 등과 같이 창업자가 여전히 경영을 맡고 있는 기업들이 대표적이었고 창업자가 이사회에 참여하는 곳도 있었다. 그리고 이케아IKEA, 엔터프라이즈렌터카Enterprise Rent-A-Car 등과 같이 창업자가 애초에 제대로 된 원칙과 초점을 설정한 덕에 여전히 시장에서 지배력을 발휘하는 기업도 있었다. 우리는 이러한 창업자 관련성을 기준으로 기업들의 주주수익률을 계산하고, 가장 지속적인 성공 사례의 속성을 분석했으며, 그럼으로써 이 가설이 옳다는 것을 확실히 입증했다. 그런 후 그 이유를 파악하기 위해 현장으로 나갔다.

우리는 먼저 세계 곳곳에서 일하는 100여 명의 임원을 대상으로 성장을 가로막는 장벽이 무엇인가에 대해 인터뷰를 해나갔다. 그와 동시에 베인앤드컴퍼니에서 'DM100'이라는 프로젝트를 시작했다. 연 매출이 2억 달러를 넘고 장기적 전망이 유망한, 개발도상국 시장에서 성장 초기 단계를 밟고 있는 기업들에 초점을 맞춘 것이었다. 우리가 세계를 돌며 인터뷰한 경영인들과 우리의 DM100 워크숍에 참여한 기업 중역들은 대부분 성장에 실패한 근본적인 이유가 외부적인 게 아니라 내부적인 것이라고 답했다.

이어서 우리는 이들 성장의 장벽을 확인하고 이해하기 위해 각국 임원들을 대상으로 몇 차례 설문조사를 했다. 그중 한 설문조사에는 다양한 사업 분야에서 일하는 325명의 임원이 참여했고, 또 다른 설문조사에는 우리의 DM100 프로젝트에 함께한 56개 기업의 경영진이 참여했다. 두 그룹의 설문조사는 유사한 결과를 내놨다. 성장을 어렵게 하는 근본적인 이유로 경영인 대부분이 내부적 장벽을 꼽은 것이다. 물론 내부적 장벽 중에서 그들 각자가 강조하는 사항은 성장의 연한과 단계별로 달랐다.

그다음 우리는 창업자 정신을 구성하는 성공 요인들을 추적했다. 먼저, 세계 곳곳의 경영인과 창업자를 대상으로 일련의 인터뷰를 수행했다. 그리고 200개 기업의 실적과 기업 내부의 지배적 관행, 각 기업을 잘 아는 전문가들의 진단까지 취합하여 데이터베이스를 구축하고 이를 분석했다. 그 결과 세 가지 유형의 뚜렷한 관행과 그 기저를 이루는 태도가 지속적으로 나타남을 알게 됐다. 그리고 그 관행과 태도는 창업자가 기업을 세우면서 추구했던 방식으로까지 거슬러 올라갔다.

우리는 다시 이 세 가지를 놓고 DM100 워크숍에서 토의했고, 베인앤드컴퍼니의 산업별 전문가들과 논의했다. 그리고 그 결과를 수십 명의 최고경영자와 공식 인터뷰를 가지면서 확인했다. 그 최고경영자들 중 상당수가 창업자이기도 했다. 모든 분야의 모든 경영인이 기꺼이 시간을 내주었고 이 주제에 깊은 관심을 가져주었다. 그 덕분에 우리는 창업자 정신의 요소들을 정의할 수 있었고, 기업들이 성장의 세 가지 위기에 직면했을 때 어떻게 적용할 수 있는지를 이해하게 됐다.

끝으로 우리는 장기간 창업자 정신을 유지해온 것으로 보이는 기업들과 그것을 잃었다가 되찾은 기업들, 그리고 그것을 제대로 가져본 적이 없는 기업들에 초점을 맞추며 사례 연구를 수행했다. 광범위한 지역과 다양한 산업 그리고 각기 다른 성장 단계를 대상에 포함하여 '현재의 상태'와 거기에 이른 '경위'를 추적했다. 공개된 자료를 낱낱이 살폈음은 물론이고 각 분야의 고위 경영진과도 접촉했다. 이를 통해 우리는 창업자들의 놀라운 스토리에 정통해졌다. 끊임없이 우리를 깜짝 놀라게 하고 영감을 주는 창업자 여러분께 경의를 표한다.

왜 지금 이 책인가

과부하, 속도 저하, 자유 낙하가 모두 예측 가능한 위기라는 것이 우리가 이 책의 기초로 삼은 첫 번째 진리라면, 두 번째 진리는 바로 그런 위기를 극복하는 훌륭한 솔루션이 존재한다는 것이다. 그리고 기업이 계속해서 존재하려면 그 세 가지 위기는 반드시 극복해야 한다는 것이다. 기업 가치가 급격히 변동할 때, 그중 평균적으로 80퍼센트 이상이 이 세 가지 위기의 시점에 기업이 취하는(혹은 취하지 않는) 결정과 행위에서 발생하기 때문이다.[7]

또한 오늘날 이 위기들을 극복하는 것은 이전 어느 때보다 시급한 문제가 되었다. 사업체의 생애주기 그리고 전체 산업의 신진대사가 극적으로 빨라지고 있기 때문이다. 다음을 고려해보라. 오늘날 신생기업이 〈포춘〉 500대 기업에 합류하는 시간은 20년 전보다 평균 2배 이상 단축됐다. 더욱이 이들은 모두 이전의 기록을 큰 폭으로 갈아치우고 있다.[8]

신생기업이 전보다 더 빨리 시장 지배력을 획득하고 있음을 보여주는 또 다른 지표가 있다. 이제 더는 가장 규모가 큰 기업이 가장 강력한 기업이라는 공식이 성립되지 않는데, 이런 경향이 전체 산업의 40퍼센트에 달하는 부문에서 나타나고 있다.[9] 기술이 진보하고 상대적으로 규모가 덜 중요한 서비스와 소프트웨어 부문으로 갈수록 크기의 이점이 약화된다. 결과적으로, 신생의 반역자들이 전보다 더 빠른 속도로 기존 기업들에 큰 위협이 되고 있는 뜻이다.

그런데 이 스토리에는 하나의 반전이 숨어 있다. 이 반역자들이 성장하여 일단 지배 세력이 되고 나면, 이전 기업들보다 더 맥없이 그리고 더 급작스럽게 속도 저하 상태에 빠져든다는 것이다. 또한 거기서 회복하는 데에도 더 힘겨운 시간을 겪는다.[10] 초기의 더 빠른 성장과 후기의 더 빠른 속도 저하라는 이 이중 타격은 많은 업계에서 전략을 급속히 재편성하게 만들었다. 또한 선두 주자와 추종자

그림 0-3 | 신생기업의 성장 속도와 상위 50대 기업의 쇠퇴 속도

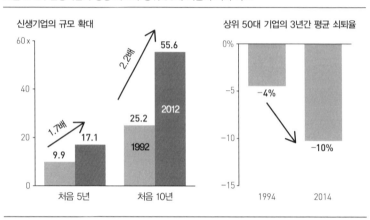

들이 놀라운 속도로 자리를 바꾸도록 만들었다(그림 0-3 참조).

항공 업계를 예로 들어보자. 이 업계는 전통적으로 진입 장벽이 매우 높다고 알려져 왔다. 사업에 뛰어들기에는 필요한 자본이 어마어마한 데다가 사실상 혁신적 기술이란 게 있을 수 없어서 확실히 자리 잡은 기존 기업들이 버티고 있기 때문이다. 즉, 업계의 전략적 재편이 일어나리라고 기대할 수 없는 분야라는 뜻이다. 하지만 이것은 20년 전에나 통하던 얘기가 됐다. 지난 20년 사이에 누구도 예상하지 못한 수준의 전략적 재편이 이뤄진 것이다. 시가총액 기준으로 1999년 상위 20위권 항공사 목록과 오늘날의 그것을 비교해보면 대번에 알 수 있다. 업계 선두 주자들이 반수 이상 바뀌었고, 파산한 기업도 많을 뿐 아니라 16년 전 목록에 올랐던 항공사의 절반가량

이 이제는 독립 회사가 아니다. 반면, 에어차이나Air China 등 현재 세계에서 가장 가치가 높은 항공사 몇몇은 1999년에는 20위권 목록에 들지도 못했다. 항공 업계에서 이런 현상이 나타났다는 것은 다른 산업 분야는 더하면 더했지 덜하지 않다는 얘기다. 각 산업 분야의 임원들 절반 이상은 현재 자신들의 주된 경쟁사가 5년 후에는 다른 기업으로 바뀔 것이라고 말한다.[11] 신생기업이 성장해서 업계의 강자가 되는 속도가 얼마나 빠른지에 대한 증거인 셈이다.

당신은 이 책에서 무엇을 얻을 수 있는가

우리는 매우 실용적인 목적을 염두에 두고 이 책을 썼다. 기업들이 성장하면서 겪는 내부적 위기를 안전한 경로를 따라 헤쳐나가고 지속 가능한 성공을 이루도록 돕는 것이 그 목적이다. 우리는 이 책의 통찰과 아이디어에서 가장 많은 혜택을 볼 독자를 세 유형으로 구분한다. 첫 번째는 성장 목표를 달성하기 위해 분투하는 당사자들로, 창업자 자신을 포함해서 리더에 속하는 사람들이다. 여기에는 경영진에 보고하는 간부들, 다시 말해 조직에서 더 중요한 리더 역할을 맡기를 갈망하는 사람들을 비롯하여 조직의 상부와 하부 사이에서 소통을 담당하고 전략을 실행하는 중간관리자들도 포함된다. 두 번째 유형은 투자자들이다. 투자 판단을 위해 특정 기업의 성장 전망과 그 기업이 직면하게 될 도전의 난이도를 진단하고자 하는 사람들이다. 세 번째는 역시 특정 기업의 성장 동력이나 전망에 관심을 가질 수밖에 없는 이사회 임원들이다. 이들은 기업 경영진에게 미래의 도전과 장벽에 대한 대비책을 단호하게 물어야 하는데, 그러기 위해 우리가 이 책에서 제시하는 내용이 필요하다. 리더, 투자자, 이사회 임원 등 이들 세 유형의 독자는 특히 우리의 연구 · 조사와 결론 그리고 예증을 위해 소개한 스토리에서 실로 많은 가치를 발견하게 될 것이다.

이 책은 사업 초기를 성공적으로 지나온 기업이 어떻게 하면 가장 안전하고 효율적으로 규모를 키울 수 있는지에 대해 다룬다. 나아가 초기에 성공의 이유가 되었던 에너지와 초점, 고객에 대한 집중적 관심을 유지하는 방법에 대해서도 다룬다. 다시 말해서 요사이 홍수처럼 쏟아져 나오는 창업 비결을 다룬 책들과는 다르다는 얘기다. 그런 쪽에 관심이 있는 독자라면 에릭 리스Eric Ries가 쓴 《린 스타트업The Lean Startup》이나 피터 틸Peter Thiel의 《제로 투 원Zero to One》을 읽을 것을 권한다. 이 책은 또한 창업자나 창업자의 가족이 이끄는 기업이 초기에 겪는 역동성에 초점을 맞춘 책들과도 다르다. 그런 주제에 관심이 있는 독자라면 그에 관한 한 결정판이라 할 수 있는 노암 와서먼Noam Wasserman의 《창업자의 딜레마The Founder's Dilemmas》로 시작하는 것이 좋다.

우리는 기업의 리더들이 성장의 다음 물결을 찾도록 돕는 데 전

력을 다해온 사람들이다. 때로는 성장 초기의 기업이 과부하를 이겨
내도록 도왔고, 때로는 성장을 지속하던 기업이 속도 저하 상태를
피하도록 도왔으며, 때로는 자유 낙하 위기에 빠진 기업이 사업 모
델을 완전히 재정의하고 다시 비상하도록 도왔다. 이런 경험들을 되
돌아보면서 우리는 난제가 부상할 때마다 경기장 한가운데로 뛰어
들어 맞서 싸우는 리더들에게 크나큰 존경심을 느낀다. 우리는 이
책의 아이디어들을 겸손한 마음으로 제시하지만, 자신감과 낙관론
만큼은 비할 데 없이 강력하다는 점을 밝히고 싶다. 물론 만병통치
약을 제공한다는 의미는 아니다. 하지만 이 책의 아이디어들은 세계
최고 수준의 성과를 올리는 기업들과 수많은 리더를 주의 깊게 연구
한 끝에 우리가 얻은 교훈에 바탕을 두고 있다. 우리는 성장 위기에
직면하는 기업 대부분이 이 책에서 정의하는 창업자 정신의 원칙을
적용하면 위기에서 탈출하여 성장을 지속해갈 수 있다고 확신한다.

이 책은 어떻게 구성되었는가

이 책은 먼저 창업자 정신의 속성을 밝히고, 그것들이 어떻게 모든
단계의 리더들을 도와 세 가지 위기를 해결하도록 이끄는지를 보여
준다.

　1장에서는 창업자 정신을 정의하고, 그것이 기업의 규모를 키워

가는 과정과 어떻게 상호작용하는지 살펴볼 것이다. 그리고 예측 가능한 세 가지 성장 위기를 소개할 것이다. 2장에서는 이들 위기를 부르는 힘들을 탐구하고, 그것들이 기업의 생애주기 전반에 걸쳐 어떤 식으로 가치를 창출하거나 파괴하는지 예증할 것이다. 3장부터 5장까지는 세 가지 위기 각각에 한 장씩 할애하여 면밀히 탐구할 것이다. 3장은 과부하, 4장은 속도 저하, 5장은 자유 낙하를 다룬다. 마지막으로 6장에서는 지속 가능한 성장을 달성하는 모델로 '반역적 대기업scale insurgency'이라는 개념을 고찰할 것이다. 그리고 창업자 정신에 관한 우리의 작업이 조직 내 모든 수준의 리더들에게 주는 교훈에 대한 논의로 마무리할 것이다.

연구 · 조사가 이 책의 토대가 된 기반이라면 스토리는 이 책의 구조를 형성한 재료다. 우리의 연구 · 조사에서 뽑은 가장 실용적인 아이디어와 교훈을 들려주는 스토리, 리더들이 성장 위기를 극복한 스토리, 피할 수도 있었던 것으로 드러난 실패에 관한 스토리 그리고 회복의 스토리 등을 만날 수 있다. 우리는 또한 세계에서 가장 효율적으로 운영되는 리더십팀 몇 개를 관찰했고, 효과적이었던 것과 그렇지 않았던 것에 대한 그들의 진솔한 경험담도 끌어냈다.

결국 이 모든 것을 토대로 우리가 제공하고자 하는 것은 창업자 정신에 대한 깊이 있는 고찰이다. 그리고 우리가 보여주고자 하는 것은 창업자 정신을 모든 행위의 기준으로 삼으면 어떤 분야, 어떤 단계의 기업이든 성장의 역설을 극복할 수 있다는 사실이다. 우리는 이 책이 세상의 모든 리더에게 도움이 되기를 희망한다. 그들이 자신의 조직 전체에 창업자 정신을 불어넣을 수 있도록 돕기를, 그리고 내부적 전략 게임을 마스터함으로써 불확실한 미래의 행보를 통제할 수 있도록 돕기를 바란다. 궁극적으로 이 책은 미래의 긴급한 니즈를 다루는 게 주제다. 우리의 미래는 이전 어느 때보다 더 속도, 열린 마음, 인간적 동기부여, 적응력 등에 큰 보상을 준다는 점을 명심해야 한다.

이 시대 가장 위대한 창업자 가운데 한 명의 스토리로 들어가보자.

THE
FOUNDER'S
MENTALITY

—

1

—

창업자 정신

지속 가능한 성장을 달성하는 열쇠

모든 위대한 창업자에게는 남한테 들려줄 만한, 창업의 계기를 만들어준 스토리가 있기 마련이다. 레슬리 웩스너Leslie Wexner의 스토리는 스물다섯 살이던 1963년 어느 날부터 시작된다. 그는 부모님이 운영하는 소매점보다 더 좋은 실적을 올리는 소매 사업을 해보겠다고 결심한다.

웩스너는 러시아계 유대인의 아들로 오하이오 주 데이턴에서 태어나 성장했다. 그의 아버지 해리 웩스너Harry Wexner는 유대인에 대한 박해를 피해 러시아에서 미국으로 건너온 이민자였다. 문맹이었던 아버지는 시카고의 한 백화점에서 포장 노동자로 일을 시작했다. 그리고 열심히 노력하여 상점 안내원, 쇼윈도 장식가 등을 거쳐 매니저 자리까지 올라갔다. 어머니 벨라 카바코프Bella Cabakoff는 라자루스Lazarus 백화점에서 중역 비서로 일을 시작해 구매 담당자 자리까지 올랐다. 레슬리의 부모는 오랜 시간 열심히 일했지만 연간 수입은 둘이 합쳐서 9,000달러도 되지 않았다. "돈이 늘 부족했지요. 여윳돈이 전혀 없었어요." 레슬리의 회상이다. 1951년 레슬리의 부모는 상황이 개선되길 바라며 봉급쟁이 생활을 청산하고 작은 상점을 열었다. 폭이 4미터가 채 안 되는 작은 가게였다. 그들은 아들의 이름을 따서 상점에 레슬리스Leslie's라는 간판을 걸고 희망차게 출발했다. 하지만 시간이 지나도 형편은 나아지지 않았다.

레슬리 웩스너는 오하이오 주립대학교에서 경영학을 전공하면서 부모님의 가게에 어떤 문제가 있는지를 깊이 고민했다. 부모님이 그렇게 열심히 일하시는데 어째서 돈이 잘 벌리지 않는 것일까? 이 의문은 그가 대학을 졸업하고 부모님의 상점에서 일을 돕기 시작한 어느 날, 우연히 청구서 뭉치를 보면서 부분적으로 풀렸다. 청구서들을 면밀히 살펴본 웩스너는 부모님이 드레스나 코트처럼 상대적으로 순이익이 적은 고가 상품 위주로 상점을 운영한다는 사실을 발견했다. 그런데 비교적 이윤이 높아서 그나마 빚 안 지고 버티게 해주는 것은 셔츠와 스커트, 바지 같은 평균가 품목들이었다. 웩스너가 보기에 해결책은 명백했다. 순이익이 많이 남는 상품을 더 많이 파는 것이었다. 그는 이 해결책을 아버지에게 열정적으로 설명했다. 하지만 아버지는 시큰둥한 반응을 보이며 그에게 어서 일자리나 구하라고 할 뿐이었다.

웩스너는 아버지의 지시를 따랐다. 성공할 수 있다는 확신이 생긴 그는 직접 사업체를 세움으로써 자신에게 일자리를 구해준 것이다. 그는 아버지의 잡화 전략과는 반대로 가장 잘 팔리는 품목에 초점을 맞췄다. 오하이오 주 어퍼알링턴에 있는 킹스데일Kingsdale 쇼핑센터에 상점을 내고, 선별한 의류만을 취급하는 '제한된limited' 가게임을 표방했다. 가게 이름이 더리미티드The Limited로 여성복 전문점이었다.

웩스너는 가진 자본이 없었으므로 사업을 시작하기 위해 주변에 도움을 청했다. 고모인 아이다Ida가 5,000달러를 빌려주었다. 그는 그 돈을 담보로 은행에서 1만 달러를 대출받아 일을 시작했다. 뚜렷한 방향도 없이 시험 삼아 사업에 나선 게 결코 아니었다. 성공에 확신이 있었던 그는 첫 번째 상점이 문을 열기도 전에 2호점을 위한 임대차계약을 맺고 부채를 100만 달러 이상으로 늘렸다. 말 그대로 '올인'이었고, 그것이 어떤 위험을 내포하는지도 제대로 인식하고 있었다. 그의 말을 들어보자. "자기 자본은 한 푼 없이 빚만 100만 달러였으니 마음이 어땠겠어요. 곰에게 쫓기고 있다는 느낌, 단 1초라도 머뭇거리면 바로 잡아먹힐 것 같은 그런 느낌이었지요." 그러면서 이렇게 덧붙인다. "만약 내 생각대로 일이 풀리지 않는다면 오하이오 역사상 최악의 파산을 기록하게 될 판이었습니다."

더리미티드의 첫해 수입은 16만 달러였다. 웩스너의 걱정을 잠재

우기에는 충분치 않았지만 사업을 좀 더 진행해보게 하기에는 충분했다. 재정적 여유를 갖추지는 못했지만, 그는 야심 찬 성장 계획을 펼쳐나갔다. 이후 5년 동안 매년 하나씩 새로운 점포를 열었다. 모든 점포가 성공을 거두었는데, 주로 그의 정신력에 힘입은 것이었다. "항상 경쟁자들보다 더 열심히 일하면 승리할 수 있다고 생각했어요. 그들이 하루에 12시간 일하면 나는 16시간 일하곤 했지요. 그리고 우리 가게에 온 손님은 누구나 가게를 다시 찾을 이유를 갖고 돌아가게끔 하려고 노력했습니다. '돈도 많지 않고 점포도 많지 않지만 열정만큼은 누구에게도 지지 않아!' 이게 내 생각이었어요. 한마디로 성공을 향한 열망이라고 할 수 있겠지요."

웩스너는 현장을 중시하는 관행을 확립함으로써 사업 초기 사업을 성공적으로 이끌었다. 일선 현장에 초점을 맞추고 한결같은 관심을 기울인 것이다. "나는 모든 손님을 친구로 대했습니다." 웩스너의 말이다. 만약 손님들이 구입한 상품에 불만을 느끼면 도로 가져와서 환불할 수 있게 했다. 당시로써는 흔한 관행이 아니었다. 그의 아버지가 '미친 짓'이라고 일갈할 정도였으니까. 하지만 그는 그런 관행을 고수했다.

웩스너는 또 처음부터 더리미티드를 개성과 목적의식으로 가득 채웠다. 그는 더리미티드가 아주 특정한 유형의 고객, 즉 '영리하고 강인하며 독립적인 현대 여성'을 위해 존재해야 한다고 믿었다. 영화 〈러브스토리Love Story〉의 사랑스러운 여주인공 제니 카발레리Jenny

Cavalleri 같은 여성 말이다. "그와 같은 여성의 이미지를 중심으로 가게를 꾸미고, 그런 여성이라면 입고 싶어 할 만한 옷으로 매장을 채웠지요."

1969년 6개의 점포를 성공적으로 운영하는 상태에서 웩스너는 또 다른 도전을 했다. 주州 내에 한정하는 방식으로 더리미티드의 기업공개IPO를 단행한 것인데, 이 역시 당시로써는 파격적인 일이었다. 그는 직원들이 자사주를 보유함으로써 주인의식을 갖기를 바랐다. 당시 사람들은 그를 조롱했지만 결과적으로 그의 결정은 훌륭했던 것으로 드러났다. 기업공개 당시 더리미티드에 1,000달러를 투자한 사람은 오늘날 6,000만 달러에 상당하는 지분을 보유하게 되었으니 말이다.

2013년에 엘브랜즈로 사명을 바꾼 더리미티드는 현재 10만 명에 달하는 임직원을 고용하고 있다. 그런 기업을 운영한다는 것은 온갖 경영 난제에 직면한다는 것을 의미한다. 하지만 웩스너와 경영진은 그럴 때마다 변함없이 자신들의 핵심 사명과 이상에 집중한다. "시장에서 경쟁할 수 있으려면 기업의 규모를 키워야 한다는 것을 알게 됐습니다. 하지만 나는 무엇보다 특별한 목적과 명확한 가치를 가진 훌륭한 기업으로 키우고 싶었어요." 그 목표를 향해 나아가는 과정에서 웩스너는 영화감독 시드니 루멧Sidney Lumet의《영화를 만든다는 것Making Movies》을 읽고 한 가지 중요한 교훈을 얻었다. "영화를 만들 때는 거기에 관계된 창의적 인력 모두에 대해 생각해야 합니다. 기획자, 배우, 프로듀서, 감독, 의상 디자이너, 음악 담당 등 모두에 대해서 말입니다. 하지만 위대한 영화에서는 마치 그 모든 것을 한 사람이 다 한 것 같은 조화로움이 느껴집니다. 위대한 브랜드 역시 그런 힘을 지녀야 합니다. 세부적인 것들이 서로 화합하게 하는 데 주의를 기울여야 한다는 얘기지요."

더리미티드를 창업한 이래 지금까지 수십 년 동안 웩스너의 사업은 성공에 성공을 거듭하고 있다. 지금도 엘브랜즈를 이끄는 웩스너는 현재 〈포춘〉이 선정한 '북미 500대 기업' 가운데 재임 기간이 가장 긴 CEO이기도 하다. 지난 52년 동안 그는 더리미티드뿐만 아니라 익스프레스Express, 배스앤보디웍스Bath & Body Works, 아베크롬비앤피치Abercrombie & Fitch, 헨리벤델Henri Bendel, 라센자La Senza 등의 브랜드도 성공시켰다. 그리고 오늘날 그의 왕관에 박힌 보석이라 할 수 있는 빅토리아시크릿Victoria' s Secret도 있다. 그런 여정을 지나오는 동안 주주들에게 매년 20퍼센트에 가까운 수익을 안겨주었으며, 엘브랜즈의 시장 가치를 280억 달러 수준으로 끌어올렸다.

그가 성공한 것은 반역자처럼 생각하고 행동했기 때문이다. "장미의 향기를 맡기 위해 걸음을 멈추는 순간 트럭에 들이받히는 겁니다. 성공이 자연적으로 또 다른 성공을 불러오는 게 아닙니다. 가장 어려운 일은 성공하고 성장할 때 계속 우세를 유지하고 지켜나가는 겁니다. 당연히 나는 나 자신이나 내 사업이 완전히 성장했다고 생각하지 않습니다. 그렇게 여기는 순간 죽기 시작하는 거니까 말입니다."[1]

창업자 정신: 세 가지 결정적 특성

레슬리 웩스너와 그의 엘브랜즈 팀은 창업자 정신을 발산한다. 그들은 반역적 사명을 실행하고 구현한다. 그들은 기업이 얼마나 커졌든 일선 현장에 대한 초점을 끈질기게 유지하며, 현장의 세부적인 것들이 성패를 좌우한다고 믿는다. 그리고 모두가 주인의식을 갖는다. 모든 직원과 모든 고객, 모든 제품, 모든 의사결정에 대한 강력한 책임의식 말이다. 반역적 사명의식과 현장 중시 그리고 주인의식, 이세 가지가 바로 창업자 정신의 주된 특성이다. 우리의 연구·조사 결과는 이들 특성을 부지런히 배양하는 조직이 성공에 이른다는 사실을 보여준다(그림 1-1 참조).

지금부터 창업자가 사업 초기에 이들 특성을 기업에 불어넣고 성장하는 과정에서도 계속 유지한 세 가지 사례를 살펴볼 것이다. 우리가 여기서 말하고자 하는 요점은 기본적이지만 아주 중요하다. 창업자 정신은 세월이 흐르고 기업이 나이를 먹음에 따라 꼭 시들해져야 하는 것도 아니고, 창업자가 은퇴하거나 세상을 떠난다고 해서 반드시 사라져야 하는 것도 아니라는 사실이다. 창업자 정신은 기업의 나이가 많든 적든, 규모가 크든 작든 지속 가능한 성장을 이루도록 도울 수 있다. 우리는 여기서 창업자들 자신의 스토리에 초점을 맞췄는데, 거기서 창업자 정신의 가장 순수하고 영속적인 발현을 발견했기 때문이다.

그림 1-1 | 창업자 정신의 결정적 특성

반역적 사명의식

창업자 정신의 첫 번째 요소는 반역적 사명의식이다. 서문에서 언급했듯이 가장 성공적인 창업자 가운데 일부는 자신들의 창업을 충분한 서비스를 받지 못하는 고객이나 만족하지 못하는 고객을 대신하여 기존 업계와 전쟁을 벌이는 것으로 비유했다. 그래서 웩스너는 사업 초기 사내 회의실에 '작전실war room' 이란 이름을 붙이기도 했다. 또 일부는 자신들의 목적을 기존 업계의 규칙을 재정의하는 것이라고 설명했다. 그리고 또 일부는 완전히 새로운 시장을 창출하는 것을 반역적 사명으로 봤다. 우주여행 산업의 스페이스엑스SpaceX, 주문형 텔레비전 산업의 넷플릭스Netflix가 대표적이다.

반역적 사명은 전형적으로 창업자에게서 나온다. 그런데 진정으로 지속 가능한 기업들에서는 궁극적으로 그것이 모든 직급의 직원들에게 스며들어 창업자가 경영에서 물러나고 아주 오랜 시간이 흐른 뒤까지 지속된다. 중국 용후이슈퍼스토어Yonghui Superstores의 사례를 통해 반역적 사명의식의 구성요소를 더 자세히 살펴보자. 용후이슈퍼스토어는 창업지가 이끄는 급속한 성장세의 할인마트로 몸집이 더 큰 경쟁 업체들, 심지어 월마트Walmart까지 위협하고 있다.

용후이의 창업자인 장쉔송Zhang Xuansong, 장쉔닝Zhang Xuanning 형제는 중국 남동부 푸젠 성의 가난한 시골 마을에서 태어나 자랐다. 아버지는 마을에서 도급업자로 일했고, 어머니는 집에서 찻잎을 손질하거나 빵과자를 만드는 일로 돈을 벌었다. 형제는 집에서 어머니의 일을 도우며 성장했다. 이 경험에서 영감을 얻은 형제는 1980년대 중반 현지의 맥주와 일반 포장식품을 판매하는 자그마한 식료품 가게를 열었다. 그러고 나서 1999년, 이들의 인생을 바꿔놓는 사건이 발생했다. 중국에 처음으로 하이퍼마켓이 문을 연 것이다.

이 새로운 형태의 상점은 크기가 1만 제곱미터를 넘었으니 중국 기준에서 보면 실로 거대한 가게였다. 그런데 파는 물건은 포장된 식자재와 농산물 등 전통적인 식료품점과 다를 바가 없었다. 흥미를 느낀 형제는 하이퍼마켓의 운영 방식을 연구했고, 점차 자신들이 더 잘할 수 있다는 확신을 갖게 되었다. 예들 들면 하이퍼마켓은 유통업자에게서 농산물을 사들여 약 17퍼센트의 매출총이익을 올리고 있었는데, 그런 중간상인들을 거치지 않고 농부들에게 직접 구매하면 그 2배가 넘는 총이익을 거둘 수 있었다. 더욱이 자신들에게는 지역 농부들과 파트너십을 형성해 상품을 더 빨리, 더 신선하게 고객에게 전달할 수 있다는 이점도 있었다. 형제는 아이디어를 더욱 발전시켰다. 우선 현지 농부들과의 직거래로 고품질 상품을 저가로 들여오는 공급망을 개발하고, 그 공급망을 하이퍼마켓처럼 크고 깨끗하며 에어컨이 돌아가는 가게와 결합한다는 아이디어였다.

2000년 그들은 구상을 실행에 옮겼고, 용후이 핑시 신선식품 슈퍼마켓 1호점이 문을 열었다. 형제의 시도는 즉각적인 성공으로 이어졌다. 사업이 순조롭게 굴러가자 형제는 더 많은 상점을 열었다. 점포가 많아질수록 그들이 추구한 공급망의 이점도 더욱 늘어났다. 그들은 농부들과의 유대감도 키워나갔다. 예를 들면 농부들에게 기꺼이 현금으로 결제를 해주었는데, 이는 대형 체인 업체들이 하지 않는 방식이었다. 또한 농부들의 생산물을 모두 수매하되, 풍작으로 가격이 폭락하는 해에도 일정 수준 이상의 수입은 보장해주는 방식을 개발했다. 시골 농부들에 대한 크나큰 배려였다.

형제는 모든 일에 반역적 사명의식을 갖고 임했다. 제대로 서비스를 받지 못하는 고객을 대신해 전쟁을 수행한다는 정신 말이다. 용후이의 경우 그런 고객은 중국의 엄마들이었다. 그런 만큼 용후이

사명 선언문의 골자는 이것이다. '안전하고 신선하며 가치가 높은 식품을 엄마들에게.'

장쉔송은 우리에게 이렇게 설명했다. "이 사명을 완수하려면 우리는 공급망에 최대의 관심을 기울여야 합니다. 가장 신뢰할 수 있는 공급업자들에게서 최상의 식품을 공급받아야 한다는 얘기지요. 우리 임직원 모두가 이를 명료하게 인식하고 있으리라 생각합니다. 진정으로 가장 중요하고 궁극적으로 우리를 차별화할 수 있는 요소는 우리의 공급망이니까요. 우리가 탁월성을 유지해야 하는 부분이 바로 거기니까 말입니다."

하지만 급속히 성장하는 복잡한 사업체에서, 급속히 성장하는 국가에서, 그리고 새로운 경쟁자들이 속속 등장하는 업계에서 이는 말처럼 쉬운 일이 아니라는 것이 장쉔송의 계속된 설명이다. 더욱이 요즘에는 인터넷과 모바일 디지털 기술이 발달하여 유통 경로와 배송 방식에서도 급격한 변화가 일고 있기 때문에 어려움이 더 크다고 한다.

형제는 자신들의 성공 비결이 반역적 사명의 핵심에 집중하고 차별화 요소에 특별히 주의를 기울여온 데에 있다고 말한다. 장쉔송의 얘기를 들어보자. "어린 시절 우리나라가 올림픽 여자 배구에서 금메달을 따는 데 지대한 공헌을 한 선수가 있었어요. 1984년 LA 올림픽이었던 걸로 기억하는데요. 그 선수의 이름은 랑핑인데 별명이 '쇠망치'였어요. 그만큼 스파이크가 센 걸로 유명했거든요. 세터가 공만 잘 올려주면 득점 성공률이 100퍼센트에 가까웠지요. 우리 사업에서 나와 동생의 가장 큰 역할은 바로 우리의 공급망이 랑핑과 같다는 것을 사람들에게 알리는 겁니다. 공급망이 활약해야 우리가 승리하는 거죠. 우리는 이것이 우리가 창업자로서 그리고 리더로서 할 수 있는 일 가운데 가장 중요하다고 확신합니다. 리더는 상황을 단순 명료하게 만들어서 사람들이 초점에 집중하게 해야 합니다. 특히 우리가 지금 처해 있는 격동적이고 산만한 환경에서는 더욱 그렇습니다."

신선한 농산물을 공급받아 고객들에게 제공하는 데 집중한다는 용후이의 핵심 전략은 지금까지 큰 성공을 거두고 있다. 현재 용후이슈퍼스토어의 매출에서 농산물이 차지하는 비중은 40퍼센트 내외로, 경쟁 업체들이 20퍼센트 미만인 것과 비교가 된다. 지난 5년 동안 용후이는 32퍼센트에 달하는 연평균 성장률을 기록했다. 현재 300개가 넘는 슈퍼스토어를 운영하면서 연 매출 50억 달러를 기록하며 이익성장을 거듭하고 있다.

여기서 주목할 것은 가장 강력한 반역적 사명의식은 서로를 강화하는 몇 가지 특질을 갖는다는 점이다. 하나는 '대담한 임무bold mission'로, 용후이의 경이로운 성장에 연료를 공급한 것과 같은 특질이다. 또 하나는 '비타협성spikiness'으로, 조직을 차별화하고 독특하게 만들기 위해 적당한 선에서 타협하지 않는다는 점이다. 그리고 또 하나는 '무한한 지평limitless horizon'이다. 이는 어떤 기업이든 큰 성공을 거두면 그 핵심 사업의 경계를 밖으로 영리하게 넓혀나갈 수 있다는 개념이다. 이는 특히 광대한 규모를 갖추고도 반역적 초점과 에너지를 유지하는 조직에서 확인할 수 있는 특질이다. 일테면 이케아나 애플Apple 같은 기업이다.

예리한 반역적 사명은 내부적으로 그리고 외부적으로 기업에 초점과 목적의식을 제공한다. 그 사명의식은 인사 시스템과 광고, 제품 특성, 대고객 관점 등에 실제로 스며들 때 가장 강력해진다. 누구를 고용하고 승진시킬지, 어떤 공급 업체를 선택할지, 어떤 투자를 감행할지 등 기업의 중요한 결정에서 실질적인 기준으로 작용할 때 가장 강력해진다는 얘기다.

위대한 반역적 사명은 다가가야 할 사람들에게 파고들어 가 공명을 일으키기 마련이다. 야심 찬 단순성으로 사람들을 즉시 사로잡은 구글의 사명은 이것이다. '세계의 모든 정보를 조직한다.' 2000년 이래로 지금까지 거의 8배에 달하는 매출 성장을 기록한 인도의 소비용품 기업 캐빈케어CavinKare의 사명은 이것이다. '부자가 누리는 것은 무엇이든 보통 사람들도 살 수 있어야 한다.' 특히 눈여겨볼 예로 이케아가 있다. 이케아는 위대한 반역적 사명을 오랜 기간 강력하게 지켜온 훌륭한 사례에 속한다. 1943년에 창업한 이래 가족 경영 체제를 고수해온 이케아는 현재 3세 경영에 돌입한 가운데 임직원이 15만 명에 달하는 규모로 성장했다. 하지만 이 기업은 '가구 공급업자의 서약'이라는 제목의 문서에 표현되었던 애초의 사명을 여전히 올곧게 지켜내고 있다. '멋진 디자인과 훌륭한 기능을 갖춘 가정용 가구를 가능한 한 많은 사람이 누릴 수 있도록 저렴한 가격에 공급한다'가 그 사명이다. 모든 위대한 사명이 마땅히 그래야 하듯이 이들에게 이 사명은 조직의 영혼과도 마찬가지다.

교훈은 단순하다. 행하는 모든 것에서 사명에 충실하면 조직의 규모와 관계없이 성공할 가능성이 커지고, 사명과의 접촉이 끊기면 실패할 확률이 높아진다는 것이다.

현장 중시

창업자들을 보면 자신들 기업의 첫 번째 세일즈맨이거나 첫 번째 제품 개발자, 또는 둘 다에 해당하는 예가 많다. 고객을 직접 만나는 일선 현장에서 일했거나 거기서 살며 숨 쉰 경험이 있다는 얘기다. 그런 창업자들은 의사결정을 할 때 대개 현장 경험에서 형성된 직감을 이용한다.

현장 중시는 창업자 정신의 근본으로 세 가지 양상을 띤다. 즉 현장 직원 중시, 개별 고객 중시 그리고 사업의 세부 사항 중시다. 이것이 바로 웩스너가 엘브랜즈에 불러일으킨 정신이다. 또한 세계 최고 수준의 럭셔리 호텔 체인을 키워낸 M. S. 오베로이M. S. Oberoi가 젊은 시절 오베로이 그룹Oberoi Group에 불어넣은 정신이기도 하다.

오베로이는 인도의 한 시골 마을에서 무일푼의 호텔 종업원으로 경력을 시작했다. 말 그대로 바닥에서부터 호텔 일을 배운 것이다. 호텔에 취직하고 3년 후인 1934년, 그는 여기저기서 돈을 마련해 콜카타에 있는 그랜드호텔을 헐값에 매입하며 호텔 체인을 설립했다. 그가 그 호텔을 헐값에 매입할 수 있었던 것은 콜레라가 무섭게 확산되면서 호텔 가격이 바닥을 쳤기 때문이다. 젊은 반역자에게서 전형적으로 나타나는 대담한 행보다. 오베로이의 용기와 지모는 여기서 끝나지 않았다. 제2차 세계대전 중에는 호텔 인수 자금을 마련하기 위해 호텔을 영국군 숙소로 제공하기도 했다.

오베로이는 호텔 고객의 경험에 영향을 미칠 수 있는 모든 세부사항에 집중했다. 직원들의 바지 길이에서부터 찻물의 뜨거움 정도, 꽃의 신선도, 각종 표식의 위치 등에 이르기까지 말이다. 80대에 접어든 이후에도 그는 종종 자신의 호텔들을 두루 돌며 직원들이 모든 일을 제대로 하고 있는지 직접 확인하곤 했다. 그럼으로써 모든 직원이 그의 현장 중시 관점을 공유하도록 하나의 문화를 만들어낸 것이다. 그런 까닭에 오베로이호텔은 그가 세상을 떠나고 10여 년이 지난 지금도 여전히 세계에서 가장 성공적인 호텔 체인으로 꼽히고 있다. 2015년 〈트래블앤레저Travel & Leisure〉는 오베로이를 세계 최고의 호텔 브랜드로, 인도 우다이푸르에 있는 오베로이호텔을 세계 최고의 호텔로 선정했다. 창업자의 정신이 여전히 살아 숨 쉬는 덕이다.

현장 중시는 오베로이가 가진 경쟁력의 핵심이다. 오베로이는 고

용과 교육, 승진 등 인사의 모든 측면이 고객 관련 세부 사항과 연관
성을 갖도록 확실히 조처한다. 그리고 현장의 직원은 언제 어디서든
고객을 위해 가치를 창출할 수 있는 권한과 책임을 지닌다. 오베로
이를 찾은 고객은 거기 머무는 동안 평균 마흔두 차례에 걸쳐 개별
직원과 접촉하게 되는데, 직원 각각은 스스로 적절하다고 생각하는
결정을 내릴 수 있는 재량권을 가지고 있다. 일테면 아픈 친구에게
문병을 가는 고객이 있다면 스카프를 선물로 가져가게끔 내어줄 수
있다. 고객 개개인과 인맥을 쌓고 유지하기 위해 직원들은 야간에
회의시간을 갖고 다음 날 도착할 명단을 검토하며 각 고객의 이용
기록과 선호 사항을 살펴본다. 직원들은 또한 두 가지 목적을 염두
에 두고 감성지능을 높이는 특별 훈련을 받는다. 하나는 고객의 말
에 최대한 공감하며 듣는 것이고, 또 하나는 각 고객의 독특한 니즈
를 이해하는 것이다. 최고위 경영진에 속하는 중역들도 겸손하게 처
신하고 모범적인 행동을 보이며 필요한 경우 손님의 체크인이나 테
이블 청소, 짐 운반 등을 돕는다. 직원들은 매월 한 차례 단위별로
회합을 갖고 경험을 공유하며 베스트 프랙티스best practice, 즉 최고
성과를 낸 모범 사례를 찾아낸다. 우리가 방문한 한 호텔의 주방에
는 야채 세척 테이블 위쪽에 이런 글이 적혀 있었다. '손대는 모든
것을 개선하라!'

오베로이호텔은 고객의 특별한 니즈를 예상할 수 있도록 고객들
을 세분화하는 작업을 하고 있다. 부지배인 푸르니마 밤발Poornima

Bhambal에 따르면 현재 전사적으로 과거의 숙박 기록과 문화적 지표를 통해 일종의 패턴을 찾는 시스템을 개발 중이라고 한다. 고객이 미처 의식하지 못하는 니즈까지 예상하여 충족시키기 위해서다. 예를 들면 어떤 유형의 고객이 늘 특정한 치아 관리 도구나 면도기 세트를 요구하는 것으로 파악되면 그 고객이 오는 날 룸에 미리 배치해놓는 식이다. 또 24시간 탁아 서비스를 기대하는 고객이 있다면 체크인 시점에 이를 제공한다. 장시간 여행 후 호텔에 도착한 고객에게는 도착 2분 안에 룸까지 모시는 특별 급행 서비스가 제공된다. 밤발은 고객의 니즈를 예상하는 오베로이의 방법을 설명하면서 이렇게 말했다. "손님의 입장이 되어보지 않으면 결코 알 수 없는 것들이죠." 고객 서비스의 표준이 지속적으로 높아지는 산업에서 오베로이가 경쟁우위를 누리는 것은 모두 그런 노력의 결과다. 정교하게 갈고닦은 데이터를 기반으로 한 고객관리 시스템, 현장에 부여된 권한, 그리고 세부 사항에 주의를 집중하는 것 말이다. 오베로이는 업계의 방식을 주도하는 선도자로서 수십 년간 성공을 지속하고 있다.

오늘날 오베로이 및 트라이던트Trident 호텔 체인 그룹의 CEO는 M. S. 오베로이의 손자인 비크람 오베로이Vikram Oberoi다. 그는 우리와 만난 자리에서 연세가 아흔이 넘은 할아버지를 방문했을 때의 일화를 들려주었다. "할아버지는 노령으로 시력이 많이 나빠져서 아주 두꺼운 안경에 의존하셔야 했어요. 뭘 읽으실 때는 코 가까이 대고 읽으셨지요. 그런데도 할아버지는 수시로 고객 설문조사 보고서를 들여다보셨죠. 그러면서 당신께서 파악하신 내용을 메모해놓았다가 호텔 지배인들에게 전달하라고 지시하곤 하셨습니다. 우리 호텔이 손님을 접대하는 방식에 대해 아주 사소한 사항까지 파고드신 분입니다. 우리의 궁극적인 모범이라고 할 수 있지요.”

현장 중시의 또 다른 중대한 요소는 일선에서 일이 돌아가는 세부 방식에 대해 깊은 호기심을 갖는 것이다. M. S. 오베로이는 세계 곳곳에 있는 자사 호텔을 일일이 돌며 마지막 세부 사항에까지 관심을 기울임으로써 이를 몸소 보여주었다. 그는 호텔 셰프들이 직접 장을 봐야 한다고, 직접 가서 식자재를 보고 구매해야지 무작정 배달을 시켜서는 안 된다고 주장했다. 또 그는 배관에 문제가 생겼을 때 지배인들을 불러 함께 의논하기도 했다. 그는 늘 적시에 적절한 세부 사항에 초점을 맞췄다. 그의 아들이자 그룹의 현 회장인 P. R. S. 오베로이는 이 전통을 그대로 이어받아 후대에 물려주고 있다. 그는 불시에 주방으로 들어가 계란의 신선도까지 점검하는 것으로 유명하다. 날계란을 깨서 색깔을 확인하는 식으로 말이다. 하지만 이들은 세부 사항에 주의를 기울이는 것이 중요하다는 신념은 확고했지만, 그로 해서 어떤 일이 지체되도록 한 적은 없다. 특히 창업자인 M. S. 오베로이는 일과를 마치고 퇴근할 때면 책상 위에 서류 한 장 남기지 않는 것으로 유명했다. 애초에 건초 더미를 쌓아두지 않으면 바늘을 잃어버릴 일도 없다고 믿었기 때문이다.

럭셔리 호텔이라는 고감도 서비스 사업에서 일선 현장을 중시하는 관점은 경쟁력을 강화하는 차별화의 본질이다. 우리는 그와 똑같은 특성을 분야를 불문하고 창업자 정신이 살아 있는 모든 위대한 기업에서 발견했다. 현장의 세부 사항에 집중하는 기업들이 그토록 잘나가는 것은 결코 우연이 아니다. 애플의 스티브 잡스Steve Jobs를 떠올려보라. 그는 제품 내부의 회로기판에 대해서까지 단순하고 우아한 디자인을 채택해야 한다고 고집했다. 고객들은 들여다볼 일이 절대 없는데도 말이다. 또 토요타는 공장 생산 시스템의 일선 작업들에 초점을 맞추는 데 극도로 집중한다. 거기서는 현장의 모든 작업자가 어떤 문제를 발견하면, 그 즉시 생산라인 전체를 정지시키고 문제 해결 작업을 촉발할 수 있는 권한을 지닌다. 그것은 권한인 한편 책무이기도 하다. 빠르게 변화하는 업계에서 가장 영속적인 기업들은 규모가 커지는 가운데서도 현장에 집중하고 세부 사항에 애착을 보이는 조직들이다.

주인의식

작은 기업들에는 대기업을 능가하는 한 가지 큰 이점이 있다. 직원들이 업무의 모든 단계에서 주인의식을 발휘하여 결정을 내리고 목표를 추구할 수 있다는 것이다. 그만큼 소유주처럼 느끼고 행동한다는 얘기다. 이는 전문 경영진과 여러 층의 직급 구조를 가진 대기업에서는 발견하기 어려운 특성이다. 설문조사에 따르면 대기업에서는 고작 13퍼센트의 직장인만이 자신의 조직에 대해 정서적 연결성 또는 유대감을 느낀다고 한다.[2] 참으로 깜짝 놀랄 현실이지만, 다른한편으로 생각하면 기업에서 직원들에게 주인의식을 고취할 여지가 충분히 남아 있다고도 볼 수 있다. 주인의식을 갖고 업무에 임하는 직원과 그렇지 않은 직원의 차이는 헌신적인 부모와 마음이 콩밭에 가 있는 베이비시터의 차이 정도라고 하겠다.

주인의식의 본질을 구성하고 그것을 경쟁우위의 원천으로 만들어주는 요소 역시 세 가지다. 첫 번째는 비용 절감에 대한 강력한 집중이다. 기업에서 지출되는 제반 경비와 투자액을 자신의 돈처럼 여기는 자세를 말한다. 두 번째는 행동 지향 bias to action이다. 인도의 선도적인 소비용품 기업인 고드레지 그룹 Godrej Group의 아디 고드레지 Adi Godrej는 사업체 운영 방식에서 이 속성을 보여준다. "엄청난 몸집으로 시장에 진입하는 세계적 기업들을 우리가 지속적으로 따돌릴 수 있는 것은 의사결정에서 행동에 이르는 속도가 무척 빠르기 때문입니다." 세 번째 요소는 관료주의의 배척이다. 조직이 관료주의에 물들면 끼리끼리 세력을 형성하고 곳곳에 복잡한 의사결정 프로세스를 만들어냄으로써 조직의 동맥을 막아 흐름을 원활치 못하게 한다. 주인의식이 뛰어난 조직은 수많은 부서와 다수의 직급별 간부 등으로 구성된 다층적 구조를 아주 싫어한다.

많은 기업이 성장함에 따라 주인의식이라는 경쟁력 있는 장점을 잃어간다. 이는 조직이 복잡해지고, 기업공개에 따라 소유권이 분산되며, 임기가 짧은 전문 경영인을 영입하기 때문이다. 실제로 상장기업 CEO의 평균 재임 기간이 5년이 채 안 된다는 조사 결과가 있다. 또한 여러 간부 직급이 생겨나 이들 간의 분열이 심화되기 때문이기도 하다. 특히 예산 문제에서 적대적 분열이 발생하는 경우가 많은데, 명분에 따라 각 부서에 재원을 일정량씩 할당하고 그것의 재배치를 어렵게 만들어놓기 때문이다. 역설적으로, 여기서 우리는 한 가지 실마리를 발견할 수 있다. 기업이 크게 성장하면서도 창업자가 이끌던 초창기의 속도와 효율, 초점을 유지한다면 막강한 성생 우위를 누릴 수 있다는 점이다.

세계 최대의 맥주회사로서 업계에서 가장 많은 수익을 올리는 ABI Anheuser-Busch InBev를 보자. 시가총액 1,700억 달러에 연 매출 500억 달러, 매출총이익률 32퍼센트를 기록하는 기업이다. 특히 32퍼센트의 매출총이익률은 경쟁 업체들의 평균보다 10퍼센트포인트 이상 높은 수치다. 사업 초기 ABI의 성공을 점친 사람들은 그리 많지 않았다. 하지만 ABI는 성장 과정에서 주인의식을 충실히 배양함으로써 모두의 기대를 뛰어넘는 성공을 거두었다.

스토리는 1989년부터 시작된다. 호르헤 파울로 레만 Jorge Paulo Lemann과 마르셀 텔레즈 Marcel Telles, 카를로스 알베르토 시쿠피라 Carlos Alberto Sicupira라는 브라질의 사모투자자 세 명이 브라마 Brahma라는 현지 맥주회사를 인수했다. 당시 브라마는 미미하게나마 수익을 내고 있었다. 그들은 세계 곳곳을 둘러본 결과 현지 맥주 브랜드로 강력한 사업 기반을 다지면 큰돈을 벌 수 있다는 사실을 간파했다. 새로 인수한 맥주회사를 세계에서 가장 효율적인 조직으로 만드는 게 그들의 목표였다. 목표를 이루기 위해 그들은 토요타 생산 시스템에 대한 전문가를 고용하고, 최저 비용을 기록하는 세계적 양조회사들을 벤치마킹하는 등 다양한 노력을 기울였다. 텔레즈는 이렇게 말했다. "1989년에서 1999년까지는 주로 비용을 절감하는 데 관한 노력과 맥주 업계 밖에서 젊고 야심 찬 인재들을 영입하여 새로운 문화를 창출한 스토리라고 보시면 됩니다. 우리가 창출한 경쟁력 있는 문화가 결국 브라질 내 경쟁사인 앤타르티카Antarctica를 무너뜨린 본질적 힘입니다. 우리는 앤타르티카를 인수·합병하면서 브라질 맥주 업계 최강자 자리에 올랐지요."

그들의 계획은 성공적으로 진행되었다. 3년도 채 지나지 않아 ABI는 자사의 비용 절감 시스템과 문화적 성과 사례를 볼리비아에서 파라과이로 이식하여 적용했고, 그럼으로써 남미에서 가장 규모가 크고 가장 많은 수익을 올리는 맥주회사로 등극했다. 그들의 사무실은 상파울루 외곽, 빈민촌이 내려다보이는 언덕 위 소박한 동네에 있었다. 우리가 그곳을 방문했을 때 텔레즈는 ABI가 초기에 주인의식을 강화하기 위해 이용한 모범 사례의 유형에 대해 설명해주었다. 그 회사에는 CEO조차도 닫힌 공간, 즉 개인 사무실을 갖고 있지 않다. 닫힌 사무실은 은폐와 계급 문화를 조장한다고 믿기 때문이다. 본사에 설치된 대형 스크린에는 CEO를 포함해서 각 직급이 추구하는 목표가 투사된다. 진척도에 따라 색깔이 달라지면서 말이다. 그래서 임직원 모두가 다른 임직원이 무엇을 어떻게 하고 있고, 각 부분이 전체에 어떻게 연결되는지 알 수 있다. 고용은 성공을 열망하는 젊은이들에게 초점을 맞춰 진행된다. 또한 예산은 해마다 원점에서 다시 짜이며, 이때는 모든 것을 고려한다. 예컨대 새 펜을 갖고 싶은 사람은 다 사용한 이전의 펜을 반납해야 한다.

암베브Ambev라는 초라한 브랜드로 시작한 ABI는 오늘날 세계 맥주 시장의 거의 4분의 1을 점유하는 세계적 실세로 성장했다. 유럽의 인터브루Interbrew와 합병했고, 미국의 앤호이저부시Anheuser-Busch와 멕시코의 모델로Modelo를 위시하여 다수의 지역 브랜드와 현지 양조회사를 인수했다. 현재는 세계 최대의 맥주 양조회사 중 하나인 SAB밀러SABmiller와 합병을 추진 중이다. 이렇게 세계 맥주 산업을 통합하는 과정에서 ABI는 모범적인 성과와 문화를 지속적으로 개선하며, 인수하는 사업체 각각에 그것을 전수해왔다. 그런데 중요한 것은 그 핵심 모델에는 변형을 가하지 않았다는 사실이다. ABI는 지금도 세계에서 가장 효율적인 맥주회사가 된다는 원래의 반역적 사명을 간직하고 있다. 그리고 여전히 모든 직원에게 주인의식을 불어넣기 위해 최대한의 노력을 기울이고 있다.

ABI의 사명 선언문은 이런 구절을 담고 있다. '우리는 직원이 주인인 회사이며, 그러므로 모든 일을 개인적으로 받아들인다.' 간부한 명이 이 문구를 풀이해주었다. "우리는 레스토랑 웨이터가 아니라 경영주를 만드는 회사입니다. 당신이 레스토랑 경영주라면 길 건너편에 같은 음식을 파는 새 레스토랑이 문을 열 경우 어떤 기분이 들겠습니까? 누군가가 당신과 당신 가족의 생계를 위협하고 있다고 생각되지 않겠습니까? 레스토랑 사업은 당신의 모든 것이니까 개인적으로 받아들일 수밖에 없는 겁니다. 하지만 웨이터라면 건너편에 생긴 새 레스토랑을 보면 어떤 기분이 들겠습니까? 잘해봤자 무관심이고 대개는 자신이 일할 수 있는 데가 또 있다는, 여차하면 옮길 수 있는 데가 생겼다는 생각을 할 것입니다. 많은 기업이 부지불식간에 그런 웨이터들을 양산해냅니다. 하지만 우리는 경영주들을 만들어내기 위해 부단히 노력하고 있습니다."

ABI의 창업자들은 맥주에서 멈추지 않았다. 그들의 사모투자회사 3G캐피탈은 최근 크래프트Kraft와 하인즈Heinz를 인수했다. 이들 사업체 역시 ABI에서 효과를 거둔 제반 원칙과 주인의식을 적용해 다시 일으켜 세울 방침이다.

지난 20여 년 동안 우리는 클라이언트들에게 주인의식을 중시하라고 권고해왔다. 주인의식을 중심으로 전략을 검토하는 것, 그것은 기업의 리더들과 주주들의 폭넓은 이해관계를 동일 선상에 올려놓는 것을 의미한다. 이 접근방식은 사모투자 부문이 부상하는 데에도 큰 역할을 했다. 우리는 사모투자 부문이 부상한 것은 기업들이 창업자 정신에서 멀어지면서 겪게 된 관료주의와 과비용 경영 그리고 복잡성에 대한 반작용이라고 본다.

우리는 우리가 잘 아는 몇몇 사모펀드에 대해 다양한 유형의 거래를 분석한 적이 있다. 다른 것보다 거의 50퍼센트 정도 높은 수익률을 거둔 거래를 모아봤는데, 모두 경영진이 주인의식과 그로 인한 이점을 상실한 것으로 보이는 상장기업들이 매각한 사업체들이었다. 사모투자회사는 그런 사업체를 사들여 주인의식을 되살리는 데 집중했다. 그러자 의사결정과 행동에 이르는 속도가 빨라지고, 관료주의가 줄어들었으며, 비핵심 사업부문에 대한 비판적 평가가 거세졌다. 그럼으로써 비용 관리의 문제도 대폭 개선되었다. 이처럼 주인의식을 되살리는 것이 사모투자회사에 고수익을 안겨준 일련의 일들은 지난 20년간 비즈니스 분야에서 가장 눈에 띄는 현상 중 하나였다. 세계 곳곳을 돌며 창업자나 그 후손과 가진 인터뷰에서 우리는 늘 똑같은 얘기를 들었다. 주인의식이 자신들에게 꾸준한 경쟁력의 원천이라는 얘기 말이다.

지난 20~30년 동안 우리 가운데 다수는 주인의식이야말로 기업이 성공에 이르기 위한 최상의 요소라고 주장했다. 하지만 우리는 성공 스토리가 거기에 한정되지 않는다는 것을, 그 이상의 무언가가 있다는 것을 깨닫게 되었다. 주인의식은 스토리의 일부에 불과하다는 뜻이며, 우리가 주인의식을 창업자 정신의 세 가지 결정적 특성 가운데 하나로 꼽는 이유이기도 하다. 우리는 어떤 규모의 기업이든 창업자 정신이야말로 지속 가능한 성장을 달성할 수 있는 강력한 길이라고 믿는다. 주인의식은 리더들과 주주들의 이해관계를 동일 선상에 놓지만, 창업자 정신은 그것을 뛰어넘어 리더들과 일선 현장 직원들의 이해관계까지 동일 선상에 놓는다. 수시로 혁신을 가하고 완전히 고객 중심으로 만들어야 하는 곳이 바로 현장이다. 현장을 중시하는 자세가 결국 가장 많은 가치를 창출한다고 우리는 믿는다.

1980년대 말과 1990년대 초에는 주인의식을 논할 때 일선 현장은 거의 언급하지 않았다. 그런데 리더들과 주주들의 이해관계를 동일 선상에 놓는 데 집중하는 것은 때때로 현상에 안주하는 사고방식을 불러일으켰다. 웅크리고 앉아 기존 사업에서 가치를 뽑는 데만 주력하는 사고방식 말이다. 이 사고방식은 필연적으로 혁신과 고객에 대한 남다른 서비스, 현장 직원을 존중하는 관행을 꺼리는 성향으로 이어졌다. 이는 지속 가능한 성장을 가로막는 주된 장애다. 동시에, 이 책에서 우리가 설명하는 바와 같이 창업자 정신을 통해 피할 수 있는 장애다.

창업자 정신을 조직에 불어넣는 법

지금까지 우리가 살펴본 사례는 모두 창업자가 이끄는 기업이었다. 그런데 여기서 짚고 넘어가야 할 한 가지는 모든 창업자가 다 창업자 정신을 드러내는 것은 아니라는 사실이다. 창업자들은 모두 다르

며, 성공하는 창업자도 있지만 성격상의 약점이나 독특한 일면 때문
에 기업을 망치는 창업자도 있기 마련이다.

우리가 이 책에서 초점을 맞추는 부분은 성격이 아니라 사고방식
이다. 위대한 창업자들의 특성에서 여실히 드러나는 특정한 행동방
식과 태도의 집합체, 즉 조직의 나머지 구성원들에게 적절히 배양하
기만 하면 지속 가능한 성장의 토대가 될 수 있는 그런 사고방식에
초점을 맞춘다. 당신의 기업이 창업한 지 수십 년 된 조직이라 해도
문제가 되지 않는다. 우리의 요점은 연한이 얼마나 되었든 거의 모
든 기업이 창업자 정신을 구성하는 태도와 행동방식에서 혜택을 입
을 수 있다는 것이다. 사업 초기 기업은 창업자 정신을 구축하면 되
고, 오래된 기업은 그것을 재발견하거나 재정의하면 된다. 물론 그
방법을 이 책에서 보여줄 것이다.

데이터는 무엇을 보여주는가

우리는 임원들을 대상으로 설문조사를 하고 그들의 행동방식과 기
업들의 데이터베이스를 분석하면서 창업자 정신의 세 가지 특성을
상세히 탐구했다. 그리고 우리는 각급 조직의 리더 중 90퍼센트가
그 세 가지 특성 가운데 적어도 한 가지 이상을 창업자가 가지는 이
점의 원천으로 꼽는다는 사실을 발견했다.[3] 이 데이터에 대한 우리
의 연구는 또한 창업자 정신이 단지 사업 초기의 조직이나 소규모

조직에만 유익한 것이 아니라는 사실을 명백히 밝혀주었다. 연한이
나 규모와 상관없이 창업자 정신을 유지할 수 있었던 기업은 최고
수준의 성과를 보이는 조직일 가능성이 컸다. 실제로 창업자 정신을
유지하며 타당한 수준의 규모와 시장 지배력에 도달한 기업들은 세
계 최고 수준의 성과를 보이는 조직으로 드러났다. 예를 들어 우리
의 데이터베이스를 살펴보면 최고 수준 성과 기업군, 즉 상위 20퍼
센트에서는 높은 수준의 반역적 특성을 보유한 조직이 74퍼센트에
달했다. 반면, 하위 20퍼센트 기업군에서는 19퍼센트에 불과했다.
현장 중시 특성에서도 그 격차가 5배에 달했으며(57퍼센트 대 12퍼센
트), 주인의식 특성도 마찬가지였다(50퍼센트 대 9퍼센트)(그림 1-2 참조).[4]

그림 1-2 | 창업자 정신의 특성을 고수하는 최고 성과 조직

4~5점을 획득한 기업의 비율(5점 만점)

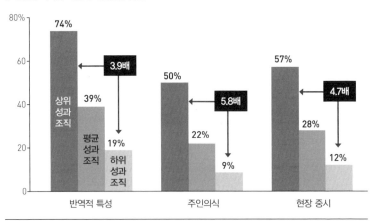

창업자 정신의 세 가지 특성은 표면상 기본적인 사항처럼 보인다. 하지만 그것들은 조직이 성장하는 과정에서 계속 보유하기가 놀라울 만치 어렵다. 복잡성이 가중되고, 사내 정치와 프로세스의 달인들이 보상을 받으며, 권력이 현장에서 중앙으로 이동하면서 관료주의가 판을 치게 된다. 그러면 기업은 내부적으로 점차 창업자 정신을 상실하고, 외부적으로는 경로를 이탈해 표류하거나 실패의 길로 접어드는 것이다.

당신의 조직은 창업자 정신을 보유하고 있는가?

직원들이 위대한 창업자다운 원칙과 기업가적 접근방식을 고수한다면 그 기업은 창업자 정신을 보유한 것이다. 이 설문조사는 당신의 기업이 정말로 창업자 정신을 보유하고 성장하고 있는지, 창업자 정신을 약화시키는 가장 큰 내부의 장벽은 무엇인지를 이해하는 과정의 첫 번째 단계. 창업자 정신 각각의 특성에 대해서도 점수를 매기는 더 상세한 버전의 설문조사가 있는데, 우리의 웹사이트(www.foundersmentality.com)에 접속하여 온라인으로 이용할 수 있다. 다음 각 항목을 읽고 당신 또는 당신의 조직에 비추어 차분히 생각한 다음 1에서 5까지 점수를 매기면 된다. 1은 '매우 아니다'이고 5는 '매우 그렇다'이다.

〈반역적 사명의식〉	
대담한 임무	• 우리는 '사업의 대의', 즉 우리가 사업에 종사하는 고유의 목적을 명확히 알고 있다.
	• 나는 우리의 사명에서 개인적으로 활력을 느끼고, 주변 동료들 역시 그것으로 고무된다고 생각한다.
비타협성	• 우리 조직은 차별화를 이룰 수 있는 하나 또는 두 가지 능력에 집중한다.
	• 우리는 시장 선도자 지위를 확보하거나 연장하도록 이끄는, 반복해서 적용할 수 있는 성장 모델을 보유하고 있다.
무한한 지평	• 우리는 투자 및 예산과 관련한 의사결정에서 장기적 관점에 초점을 맞춘다. 분기별 수익을 관리하는 것은 실로 부차적인 사안이다.
	• 우리는 급격한 변화를 수용하고, 경쟁자보다 앞서서 새로운 사업 모델을 실험하고 구축한다.
〈현장 중시〉	
끊임없는 실험	• 우리는 현장에서 많은 실험을 하고 혁신을 도모하며, 이를 통해 학습한다. 이것이 우리의 경쟁력 가운데 하나다.
	• 우리는 무엇이 효과가 있는지 이해하고 빠르게 교정하도록 돕는 효율적인 피드백 프로세스를 갖추고 있다.
권한 부여	• 우리는 업계에서 가장 뛰어난 인재들이 찾는 조직이다.
	• 우리는 일선 현장 직원을 우리 사업의 주인공으로 대접하며, 그들을 지원하는 데 필요한 일은 무엇이든 한다.
고객 옹호	• 우리는 우리의 핵심 고객이 누구인지 명확히 알고 있다. 그 충성 고객들이 우리의 경쟁력 가운데 하나다.
	• 우리의 모든 중요한 회의에서 고객의 목소리는 전적으로 중시된다.
〈주인의식〉	
강력한 비용 절감	• 우리는 현금을 아껴 쓰고 비용을 절감하는 데 예리하게 집중한다. 우리는 단 한 푼조차 우리 자신의 돈처럼 생각하고 쓴다.

행동 지향	• 우리는 사업의 발전과 성공에 긴요한 부문이 확인되거나 부상하면 인력과 재원을 신속하게 재배치한다.
	• 우리 조직은 경쟁자보다 더 빠르게 결정하고 움직인다. 속도가 우리의 경쟁력 가운데 하나다.
	• 조직의 일원으로서 우리는 늘 신속하게 개인적으로 책임을 지고, 적절한 행동이라고 판단되는 경우 역시 신속하게 행동을 취하여 리스크를 감수한다.
관료주의 배척	• 우리는 가치를 창출하는 최우선 사항에 집중하기 위해 의견을 제시하는 프로세스를 단순화했다.
	• 우리의 기획 및 검토 프로세스는 업계 최상이며, 효율적으로 자원을 재할당해 현장의 경쟁력을 높인다.
전반적 사항	• 우리의 성장과 미래의 성공을 막는 최대 상벽은 외부적인 것이라기보다는 내부적인 것이다. 우리의 운명은 우리 손에 달려 있다.
	• 앞으로 5년 후 우리의 주요 경쟁자는 지난 5년간의 그들과 다른 기업들일 것이다.

점수 구간별 의미

각 항목의 점수를 모두 더한다. 우리가 정리한 데이터는 총점에 따라 기업들을 네 범주로 구분했다. 즉 창업자 정신이 강력한 상태(75점 이상)와 감소하는 상태(60~75점), 약해진 상태(45~60점), 없어진 상태(45점 이하)다.

총점은 기업의 내부적인 건강 상태는 물론이고 외부적으로 이익성장을 지속할 수 있는지를 보여주는 강력한 지표다. 하지만 가장 심각한 현안을 파악하려면 그 패턴을 살펴보는 것이 더 중요하다. 기업들이 창업자 정신을 시간의 흐름에 따라 균등하게 상실하는 게 아니라 특정 상황에서 급격한 감소를 보이는 게 일반적이기 때문이다.

그러한 패턴을 토대로 궁극적으로는 쇠락의 근원을 파헤쳐야 한다. 예컨대 현장에서 해결하려고 노력을 기울이고 있지만 뜻대로 되지 않는 문제가 있을 때, 그것이 무엇인지를 먼저 이해해야 한다. 또는 고객으로부터 진정한 피드백을 얻는 방식도 필요하다. 앞으로 우리는 그 방법 역시 제시할 것이다.

창업자 정신 지도

엘브랜즈 같은 기업은 규모를 키워나가면서도 오랜 기간 이익성장을 지속하고 있다. 이 세 가지 특성의 힘을 모두 잘 활용하고 있기 때문이다. 하지만 이 여정을 성공적으로 끌어나가는 기업은 별로 없으며, 수십 년 동안 그렇게 하는 기업은 더더욱 없다. 대부분은 성장 위기들에 뒤흔들려 창업자 정신의 이점에서 점차 멀어지고 경로를 이탈하여 표류한다. 이를 더 자세히 탐구하기 전에 이 모든 것이 펼쳐지는 영역과 범위를 도식화해서 살펴보자.

〈그림 1-3〉은 기업이 비즈니스의 생애주기를 거치면서 겪게 되는 예측 가능한 단계와 위기를 나타낸 지도다. 이 지도는 두 관점으로 구성된다. 가로축은 '창업자 정신의 효익(net benefits)', 세로축은

그림 1-3 | 창업자 정신 지도

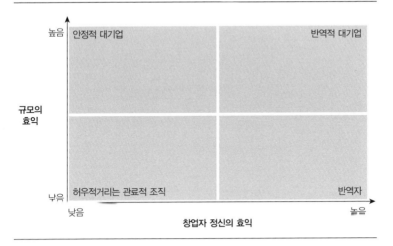

'규모의 효익'을 나타낸다. 다시 말해 가로축은 기업과 그 문화 등 내부적 강점의 척도이고, 세로축은 시장 지배력이나 규모 등 업계에서 경쟁 업체들과 대비되는 외부적 강점의 척도다.

이 지도에서 오른쪽 아래는 대부분의 조직이 막 출발하는 단계에 해당하는데, 거기에 속한 기업을 우리는 '반역자'라 칭한다. 사업 초기의 기업들이라 상대적으로 규모가 작지만, 남다른 아이디어와 창업자 정신의 발현으로 내부적 강점이 주목되는 상태다. 다시 말해서 업계의 표준을 바꾸겠다는 사명적 열의, 사업 일선에서 일하는 사람들과 거기서 벌어지는 일에 대한 집중, 결과에 개인적 책임을 지는 주인의식 등이 강력한 상태다.

인데버Endeavor는 개발도상국 신생기업들의 성장을 촉진하는 데 헌신하는 비영리기구로 현재 20여 개 시장의 1,000여 개 기업에 연결되는 네트워크를 구축하고 있다. 우리는 연구·조사 과정에서 이 기업들과 광범위하게 접촉했는데, 거의 예외 없이 전형적인 반역자에 속했다. 일례로 알레산드로 가드만Alessandro Gardemann이 운영하는 GEO에너제티카GEO Energética를 들 수 있다. GEO에너제티카는 50명의 임직원을 둔 브라질 기업으로 그냥 버려지던 사탕수수 폐기물을 에너지로 전환하는 기술을 독점 보유하고 있다. 브라질 경제가 급속한 성장세로 접어듦에 따라 에너지 수요 역시 급격히 증가했는데, 그 상당 부분을 채워줄 것으로 기대되는 기술이다. 창업 단계를 성공적으로 거치며 자신들의 아이디어가 가진 힘을 입증하고, 이제 규모의 효익을 얻으려 애쓰는 젊은 기업의 좋은 예라 할 수 있다. 이 기업은 대규모로 성장할 잠재력을 지니고 있지만, 앞으로 반역자가 규모를 키우는 과정에서 맞닥뜨리기 마련인 난제들을 이겨내야 한다.

지도의 오른쪽 위는 대부분 기업의 리더들이 도달하려고 애쓰는 단계다. 바로 반역적 대기업들이 속하는 자리다. 반역적 대기업은 오랜 기간 반역적 사명의식을 충실히 고수하며 시장 지배력과 영향력을 구축한 기업으로, 창업자 정신의 활력을 여전히 보유한다. ABI와 엔터프라이즈렌터카, 구글Google, 하이얼, 애플, 빅토리아시크릿, 이케아 등이 여기 해당한다. 이 책에서 제시하는 조언은 궁극적으로 모든 기업이 반역적 대기업이 되도록 돕는 게 목적이다. 여기에 속한 기업은 규모를 키워 업계 1위 자리에 올랐음은 물론, 창업자 정신의 효익까지 누리고 있다. 지난 10년간 연 매출 5억 달러를 달성한 기업 가운데 단 7~8퍼센트만이 반역적 대기업의 지위에 도달했다(신생기업 중에서 연 매출 5억 달러를 달성하는 기업은 2,000개 중 1개꼴이다). 하지만 그 소수의 조직이 매해 전 세계 주식시장에서 창출되는 순가치의 절반 이상을 책임진다.[5]

지도의 왼쪽 위는 안정적 대기업 자리로, 반역적 대기업과는 아주 다르다. 여기에 속하는 기업들은 창업자 정신의 창조적 에너지와 유연성을 대부분 상실한 상태다. 하지만 그럼에도 보유한 자산과 능력 덕분에 나름의 강점을 발휘하고 있다. 어쩌면 업계 리더 자리도 한동안은 지속할 수 있을 것이다. 이들은 대개 최대의 몸집을 자랑하는데, 시장에 요새와 같은 장벽을 쳐놓고 경쟁자들의 진입을 차단하는 경향이 있다. 이 자리에 있는 대표 주자로는 마이크로소프트Microsoft, 가스프롬Gasprom, 유니레버Unilever, SAP 등이 있다.

지도에서 최악의 위치는 왼쪽 아래, 허우적거리는 관료적 조직 영역이다. 여기에 속하는 기업들은 이미 오래전에 창업자 정신의 내부적 강점을 잃었다. 그뿐 아니라 성공한 대기업이 흔히 세우는 진입장벽도 애초에 세우지 못했거나 과거에 세워놓은 게 지금은 무너진 상태다. 이 단계까지 이른 기업은 대부분 탄력을 되찾지 못한다. 극단적인 경우, 복잡성이라는 재앙 탓에 변화에 빠르게 반응하는 능력이 퇴화된 데다가 학습 속도 역시 느려졌으며 비용 구조도 최악의 상태에 이르러 있다. 대표적인 예가 제너럴모터스General Motors, 코닥 Kodak, 소니Sony, 케이마트Kmart 등이다. 이들 기업은 외부의 급격한 변화 때문에 충격적인 쇠퇴를 맞이했지만, 더 근본적인 이유는 내부 건강이 열악한 상태라는 데 있었다.

그 밖에 대부분 기업은 이들처럼 양극단에 존재하지 않고 매트릭스의 중앙쯤을 차지하거나 그쪽을 향해 이동하고 있다. 이 영역에 해당하는 기업들의 특징은 시장 지배력이 약해지고, 복잡성과 관료주의로 내부의 기능장애를 겪으며, 나태함이 만연하여 신속한 의사결정이 이뤄지지 않는다는 것이다. 모든 것을 고려할 때 아래로 이동하는 기업들은 자본비용을 벌지 못하고, 그 때문에 주식시장에서 가치의 하락을 겪는다.

상향 이동: 규모를 키우면서도 수익을 동반하는 성장

앞으로 살펴보겠지만 지도의 두 관점, 즉 양 축을 거슬러 올라가는 성공이어야 지속 가능한 성장으로 이어진다. 지도의 오른쪽 아래인 반역적 신생기업의 영역에서 출발해 오른쪽 위인 반역적 대기업의 영역으로 이동하는 경로를 말한다. 우리는 이 과정을 상향 이동이라고 부른다(그림 1-4 참조). 웩스너도 엘브랜즈를 이렇게 이동시켜 큰 성공을 거두었다. 하지만 이는 도중에 여러 역경을 이겨내야 하는,

그림 1-4 | 상향 이동

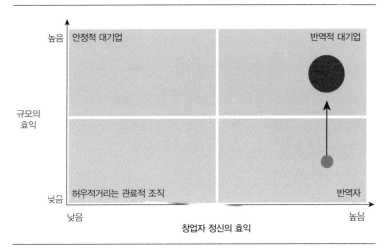

만만찮은 이동이다. 한 축에서는 성공을 거두었지만 다른 축에서 성공적이지 못하면 대개는 불안정성이 이어진다. 양 축에서 모두 성공적이지 못하면 쇠퇴와 궁극적 종말만이 기다릴 뿐이다.

기본 경로: 규모 확대에 따르는 문제

우리는 연구·조사와 실무 과정에서 지도상의 기본 경로를 따르는 기업들을 되풀이해서 목격했다(그림 1-5 참조). 출발점은 지도의 오른쪽 아래다. 이 위치의 기업은 창업자 정신의 긍정적 특성을 갖췄을 뿐 아니라 여전히 창업자가 이끄는 경우가 많다. 하지만 아이디어와

그림 1-5 | 기본 경로

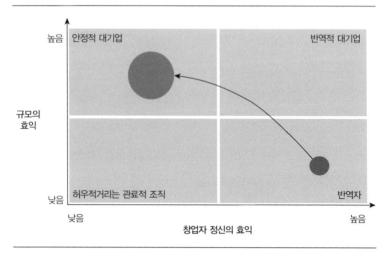

열정적 팀 말고는 가진 게 별로 없는 상태다. 경쟁을 하려면 임계점에 도달해야 하고, 이익을 내려면 시장 지배력을 확보해야 하며, 투자자들에게 수익을 안겨주는 동시에 직원들에게는 기회를 제공해야 한다. 성장하는 기업은 여기서부터 지도의 위쪽으로 이동하며 시장 지배력도 늘리고 규모도 키워간다. 그렇지만 이에 따라 창업자 정신의 내적 에너지를 희석시키는 시스템과 복잡성도 증가한다.

이 지점이 바로 '성장의 역설'이 작용하기 시작하는 부분이다. 젊은 기업의 내부적 강점과 활력이 기업이 성장하고 성공하며 프로세스와 구조를 더하는 가운데 종종 감소하는 것이다. 증가하는 프로세스와 구조가 사업 초기 시절의 개인적 친밀감을 손상시키기 때문이다. 앞으로 계속 살펴보겠지만 성장하는 기업에서 부상하는 문제들은 창업자 정신을 갉아먹는 내부적 변화에 그 원인이 있는 경우가 많다. 그래서 임원 중 85퍼센트가 자신들이 직면한 주요 장벽이 내부에 있다고 인식하는 것이다.[6] 그렇지만 대부분의 관찰자는 이 문제의 파급력까지는 인식하지 못한다. 왜냐하면 기업 자체의 성과 보고서에서든 기업의 성과를 추적하는 사람들의 분석에서든 성공을 측정하는 거의 모든 척도가 외부적 결과에만 주목하는 것들이기 때문이다. 예컨대 자본이익률이나 성장률, 시장 점유율 등이다. 물론 이것들 역시 중요하다. 그러나 과거의 성적만을 토대로 경주마를 평가하는 사람은 없다. 지속 가능한 성과를 낼지 확신하려면 내부의 건강 상태도 파악할 필요가 있다. 그것도 아주 주의 깊게 말이다.

지도에서 반역자, 안정적 대기업, 관료적 조직의 3개 자리는 성장의 위기가 작용하는 영역이다. 2장에서는 이들 위기와 그것들이 발생하는 방식을 살펴볼 것이다. 그렇지만 그전에 잠깐 짚고 넘어갈게 있다. 이 책에서 우리는 기업체가 내부에서 영속적인 문화적 변화를 설계하는 데 이용할 수 있는 프로그램을 논하지는 않을 것이다. 그것은 경영진이 수년간 지속적인 노력을 기울여야 완성할 수 있는 프로세스로, 이 책의 범위를 벗어나는 주제이기 때문이다. 이 책에서 우리의 목표는 지속 가능한 성장을 달성하는 실용적인 아이디어를 확인하는 것이다.

창업자 정신을 당신의 조직에서 활용하는 방법

- 이 장의 설문조사를 이용해 현장 직원과 고객들을 인터뷰하고, 당신의 조직
  이 창업자 정신을 얼마나 수용하고 있는지 평가하라.

- 인터뷰 자료를 토대로 최고위 경영진과 직접적인 논의를 한다. 이때 다음과
  같은 사안을 논제로 삼는다.
  - 임직원 모두가 기업의 반역적 사명을 이해하고 있는가?
  - 우리는 현장에 권한을 부여하거나 지원하는 데 초점을 맞추고 있는가?
  - 우리는 경영주처럼 사고하고 행동하는가?
  - 우리는 반역적 대기업이 되어 업계를 이끌고자 하는 야망을 공유하는가?
  - 우리는 경쟁 업체, 특히 새로 부상하는 반역자나 창업자 정신을 더 잘
    구현하는 반역자에게서 기꺼이 배울 수 있는가?
  - 이들 질문에 대한 답은 우리 사업의 우선순위를 어떻게 바꾸는가?

성장에 따르는 세 가지 위기

위대한 기업은 어쩌다 길을 잃는가

이 책의 대부분에서 우리는 성장의 위기를 예측하고 다루는 실용적인 접근방식을 제시할 것이다. 물론 그 방식의 다수는 위대한 창업자의 모범적인 사례에서 도출한 것이다. 하지만 해결책을 찾기 전에 먼저 문제를 정확히 알 필요가 있다.

과부하: 고성장에 따른 위기

기업을 매출 1억 달러에서 10억 달러로 키우거나 5억 달러에서 50억 달러로 키우려면 일하는 방식을 바꿔야 한다. 항상 해오던 대로 하면서, 또는 똑같은 일을 단지 10배 더 하면서 그런 성장을 이룰 수는 없다. 가중되는 복잡성을 다루고 사업을 시장 규모에 맞게 조정하려면 새로운 시스템을 구축해야 한다. 전에는 최고재무책임자CFO가 개인적으로 고안해준 엑셀 스프레드시트로 필요한 모든 것을 할 수 있었다면, 이제는 IT 전문가들로 구성된 부서에서 SAP의 비즈니스 솔루션을 이용해 그 일을 해야 할 것이다. 전에는 당신의 창업 멤버들이 경험이 미천한 직원들을 데리고 단지 의지력만으로 과업을 완수해나갔다면, 이제는 다른 문화에 속해 일하던 전혀 다른 수준의 인재도 영입해야 할 것이다. 전에는 창업 멤버들이 모든 것을 파악하고 한곳에서 의사결정을 할 수 있었다면, 이제는 조직 내에서 의견 수렴 과정을 거친 후 결정을 내려야 할 것이다. 전에는 당신이 모든 일에 관여하며 행동방식의 모범을 보일 수 있었겠지만, 이제는 결코 그럴 수 없을 것이다. 전에는 당신이 주요 고객에 대해 이름은 물론 갖가지 신상 정보까지 소상히 알았다면, 이제는 파워포인트 페이지를 넘기면서 대략 파악하기도 벅찰 것이다. 그리고 전에는 기업의 구성원 모두가 당신의 사명을 특별하게 하는 게 무엇인지 알았다면, 이제 당신은 사명의식이 조직의 외곽까지 미치지 못할지라도 뾰족한 수가 없을 것이다.

과부하는 기업이 공격적으로 규모를 키울 때 발생한다. 앞서 봤던 창업자 정신 지도 중 오른쪽 아래에서 오른쪽 위를 목표로 움직일 때 말이다.

기업이 규모가 커지면 리더들은 창업자 정신의 요소들을 부적절하게 관리하거나 그저 당연한 것으로 받아들이기 쉽다. 이는 자연스러운 현상이지만, 문제는 지금까지 기업이 커지도록 이끌어준 요소들을 점차 상실하는 결과가 나온다는 것이다. 시스템과 프로세스 그리고 복잡성은 기업의 발목을 잡아 속도 저하를 불러오고, 비용을 가중시켜 이익을 잠식하며, 원래의 목적의식이 흐릿해지게 한다. 규모와 복잡성의 부담에 내부적으로 적절히 대비하지 못한 채 싱징터는 기업은 이렇게 과부하의 피해를 입을 수밖에 없다. 끔찍한 일이다. 성공적으로 성장하며 전보다 더 열심히 일하는데, 하루하루 흘러갈수록 점점 더 압도당하는 기분이 든다. 게다가 어두운 무언가가 곧 모든 것을 장악할 것 같은 느낌마저 든다면 얼마나 끔찍하겠는가.

노르웨이크루즈라인Norwegian Cruise Line, NCL의 사례를 살펴보자. 한때 이 기업은 유람선 업계의 리더로서 혁신을 거듭하며 강력한 성장의 야망과 공격적인 투자 마인드를 보유했다. 그런데 그렇게 순풍을 타고 질주하는 것 같던 기업이 어느 날 좌초하고 말았다. 왜 그랬을까? 간단히 답하자면 과부하에 대처하지 못했기 때문이다. 우선은 성장 전략을 실행하는 시스템을 내부적으로 적절히 개발하지 못했다. 그런 탓에 전략이 펼쳐지는 수십 군데의 실행 지점, 즉 고객, 유람선 선원, 육상 직원, 항구 담당자, 파트너 여행사 등과의 접촉점에서 그것이 제대로 전개되지 않았다. 지금부터 NCL이 상향 이동하는 과정에서 왜 길을 잃었는지 자세히 살펴보기로 하겠다. 이 스토리는 3장에서도 다시 접하게 되는데, 그때는 새로운 리더들이 어떻게 개입해서 창업자 정신을 어떤 식으로 활용하여 사업을 재건했는지, 그 전 과정과 방법을 논할 것이다. 최종 결과는 참으로 인상적이다. 재건을 위한 노력이 시작된 이후 매출은 거의 두 배로 증가했고 영업이익은 무려 12배로 뛰었으며 성장률은 제로에서 20퍼센트로 올랐다.

NCL의 힘겨운 항해

NCL은 오늘날의 현대적 유람선 사업을 최초로 시작한 선구적 기업이다. 창업자인 크누트 클로스터Knut Kloster와 테드 아리슨Ted Arison은 1966년에 그들의 첫 배를 바다에 띄웠다. 승용차와 승객을 태우고 마이애미에서 카리브 해 연안까지 운항하는 저비용 유람선이었다. NCL은 당시 유람선 업계의 혁신자였다. 거의 누구나 이용할 수 있을 정도의 저렴한 가격으로 왕복 유람선 티켓을 제공한 최초의 기업이었기 때문이다. 아리슨은 초기에 NCL을 떠나 따로 카니발크루즈라인Carnival Cruise Line을 창업했고, NCL은 클로스터의 리더십 하에서 곧 시장을 선도하는 기업이 되었다. 그렇지만 점차 경쟁 업체들에 따라잡히더니 급기야는 뒤로 밀려나기 시작했다. 1990년대 말 NCL은 일련의 인수와 기업분할을 단행하면서 다른 투자자들도 끌어들였다. 과부하가 시작된 게 바로 그 무렵이다. 1억 달러에 달하는 적자 현금흐름을 보이며 재정적으로 고투를 벌이던 NCL은 결국 2000년 아시아 제1의 유람선 기업인 스타크루즈Star Cruises에 인수되고 말았다.

인수 이후 스타크루즈는 NCL에 대한 공격적인 개혁 계획을 발표했다. 그 첫 번째 조치는 손님들에게 이른바 '자유형 유람'을 제공함으로써 전통적인 유람선 상품에 파격을 도입하는 것이었다. 자유형 유람이란 정해진 시간에 정해진 장소에서 식사와 오락을 제공하던 업계의 전형적 모델에서 탈피해 다양한 장소에서 다양한 시간대에 식사와 오락을 즐길 수 있도록 융통성을 부여한 것을 말한다. 이 개념을 수용할 수 없게 만들어진 배들은 새로운 방식에 걸맞게 설비를 개량했다.

유람선 업계의 실로 혁명적인 개념이었지만, 실행하기는 쉽지 않은 것으로 드러났다. 특히 식사 제공이 만만치 않았다. 조리실이 만찬장과 분리된 채 곳곳에 떨어져 있어서 손님들에게 음식을 서빙하는 시간이 오래 걸렸다. 손님들은 짜증을 냈고, 승무원들은 불만 가득한 손님들의 짜증과 낯선 방식 때문에 심한 스트레스에 시달렸다. 하지만 스타크루즈는 직원들의 고충은 무시한 채 확장과 성장만을 위한 정책을 공격적으로 펼쳐나갔으며, 수준 이하의 규칙을 적용해 가격을 내렸다. 손님의 만족도와 직원의 참여의식은 무참히 파괴되어갔다. 결론은 어떻게 됐을까? 스타크루즈는 일선 현장 직원들의 신뢰와 파트너 여행사들의 헌신, 승객들의 충성도를 모두 잃었다. 고객들은 다른 방식의 휴가를 즐기는 쪽으로 넘어가고 말았다.

주인이 바뀌고 나서도 과부하에 제대로 대처하지 못한 NCL은 2007년 무렵 성장 기대치에서 심각하게 뒤처진 상태가 되었고, 그래서 또 주인이 바뀌었다. 새로운 경영주인 아폴로투자사Apollo Investment Corporation와 NCL 이사회는 케빈 시언Kevin Sheehan을 영입하여 처음에는 CFO로, 얼마 후에는 CEO로 임명했다.

시언은 렌터카 업계와 연예오락 산업에서 경험을 쌓은 베테랑 경영인이다. 젊은 시절 뉴욕 퀸스에서 택시기사로 일한 경험이 있는 시언은 현장에서 사업이 돌아가는 방식을 잘 아는 리더로 유명하다. 그와 경영진은 NCL이 무엇을 필요로 하는지 즉시 알아차렸다. 그는 이렇게 말했다. "당시 NCL에 필요했던 것은 현장의 직원과 승선한 고객의 의견을 수렴해 바닥에서부터 고쳐나가는, 하의상달식 개혁이었습니다."[1] 그는 NCL의 리더들이 본사에서 생성된 아이디어들에 너무 많은 시간을 쏟고 너무 많은 관심을 기울인다는 사실을 간파했다. 현장에서 실제로 충분히 테스트하고, 타당한 후속 조치를 취하며, 기업의 일상 업무에 적절히 결합하는 일이 더 중요한데 말이다.

우리는 NCL의 선박 가운데 하나인 노르웨이스타Norwegian Star에 승선해 케빈 시언을 만났다. 그는 자신이 CEO직을 맡았을 때의 기업 상황에 대해 이렇게 설명했다. "CEO가 되자마자 선박과 항구의 현장 직원들을 찾아가 많은 대화를 나눴습니다. 그리고 곧 깨달았어요. 우리의 가장 큰 문제들은 업계와 관련이 있는 게 아니라 내부적인 것들이라는 사실을 말이에요. 자유형 유람이라는 혁신적인 방식을 시장에 내놓고도 그 실행을 형편없이 하는 바람에 긴 대기 시간과 승객들의 불만을 유발했지요. 또 획일적인 방식으로 가격을 책정하고 있었는데, 사실 선실마다 가지는 가치가 크게 달라서 더 세련된 수익관리 시스템을 적용할 필요가 있었어요. 렌터카 업계에서 하는 것처럼 수요에 가치를 연계하여 가격을 역동적으로 책정할 필요가 있었다는 겁니다. 그리고 우리의 파트너 여행사들은 출항이 임박한 순간에 가격을 할인해주는 우리의 방식에 큰 불만을 느끼고 있었고, 그래서 파트너라는 의식도 별로 없었지요. 무엇보다 중요한 것은 우리 현장 직원들이 무엇이 중요한지를 인식하지 못했다는 거예요. 우리는 가격 경쟁력으로 승부를 거는 회사인가? 혁신을 중시하는 회사인가? 고객에 초점을 맞추는 업체인가? 대체 우리 회사는 무엇이란 말인가?"[2]

이것이 과부하로 인한 기능장애의 전형적인 예다. NCL은 성장하는 시장에서 선두권을 달리고 있었고, 기업을 차별화하는 훌륭한 아이디어도 보유했다. 하지만 다수의 현장 접점에서 성공을 거두지 못했다. 전략을 현장에 제대로 이해시키는 데 실패했고, 더욱 복잡해진 고객 경험을 원활하게 관리할 수 있는 시스템을 고안해내지 못했다. 승객용 일정 계획을 마련하기 위해 소프트웨어를 개발할 때도 현장 직원의 의견을 구하지 않았으며, 유람선의 객실이나 침상을 판매하는 파트너 여행사와 일선 현장을 연결해주지도 않았다.

기업 내부에 혼란이 뒤따를 수밖에 없었다. 새로운 여행 프로그램이 잘 팔리지 않자 다른 선택지가 없다고 판단한 기업은 외부적 수단인 저비용 전략을 채택했다. 출항이 임박한 순간의 가격 할인이 바로 그것이었는데, 그 전략은 상황을 악화시키기만 했다. 주인이 바뀌고 경영진과 일선 현장 사이에 거리가 멀어지면서 과부하의 압력은 더욱 거세졌고, 그로 인해 기업은 창업자 정신을 급속히 상실했다. 케빈 시언은 NCL에 오자마자 그 점을 깨달았다(다음 장에서 우리는 그의 통찰력이 어떻게 기업을 살리고, 나아가 반역적 대기업으로까지 이끌었는지 살펴볼 것이다).

속도 저하: 성장 속도의 둔화 또는 정체 위기

속도 저하는 성공적으로 규모를 키운 기업이 복잡성의 난제들과 씨름하는 가운데 발생한다. 관료주의와 내부적 기능장애가 심해지면서 이전에 성공의 동력으로 작용했던 엔진을 압도하기 때문이다. 속도 저하는 앞서 본 창업자 정신 지도에서 왼쪽 위 영역에 속하는 안정적 대기업에 해를 끼친다. 방향 감각에 혼란을 겪게 되는 위기라 할 수 있다. 리더들은 기업이 추진력을 잃어가고 있음을 느낀다. 그래서 과거에 속도를 높이거나 방향을 전환할 때 이용했던 레버를 당겨보지만 별다른 반응을 얻지 못한다. 무언가가 달라진 것이다. 하지만 이제 그들은 달라진 게 무엇이고, 무엇을 어떻게 해야 하는지 파악하는 데 어려움을 겪는다.

속도 저하는 예측 가능한 위기이지만, 매우 위험한 위기다. 다음을 고려하기 바란다.

생각보다 흔한 문제다

베인앤드컴퍼니에서는 세계적으로 8,000여 기업의 실적을 추적하는데, 데이터를 분석한 결과 다음과 같은 결론이 나왔다. 지난 15년 사이에 반역적 단계에서 안정적 단계로 넘어간 기업은 5개 가운데 1개꼴이다. 그중 3분의 2가 속도 저하에 직면했다.[3] 여기에는 파나소닉Panasonic과 소니, 타임워너Time Warner, 샤프Sharp, 브리스톨–마이어스 스퀴브 Bristol-Myers Squibb, 필립스Philips, 마쓰다Mazda 등과 같은 유명 기업들도 포함된다. 더욱 중요한 점은 속도 저하에 직면한 대기업이 시장 지배력을 되찾고 이전의 추진력을 회복할 확률은 약 14퍼센트, 즉 일곱 중 하나가 채 안 된다는 사실이다.

급속히 발생할 수 있다

우리는 최근 속도 저하에 처한 50개 대기업을 조사하면서 그들의 시기별 매출 성장률을 추적했는데, 실로 놀라운 사실이 발견되었다. 대부분이 갑작스럽게 속도 저하에 직면했으며, 불과 2~3년 사이에 성장 추진력을 잃고 급속히 하향세를 탔다는 것이다. 두 자릿수를 기록하던 성장률이 한 자릿수 초반대로 떨어졌으며, 심한 경우 마이너스를 보이기도 했다(그림 2-1 참조). 예전에 컨설팅 기업 CEB Corporate Executive Board에서 미국 상장기업들을 대상으로 과거 50년 사이의 속도 저하를 폭넓게 추적 조사한 적이 있는데, 그들이 발표한 내용과도 일맥상통한다. 그 연구의 관계자들은 이렇게 결론지었다. "성장률 저하는 점진적으로 진행되는 게 아니다. 마치 돌이 떨어지듯이 급격하게 이뤄진다."[4]

그림 2-1 | 성장률 저하의 속도

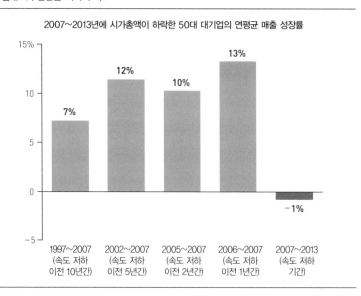

2007~2013년에 시가총액이 하락한 50대 대기업의 연평균 매출 성장률

성장이 불러오는 내부적 문제다

대기업 경영진의 94퍼센트는 지속적인 성장을 가로막는 주요 장벽으로 내부적 기능장애를 꼽는다.[5] 아이러니한 것은 젊은 반역자가 그토록 얻고자 애썼던 바로 그것, 즉 규모와 인정, 경험, 능력, 자본, 시장에서의 지위가 이 기능장애의 원인이라는 점이다. 이는 사실 놀랄 일이 아니다. 기업이 커지고 복잡성이 증가하면 성장을 지속하는 데 필요한 민첩성과 유연성이 상실되기 마련이다. 이렇게 정리하고 보니 전에 일흔 살의 요가 강사한테 들은 말이 떠오른다. "나이가 들어서 몸이 굳는 게 아니에요. 몸이 굳으면 그때부터 나이가 드는 겁니다."

홈데포의 사례

홈데포The Home Depot에서 일어난 일만큼 속도 저하의 힘을 여실히 보여주는 사례도 드물다. 홈데포는 세계 최대의 가정용 건축자재 체인이자 미국의 4대 소매 체인이다.

홈데포가 초기에 성공을 거둔 비결은 주목할 만한 창업자였던 버나드 마커스Bernard Marcus와 아서 블랭크Arthur Blank에게로 거슬러 올라간다. 그들은 고객과 가까워지고 직접적이며 조언자적 관계를 맺는 기업을 만드는 데 헌신했다. 창업자 정신이 작동하는 전형적인 예다. 그들이 주문처럼 되뇐 문구가 '필요한 것은 무엇이든!' 이었다. 두 창업자는 매장 점원들에게 고객 서비스를 직접 가르쳤다. 그리고 점원들은 쇼핑객들에게 주택 개·보수나 리모델링 프로젝트에 관한 강습을 열어주곤 했다. 매장 점원들은 언제나 유용한 정보와 조언을 제공할 준비를 하고 대기했다. 이 전략으로 홈데포는 차별화에 성공했고 강력한 고객 충성도를 창출했으며, 그 덕에 오랜 세월 성공의 나날을 구가했다. 창업연도인 1978년부터 2000년까지 홈데포는 애널리스트들의 기대치를 일관되게 넘어서며 20퍼센트 증가라는 연간 순이익 목표를 수월하게 달성하곤 했다. 그러던 2000년 12월, 처음으로 목표에 이르지 못했다. 이사회는 연 매출 500억 달러에 접근하고 있는 홈데포의 낙후된 시스템에 불안감을 느꼈다. 그래서 제너럴일렉트릭GE에서 CEO직을 맡은 바 있는 로버트 나델리Robert Nardelli를 CEO로 영입했다. 이른바 대기업의 규율을 적용하기 위해서였다.

나델리는 상명하달식의 지휘통제 환경을 만들었다. 2006년 초에 이르렀을 때 홈데포는 상위 170명의 간부 가운데 98퍼센트가 직무를 새로 맡은 상태였고, 본사의 새로운 간부 중 56퍼센트가 외부에서 영입된 상황이었다. 나델리와 그의 팀은 고객 관계와 현장의 열정을 기업의 최우선 사항으로 삼는 방침, 창업자들이 그 오랜 기간 그토록 공들였던 방침을 내다 버렸다. 그러고는 애널리스트들의 권고에 따라 분기별 이익을 높이기 위해 고객 관계와 현장에 들어가는 비용을 삭감했다. 그리고 장기근속 직원들을 내보내고 저임금의 파트타임 직원들로 자리를 채웠다. 말 그대로 고객 서비스의 수준을 붕괴시킨 것이다. 사람들은 '직접 만들어보세요Do It Yourself'라는 모토가 이제 '직접 찾아보세요Find It Yourself'가 됐다고 조롱했다. 고객과 매장 점원, 경영진 사이에 쌓였던 신뢰감과 유대감이 무너졌고 창업자 정신 역시 침식되었다.

2006년 미시간대학교가 연례 미국 소비자 만족도 지수를 발표했을 때, 홈데포는 미국의 주요 소매 체인 가운데 꼴찌를 기록했다. 67점으로 주요 경쟁 업체인 로우스Lowe's보다 11점이나 낮았고, 심지어 당시 여러 비방에 시달리던 케이마트보다도 3점이나 아래였다. 2000년에서 2007년 사이에 기업의 시가총액은 55퍼센트 감소했으며 매장들은 4년 연속 방문객 감소와 시장 점유율 상실을 경험했다.

사업의 실태를 파악하기 위해 이사회 임원들은 현장에 나가 일선 직원들과 회합을 가졌다. 그리하여 직원들의 이야기에 일관된 패턴이 있다는 걸 깨달았다. 직원들은 자신의 미래에 대해 불안감을 느끼고 있었으며 대부분 같은 주제를 거론했다. 이사회 임원 중 한 명이 설명한 바에 따르면 그것은 "장기근속 매장 점원들의 영향력을 빼앗는 조치에 대한 우려, 그리고 기업과 직원, 고객 사이의 사회적 접촉이 단절되고 있다는 느낌"이었다.

우리는 그 기업의 최장기 이사회 임원이자 기업 회생 전문가인 그레그 브레네만Greg Brenneman에게 좀 더 구체적으로 얘기해달라고 요청했다. "자세히 조사해보니까 표면 아래에서 심각한 문제가 끓어오르고 있더군요. 매출은 증가했지만 방문객 수가 계속해서 감소하고 있었어요. 매장 관리자들은 수십 종에 달하는 재무 관련 양식과 지표를 처리하느라 엄청난 스트레스를 받았습니다. 고객들에게 신경 쓰고 매장을 운영하는 데 더 많은 시간을 할애해야 하는데 그러질 못한다는 거였어요. 게다가 경험이 많은 매장 점원들, 그러니까 배관이나 전기 공사의 진정한 전문가들을 내보내고 경험이 별로 없는 파트타임 점원을 쓰고 있었잖아요. 그러니 소매업의 생명이라 할 수 있는 방문객 수가 줄어드는 것도 당연했지요. 또 성장을 촉진하고 분기별 수익을 높이기 위해 매장들을 새로 열었는데, 그곳들이 소기의 목적을 달성하지 못해서 추가적인 감원으로 이어지기도 했습니다. 속도 저하에 직면한 거지요. 다른 경로를 모색해야 하는 상황이었던 겁니다."[6]

홈데포는 그렇게 속도 저하에 시달렸다. 다행히도 홈데포는 부사장이던 프랭크 블레이크Frank Blake를 새로운 CEO로 임명하는 조치를 취했다. 블레이크는 창업자 정신의 힘을 활용하는 전략을 토대로 일선 현장 직원 및 고객들과 유대감을 회복하고, 매장을 원활하게 운영하는 데 초점을 맞춘 일련의 프로젝트를 시작했다. 이 기업이 어떻게 회생의 길을 찾았는지 4장에서 상세히 살펴볼 것이다.

자유 낙하: 진부화와 쇠퇴의 위기

자유 낙하는 기업의 생애주기 중 어느 시점에서도 일어날 수 있다. 하지만 가장 흔하게 일어나는 때는 이미 성숙한 기존 사업체가 새로운 반역자의 등장으로 사업 모델에 혹독한 공격을 받거나 변화하는 시장에서 더는 경쟁력을 갖지 못할 때다. 신생 아마존닷컴의 공격을 받던 서점들, 그리고 콘텐츠 다운로드가 일반화되기 시작하던 시기의 비디오 대여점을 떠올려보면 금방 이해할 수 있을 것이다.

만약 당신이 자유 낙하를 이겨내고 살아남은 극소수의 관계자 중 한 명이라면 그것이 얼마나 끔찍한 경험인지 잘 알 것이다. 추진력과 통제력의 상실, 말 그대로 기업이 곤두박질칠 것 같은 불안감, 제반 지표의 하향 소용돌이, 달려드는 재앙의 전망, 잘 작동하던 레버가 이제 더는 소용이 없다는 깨달음…. 속도 저하 역시 끔찍하게 나쁜 위기이기는 하지만, 그래도 그 상황에서는 다음번 행보를 곰곰이 따져볼 시간이 있고 이런저런 선택지도 있기 마련이다. 하지만 자유 낙하 상황에서는 충돌을 향해 돌진하기 때문에 시간이 부족하다.

성장 위기 세 가지 가운데서 당연하게도 자유 낙하의 위기가 가장 위험하다. 오늘날 어떤 시점을 잡더라도 기존 기업의 5~7퍼센트는 급격히 쇠락하는 중이거나 곧 거기에 돌입하는 상태에 처했다고 볼 수 있다. 정신이 번쩍 드는 한 가지 사실은 그런 기업 중 고작 10~15퍼센트만이 급강하에서 벗어나 수평 비행으로 옮겨간다는 것이다.[7] 더욱이 그 힘든 묘기를 간신히 성공시키는 기업 중 절반 이상은 반드시 핵심 사업을, 최소한 그 일부라도, 근본적으로 재정의해야 한다. 이들 기업에서 반역성을 '재발견'할 수 있는 시기는 이미지난 것이다. 한시라도 빨리 그것을 '재정의'하는 것만이 살길이다.

자유 낙하의 원인은 대개 처음에는 외부적인 것으로 보인다. 세계적인 금융위기, 뱅킹 시스템의 붕괴, 정부의 규제 철폐, 또는 더흔한 예로 새로운 사업 모델이나 신기술로 무장한 민첩한 반역자의 등장 등 이유가 될 만한 것들이 얼마나 많은가. 이런 형태의 시장 격변은 눈에 보이는 측면이기 때문에 주목을 받는다. 우리가 추산한 바에 따르면 1985년부터 1994년까지 10년 동안 '격변'에 의해 시장이 뒤흔들린 경우는 절반에 불과했다. 그리고 그 20년 후인 2005년부터 2014년까지 10년 동안에는 그렇게 볼 수 있는 경우가 3분의 2에 가까웠다.[8] 하지만 격변은 자유 낙하를 촉발하는 경향은 있을지언정, 원인이 되지는 않는다. 대개 자유 낙하의 근원은 외부적인 게아니라 내부적인 것이다. 기업이 외부적 문제에 미리 대비하지 않았거나, 충분히 빠르게 적응하지 못했거나, 아니면 사업을 돌아가게하던 1세대 엔진이 쓸모가 없어졌는데 2세대 엔진이 미처 준비가안 되어 있으면 발생한다.

자유 낙하의 증상은 극단적이다. 재무성과가 급속히 나빠진다. 성장 전망치와 시장 가치가 크게 떨어진다. 애널리스트와 투자자들이 비명을 지르기 시작한다. 고객 충성도나 시장 점유율 등과 같은 성공의 주요 물리적 척도들이 전에 본 적 없는 방식으로 악화된다. 그리고 가족과 친구들이 걱정하기 시작한다.

코닥을 떠올려보라. 1990년대에 코닥은 명백히 난공불락의 시장 리더였다. 핵심 사업인 필름에서 80퍼센트의 시장 점유율을 자랑했으니 말이다. 하지만 21세기에 접어든 후 돌연 자유 낙하를 맞이했고, 결국 2012년 파산했다. 2000년대에 들어서 지금까지 온갖 기업이 한때 시장을 지배하던 지위에서 코닥과 비슷한 모습으로 자유 낙하에 접어늘었나. AIG, 블록버스터Blockbuster, 게이트웨이Gateway, 제너럴모터스, 리먼브라더스Lehman Brothers, 닌텐도Nintendo, 파나소닉, RIM, 샤프 등이 대표적인 예다.

우리는 코닥의 자유 낙하를 처음부터 끝까지 지켜본 한 임원에게 원인이 무엇이었는지 설명해달라고 요청했다. 그는 간단한 답을 내놨다. 바로 '디지털'이었다. 이것이 코닥 이야기가 나오면 일반적으로 듣게 되는 설명이다. 물론 디지털 기술의 갑작스러운 발달은 많은 수의 자유 낙하 사례에서 실로 중요한 요소다. 하지만 우리에게 그것은 위험할 정도로 불완전한 해석이다. 디지털 기술의 발달이 업계에 지각 변동을 촉발했고, 그러한 변동이 코닥의 하락세를 자유 낙하로 몰아갔다고 흔히 이야기한다. 하지만 코닥의 운명을 결정지은 것은 그 기업이 폭풍우를 헤쳐나갈 준비를 하지 않았다는 것이고, 그런 준비를 하지 못한 이유는 외부가 아니라 내부에 있다.

자유 낙하를 좀 더 잘 이해하기 위해 미국 최대의 온라인 증권사 찰스 슈왑Charles Schwab의 사례를 살펴보자. 충만한 창업자 정신과 함께 생애를 시작해 10년 이상 최고의 주당순이익을 내는 상장기업이 되었다가, 어느 날 자유 낙하를 맞이하여 재난을 향해 곤두박질친 기업이다.

찰스 슈왑의 사례: 하락세에서 자유 낙하로

스토리는 1973년 젊은 투자 컨설턴트 찰스 슈왑Charles Schwab이 캘리포니아 주 샌프란시스코에 할인주식중개회사discount brokerage(개인 투자자에게 할인된 수수료를 받으며 주식 거래를 중개해주는 회사—옮긴이)를 차리기로 마음먹으면서 시작된다. 그가 구상한 것은 투자 규모는 크지 않지만 경험이 많고 능숙한 개인 투자자의 니즈를 충족시켜주는 주식중개사였다. 2년 뒤면 중개수수료에 대한 규제가 철폐되기 때문에 이런 투자자들을 충분히 유치할 수 있으리라 생각했다.

슈왑은 강력하면서도 유용한 반역적 사명을 띠고 사업을 시작했다. "그는 주식중개 업계가 고객들을 조직적으로 착취하는 실상에 격분해서 회사를 차린 것이다." 존 카도John Kador는 《찰스 슈왑》에서 이렇게 썼다.[9] 창업자의 이 격분에 탄력을 받은 찰스 슈왑사는 빠른 속도로 혁신의 리더가 되었다. 업계 최초로 고객들에게 전자 투자 도구와 주요 뮤추얼펀드를 사고팔 수 있는 원소스OneSource 프로그램을 제공했다. 업계에서 가장 낮은 수수료를 받았고 최초의 온라인

거래 플랫폼도 도입했다. 간단히 말해서 업계 최초로 개인 투자자들에게 인터넷 거래를 제공했으며, 이후 약 25년에 걸쳐 투자자들이 찰스 슈왑으로 떼를 지어 몰려들었다. 1990년대, 찰스 슈왑의 주가는 100배 이상으로 증가한 상태가 되었고, 동종의 투자 서비스 기업 가운데 최고의 실적을 올리는 조직이 되었다. "우리는 말 그대로 모든 사람에게 점심을 샀고, 업계 최고의 인재들을 빠르게 고용하고 있었지요. 마냥 순풍을 타고 나아가는 기분이었다니까요." 한 중역이 1990년대 말의 찰스 슈왑 생활에 대해 우리에게 들려준 이야기다. "전년도 한 해에만 거래량이 2배로 뛰었으니 할 수 있는 한 가장 빠른 속도로 인재들을 영입해야 했던 겁니다."

그러던 상황에서 갑자기 외부적 악재 세 가지가 동시에 닥쳤다. 하나는 인터넷 버블의 붕괴와 그에 따른 기술주 시장의 가치 하락 문제였다. 기술주는 찰스 슈왑의 거래에서 막대한 비중을 차지하고 있었다. 두 번째는 이트레이드E* Trade나 아메리트레이드Ameritrade 같은 새로운 반역적 경쟁 업체들의 등장이었다. 당시는 인터넷 기반의 데이트레이더와 단타매매자들이 업계의 주요 이익풀profit pools로 떠오르고 있었는데, 신생 경쟁 업체들이 이들을 겨냥하여 초저가 사업 모델을 앞세우며 급속히 성장했다. 마지막 하나는 장외 시장이 붕괴하면서 주식시장의 규모가 축소됐다는 점이다. 말 그대로 3중의 타격이었고, 그 타격은 찰스 슈왑이 대처할 수 없을 정도로 파괴적인 것이었다.

당시 중역의 얘기를 계속 들어보자. "거래량이 갑자기 반으로 줄었습니다. 미친 듯이 영입했던 직원들은 종종 그 정도로 훌륭한 인재가 아닌 것으로 드러났고, 결과적으로 고객 서비스의 질이 저하됐어요. 고객 충성도 점수가 떨어지기 시작하더군요. 새로운 경쟁자들 때문에 매출이 감소했는데, 수수료 조정을 하자니 그것도 쉽지 않았습니다. 오히려 그동안 우리가 얼마나 비용을 높여놓았는지를 여실히 알게 됐어요. 하지만 경영진의 상황 인식은 매우 안일했습니다. 당시 여러 가지 해결책이 거론됐는데, 그중 일부는 고객 서비스를 한층 강화한다는 내용을 담고 있었어요. 하지만 어쨌든, 그것들로는 질서를 회복할 수 있을 것 같지가 않았습니다."

실제로 그들은 과거의 질서를 회복하지 못했다. 2000년 무렵, 찰스 슈왑은 핵심에서 멀어지는 위험스러운 행보를 택함으로써 경로를 바꿔보고자 했다. 바로 전통적인 포트폴리오 관리형 고급 증권사인 유에스트러스트U.S. Trust를 인수하는 것이었다. 유에스트러스트는 찰스 슈왑이 애초에 반기를 든 원인에 정확히 들어맞는 기업이었다. 찰스 슈왑의 중역들은 사업 다각화를 추구함으로써 고객들에게 더 폭넓은 통합 서비스를 제공할 수 있다는 이유를 들며 유에스트러스트 인수를 결정했다. 하지만 상황이 개선되기는커녕 기업의 핵심 사업이 잠식당하는 결과만 가져오고 말았다.

당시 고위 경영진에 속했던 찰스 골드먼Charles Goldman은 깊은 우려를 느꼈다고 회상한다. "유에스트러스트 인수는 그렇지 않아도

골치 아픈 마당에 엄청난 복잡성을 보탰습니다. 위기를 겪고 있던 우리가 갑자기 문화도 다르고 규제 관련 현안도 이해하지 못하는 대륙 반대편 해안의 은행을 보유하게 된 겁니다. 경영 시간의 막대한 부분이 온통 여기에 소모될 수밖에 없게 된 거예요. 핵심 사업부문에서 플랫폼이 불타고 있는데, 많은 시간을 다른 쪽에 쏟아야 했으니 참으로 혼란스럽기 그지없었지요."[10]

그와 동시에 찰스 슈왑을 구하려는 또 다른 노력의 하나로 경영진은 르네상스 프로젝트Project Renaissance를 시작했다. 이 프로젝트는 고객을 여덟 단위로 세분화해 각기 다른 상품과 서비스를 제공한다는 내용을 담고 있었다. 더욱 세련된 상품과 고객 제안으로 기존의 가격을 정당화하려는 의도였다. 하지만 이론상으로만 그럴듯했을 뿐이다. 실제로는 한 중역이 묘사한 바와 같이 "악몽과 같은 복잡성을 초래해 고객에게 전하는 메시지를 더욱 혼란스럽게 만들기만" 했다. 찰스 슈왑은 여기서 그치지 않고 자본시장 사업에까지 뛰어들어 국제 무대로 진출하기 시작했다. "우리는 계속 이런저런 구상에 말려들었고, 결국 거기에 치여 진정한 문제 해결에서 점점 멀어지고 말았습니다." 골드먼의 말이다.

쇠락이 더욱 가속화되자 중역들은 그제야 내부적 역학이 악화되었음을 이해했고, 외부의 위기에 잘 대응할 수 없는 이유의 깊은 뿌리가 기업 내부에 있음을 깨닫기 시작했다. 한 중역의 얘기다. "불리한 측면은 피하고 보자는 쪽으로 문화가 이동한 상태였지요. 직원들이 일을 제대로 하는 것보다 일자리를 보존하는 데 더 관심을 기울이게 된 겁니다. 고위 경영진조차 당사자가 아니라 대리인처럼 처신하고 있었으니까요." 또 다른 경영인은 이렇게 회상한다. "그동안 내부에 관료주의가 형성되었음을 알게 됐습니다. 정말 믿기 힘든 일이었어요. CEO에게 보고하는 간부들의 목소리가 모든 것을 좌우했어요. 이들이 회의를 지배하며 목소리를 높이니 고객과 가까운 일선 관리자들은 주눅이 들고 좌절감을 느낄 수밖에요. 문제가 무엇인지 가장 잘 아는 사람들의 입을 틀어막은 셈이지요."

굴욕적이게도, 건방진 풋내기에 불과한 할인주식중개회사 TD워터하우스TD Waterhouse가 찰스 슈왑을 메릴린치Merrill Lynch와 같은 전통적 증권사들과 싸잡아 매도하는 TV 광고를 내보내기 시작했다. 찰스 슈왑이 늘 차별화하기 위해 애썼던 그 크고 복잡하며 비싼 기업들과 한데 묶어서 말이다. 설상가상으로 고객 순추천지수Net Promoter Scores에서 찰스 슈왑의 소매 사업이 마이너스 34로 떨어지는 일까지 벌어졌다.[11] 이 지수는 고객 충성도의 척도라 할 수 있는데, 이제 찰스 슈왑의 고객 기반에서 지지자들보다 비방자들이 34퍼센트나 더 많다는 얘기였다. 급기야 투자자들도 상황을 알아챘다. 2000년에서 2004년 초 사이에 찰스 슈왑의 시장 가치는 무려 75퍼센트 가까이 하락했다.

즉각적이고도 극적인 개입의 필요성을 직감한 이사회는 2004년 슈왑을 설득해 CEO로 복귀하게 했다. 복귀하자마자 그는 기업이

유산과 "단절된 것이 문제"라고 천명하며 즉각적으로 구조조정 프로그램을 가동했다. 그리고 이 프로그램의 책임자로 골드먼을 앉혔다. 기업이 그 뿌리에서 벗어나는 바람에 길을 잃었다는 인식을 공유하는 인물이었기 때문이다. 그 시기를 회상하며 골드먼은 이렇게 말했다. "하락세를 둘러싼 지표는 명백했어요. 고객 관련 지표, 주가, 시장 점유율 모두가 곤두박질치고 있었으니까요. 그동안 우리 회사의 수수료가 슬금슬금 올라 고가주식중개회사로 취급되고 있었는데, 그 점에 눈을 감아버린 겁니다 우리의 강점으로 되돌아가 경쟁력을 회복할 방법을 찾는 대신, 해결책이 사업의 다각화에 있고 높은 가격을 방어할 방법을 찾는 데 있다고 스스로 합리화하려고 했던 거죠. 착각도 이만저만이 아니었지요."

NCL과 홈데포처럼 찰스 슈왑도 창업자 정신으로 되돌아가는 방법을 통해 성장의 위기를 넘기고 살아남았다. 5장에서 그 과정을 자세히 살펴볼 것이다.

위기 시의 가치 창출에 관해 데이터는 무엇을 말해주는가

과부하, 속도 저하, 자유 낙하 이 세 가지 성장의 위기는 기업이 추진력을 유지하거나 재난을 막기 위해 행동을 취해야 하는, 극도로 불안정한 시기임을 나타낸다. 적절히 다루지 않으면 이들 위기는 그간 쌓아온 가치를 무차별로 파괴할 수 있다. 하지만 좋은 소식도 있다. 이들 위기는 핵심적인 기회를 대변하기도 한다는 사실이다. 적절히만 다루면 각각의 위기는 막대한 가치 창출의 시기로 활용될 수도 있다.

최근 우리는 베인앤드컴퍼니에서 관여한 대규모의 가치 창출 또는 가치 파괴의 사례를 조사했다. 그중 상위 25개에서 한 가지 놀라운 사실을 발견했다. 모든 사례가 앞의 세 가지 위기 중 하나에 직면한 상황을 포함하고 있더라는 것이다. 왜 그럴까? 일반적으로 성장기대치의 지속적인 증가나 감소가 종국에는 가치의 커다란 변동을 촉발하기 때문이다.

이 프로세스를 더 체계적으로 살펴보기 위해 우리는 우리가 잘 아는 기업 중에서 가치 창출이나 성쇠의 긴 역사를 보유한 20개 기업을 뽑아 그들의 지난 30년을 조사해보았다. 그리고 엄정한 기준을 적용해 가치의 변동을 두 부문으로 나누었다. 하나는 우리가 제시한 세 가지 위기 중 한 가지를 겪는 중에 가치가 크게 변동한 경우이고, 다른 하나는 그 외의 시기에 가치가 변동한 경우다. 그 외의 시기란 비교적 안정되게 성장하던 시기이거나 적극적으로 인수나 합병에 나선 시기 또는 사업 다각화를 진행하던 시기 등을 말한다. 조사 결과에 따르면, 큰 가치를 창출한 변동의 약 80퍼센트가 세 가지 위기 중 하나의 시기에 발생했다. 특히 가장 큰 가치를 창출한 사

그림 2-2 | 기업 생애주기의 단계별 가치 창출 비율

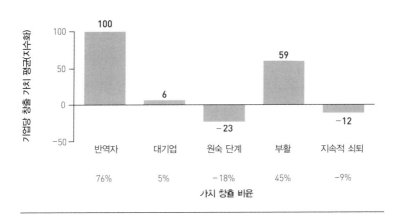

레들은 전부가 여기 속했다.

〈그림 2-2〉를 보면 창출된 가치의 대부분을 차지하는 가장 큰 변동이 '상향 이동' 중에 발생함을 알 수 있다. 사업 초기 기업이 업계에서 주요 주자의 위치를 차지하기 위해 규모를 5배 또는 10배까지 키우고자 노력하는 반역적 시기에 말이다. 그다음의 큰 변동은 기업 생애주기의 후기, 즉 자유 낙하가 진행되기 시작한 시기에 발생했다.

〈그림 2-2〉와 세 가지 위기의 관계는 쉽게 이해할 수 있다. 먼저 과부하가 결국 어떤 위기인지 생각해보라. 반역적 기업이 더욱 성장해나가려면 반드시 극복해야 하는 위기 아닌가. 즉 반역적 기업이 넘어야 하는 장애물이다. 그렇다면 속도 저하는? 대기업이 직면하

는 주요 도전 중 하나다. 즉 대기업이 넘어야 하는 장애물이다. 그리고 자유 낙하는 가치와 결과에서 폭넓은 진동을 보이는 매우 복잡한 시기다. 다시 말해 늦게나마 원숙 단계에 접어들어야 하거나 부활의 방안을 모색해야 하는 시기, 그러지 않으면 지속적으로 쇠퇴할 수밖에 없는 시기다.

우리가 이렇게 자유 낙하의 위기를 구분한 이유는 두 가지다. 첫째는 우리가 관찰한 가치 변동의 다양성을 조명하기 위해서다. 그리고 둘째는 자유 낙하가 임박했을 때 이를 해결하고자 노력하는 기업, 부활에 성공한 기업, 그럴 수 없었던 기업에 차이를 두기 위해서다.

내부적 위기가 외부적 도전과 상호작용하는 방식에서 데이터는 무엇을 말해주는가

우리는 성장의 역설을 논하는 것으로 이 책을 시작했다. 외부적으로 사업체의 규모를 키우는 데 성공하면, 내부적으로는 다음번 성장의 물결을 막거나 심지어 추세를 뒤집어버리는 힘이 작용할 수 있다. 그렇다고 기업이 경쟁 업체나 새로운 니즈를 가진 고객, 새로운 기술의 도전에 직면하지 않는다는 의미는 아니다. 반대로 오늘날 모든 사업체의 절반을 훌쩍 넘는 수가 적어도 한 가지 형태 이상의 중요한 외부적 파괴 요소에 직면한다. 그로 인해 자신의 사업 모델이나 시장 일부에 타격을 입는다. 그것은 대체 상품이나 서비스의 등장일 수도 있고, 업계 수익 원동력의 변동일 수도 있으며, 고객 니즈나 구매 행태의 근본적인 변화일 수도 있다.

하지만 우리는 그간의 조사·연구를 통해 기업의 외부적 문제 다섯 가운데 넷 이상이 내부적 문제에 기인함을 발견했다. 적응력, 신속한 의사결정과 행동, 새로운 아이디어의 수용, 비용 절감, 고객 서비스 개선 등을 막거나 방해하는 내부적 문제들 말이다. 물론 외부와 내부의 스토리는 궁극적으로 하나로 수렴되어야 한다. 내부적으로 거듭 실패하면서 외부적으로 지속적인 승리를 거둘 수 없는 법이며, 그 반대도 마찬가지이기 때문이다. 이는 5장에서 살펴보겠지만 자유 낙하 상황에도 해당된다. 5장에서 우리는 찰스 슈왑뿐 아니라 다비타와 크라운캐슬Crown Castle의 사례도 탐구할 것이다.

〈그림 2-3〉은 우리가 각기 다른 임원 그룹을 대상으로 실시한 설문조사 두 가지를 요약한 것이다. 설문 항목은 '성장에 대한 도전이 무엇이라고 생각하는가' 였다.

그중 첫 번째 그림의 결과는 전 세계 325명의 임원이 답한 내용이고, 두 번째는 개발도상국 시장에서 진행한 DM100 워크숍에 참석한 임원들의 답변 결과다. 이 연구·조사에서 우리가 발견한 사실은 중역들이 외부적 장벽보다 내부적 장벽을 꼽는 경우가 4배 많았다는

그림 2-3 | 성장의 장벽

이익성장의 장벽은 내부적인 것도 있고 내부적인 것도 있지만, 리더들이 다루기에 더 어려운 쪽은 내부적인 것들이다.

창업자 정신 설문조사(응답자 325명),
해당 기업들의 백분율

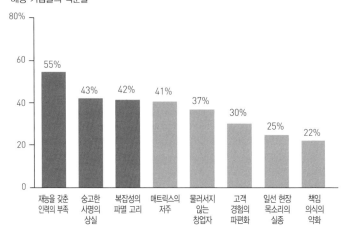

개발도상국 시장 DM100 설문조사(응답자 56명),
해당 기업들의 백분율

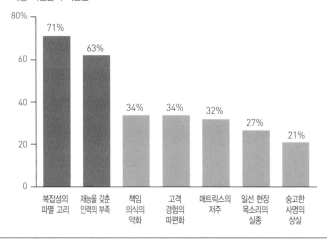

것이다. 그들은 이익성장의 새로운 원천을 획득하는 데 대해서는 외부적 기회의 부족보다 성장의 내부적 장벽을 5배 더 많이 언급했다. 그뿐 아니라 대기업 간부들이 꼽은 장벽의 94퍼센트가 내부적 기능장애와 역량 부족에 그 뿌리를 두고 있었다.

그렇다면 이들 내부적 장벽은 무엇인가? 과부하와 관련해서는 우리가 '왼쪽으로 부는 바람'이라 칭하는 예측 가능한 힘이 포함된다. 앞서 제시한 창업자 정신 지도에서 왼쪽 위 방향으로 기업을 미는 힘이라서 이렇게 이름 붙인 것이다. 속도 저하와 관련해서는 '아래로 부는 바람'이라는 예측 가능한 일련의 힘이 포함된다. 즉 대기업을 지도의 왼쪽 아래 방향으로 미는 일련의 힘이다. 그리고 자유 낙하와 관련해서는 기업이 외부의 심오한 전략적 도전들에 대응하는 것을 방해하는 내부의 체계적 기능장애가 포함된다. 외부의 심오한 전략적 도전들을 우리는 '폭풍'이라 부르는데, 폭풍은 종종 사업 모델 자체가 부분적으로 노후화된 것과 관련이 있다. 서론에서 언급한 노키아의 경우가 전형적인 사례로, 클레이튼 크리스텐슨Clayton Christensen의 《혁신 기업의 딜레마The Innovator's Dilemma》에서 이야기한 '사업 붕괴'의 유형을 정확히 보여준다.[12]

이제 더 구체적으로 알아볼 순서다.

왼쪽으로 부는 바람: 과부하 그리고 창업자 정신의 약화

새로운 사업체를 성공적으로 성장시키려면 규모의 효익을 추구하는 동시에 창업자 정신에 충실해야 한다. 이것이 우리가 지금까지 '상향 이동'이라고 칭해온 것의 본질이다. 지도의 오른쪽 아래 반역자에서 오른쪽 위 반역적 대기업으로 움직이는 것 말이다. 하지만 그 이동을 성공적으로 행하려면, 기업은 왼쪽으로 부는 바람을 예상하고 대비책을 세워야 한다. 여기서 바람이란 기업을 이동 경로에서 이탈하게 할 수 있는 내부적 힘을 말한다. 〈그림 2-4〉에서 볼 수 있는 바와 같이 그런 바람에는 네 가지가 있는데, 지금부터 하나하나 살펴보겠다.

그림 2-4 | 왼쪽으로 부는 바람

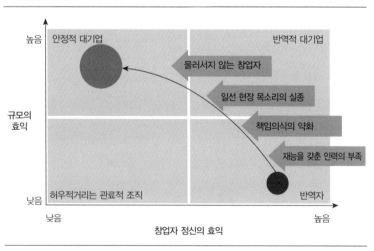

물러서지 않는 창업자

모두가 이 유형을 알고 있다. 기업이 성장하면서 자신의 역량으로 감당할 수 있는 수준을 넘어섰음에도 놓을 줄을 모르고 그저 열성만 다하는 창업자 유형이다. 이들은 성장을 지연시키는 병목 현상을 만들어낸다. 우리는 연구·조사를 통해 이 문제가 성장 중인 기업 셋 중 하나를 괴롭히고 있음을 알게 됐다. 기업공개에 대한 한 연구에서도 이 문제가 평균 투자수익률을 극적으로 감소시킬 수 있음을 밝힌 바 있다. 상향 이동 중에 악전고투를 경험한 적이 있는 리더들을 인터뷰했을 때, 다섯 명 가운데 둘 정도가 물러설 줄 모르는 창업자를 그 근원으로 꼽았다.[13]

일선 현장 목소리의 실종

성공적인 반역적 기업이 과부하에 직면해 잇따른 현안에 치이게 되면, 경영자들은 종종 일선 현장과 거리를 두는 방식으로 반응한다. 그러면 이것은 다시 창업자 정신의 효익에서 멀어져 왼쪽을 향해 가며 표류하게 만든다.

책임의식의 약화

과부하에 직면한 조직에서는 실로 놀라울 정도로 책임의식이 약화된다. 리더들과 경영자들은 결과에 대해 직접적인 책임은 지지 않아도 되는 쪽으로 의사결정을 한다. 새롭게 형성된 다층적 관료체제와 가중된 복잡성이 눈을 가리므로 단기적 성장 요구에 부응하고자 하는 것만으로도 힘에 벅차기 때문이다. 우리가 인터뷰한 325명의 임원 중 46퍼센트가 역기능적이고 무책임한 의사결정 때문에 창업자정신이 약화되는 상황을 경험한 적이 있다고 답했다. 이 역시 기업의 성장을 저해하는 프로세스다.

재능을 갖춘 인력의 부족

성장 속도가 증가하면 기업들은 종종 실수를 저지르고 필요하지도 않은 것들을 쌓아가기 시작한다. 궁극적으로 해를 끼칠 뿐 하등 득이 되지 않는데도 말이다. 고용 부문보다 이 현상이 더 명백한 곳은 없다. 성공적인 반역자는 급증하는 복잡성을 관리하기 위해 사람을 잘못 들이는 실수를 저지른다. 경영진은 대체로 대기업에서 전문지식을 쌓은 전문 경영인을 영입하는데, 이들은 창사 이래 형성된 기업의 문화에 극적이면서도 파괴적인 변화를 가한다. 조직 전체적으로도 고용에 문제가 발생한다. 대단히 빠른 속도로 직원을 뽑는 바람에 종종 질보다 양에 치중하게 되기 때문이다. 결과적으로 직원들은 애초의 사명과 원칙으로부터 단절되고, 일선 현장에 대한 초점을 상실하며, 내부로 시선을 돌려 행동보다는 생각에 몰두하게 된다.

아래로 부는 바람: 속도 저하 그리고 규모의 효익 감소

많은 임원들이 자신들의 기업에 찾아오는 고통스러운 속도 저하에 당혹감을 느끼는 것 같다. 하지만 그 증상을 설명하는 데에는 다들 막힘이 없다.

— 우리는 고객과의 접점을 잃었습니다. 그래서 점점 더 관료화가 심화되었고, 늘어난 프로세스와 수많은 프레젠테이션 탓에 도리어 헤매고 있습니다. 자원도 충분하고 기회가 부족한 것도 아닌데 어쩐 일인지 우리는 그것들을 최대로 활용할 수 있는 능력을, 또는 의지를 상실했어요. 모든 게 복잡하고 모두가 지쳤습니다. 경쟁자들은 전보다 더 빨라진 것 같은데, 우리는 빠르게 결정을 내리지도 못하고 빠르게 행동하지도 못하고 있어요. 전에는 결정을 내리고 행동을 취하는 것이 업무의 주를 이뤘는데, 이제는 부서장 회의에 참석해 '전략을 중심으로 한 협력 방안'을 창출하거나 '분기별 가중평

균자본비용 대비 투하자본수익률의 증가를 달성하려면' 같은 주제로 토의하느라 하루를 다 보냅니다. 한때는 그토록 개인적으로 활력을 느낄 수 있었던 사업 경영이 이제는 거대하고 육중하며 느릿느릿한 여객기를 공중에 띄우려 하는 것처럼 느껴집니다. 우리는 애초에 우리를 사업에 뛰어들게 한 것과 단절되었습니다. 이제 더는 연간 예산 범위 밖에서는 어디로 가는지도 모르고, 새로운 성장 동력을 어디서 찾아야 하는지도 모릅니다.

그림 2-5 | 아래로 부는 바람

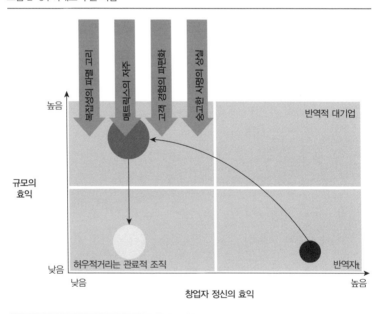

이와 같은 증상이 바로 〈그림 2-5〉에 요약한 것과 같은 아래로 부는 바람의 영향이다. 아래로 부는 바람은 내부적 복잡성을 초래하고, 의사결정 과정을 약화시키거나 둔화시키며, 고객 경험에서 인간적인 부분을 빼앗아버리고, 핵심 사명을 갉아먹거나 흐릿하게 한다. 그리고 이는 직원들의 환멸과 참여의식 상실로 이어진다.

아래로 부는 바람은 또한 대기업의 힘을 관료적 조직의 취약성으로 둔갑시킬 수 있고, 조직에서 생명력을 앗아가며 사람들의 활력을 죽일 수 있다. 그럼으로써 조직은 총체적 속도 저하로 몰아간다.

아래로 부는 바람의 요소들을 구체적으로 살펴보자.

복잡성의 파멸 고리

모든 사업은 하나의 상품으로, 하나의 고객층을 겨냥하는 세분시장에서, 시장에 진입하는 한 가지 방식을 통해 시작된다. 그러다가 성장이 시작되면서 새로운 기회와 새로운 고객층, 새로운 시장, 새로운 제품라인, 새로운 사업장, 새로운 유통 경로, 새로운 서비스 등이 등장한다. 이것들은 사업에 즉각적인 만족과 활력을 제공하는, 밝고 빛나는 목표물에 해당한다. 하지만 안타깝게도, 이것들은 동시에 복잡성을 가중시키고 이른바 복잡성의 파멸 고리라는 것을 만들어낸다. 억제되거나 통제되지 않은 복잡성은 조용히 성장을 죽이고, 조직의 에너지를 고갈시키며, 리더들을 지치게 한다. 그리고 지친 리더들은 주요 전략을 단순한 행동 방안으로 전환하고, 핵심 임무를 일선 현장의 일과로 이전하는 역할을 제대로 수행하지 못하게 된다. 이렇게 파멸 고리가 형성되는 것이다.

복잡성이 부정적이기만 한 것은 아니다. 대기업은 대부분 복잡한 제품 포트폴리오를 갖추고 복잡한 고객의 니즈를 충족하는 세계적 사업체다. 효과적으로 관리만 되면 복잡성은 사실 경쟁우위가 될 수도 있다. 예컨대 한 소비용품 기업이 다국적 소매 업체의 복잡한 니즈를 효율적으로 충족할 수 있다면, 그러지 못하는 기업에 비해 결정적 강점을 가진 것이다. 또 대단히 까다롭고 제각각인 고객들의 요구에 맞춤형 솔루션을 제공하는 건설사가 있다면, 이들은 더 큰 폭의 마진을 얻을 수 있다.

복잡성은 이 책의 중심적 악당인데, 한 가지 형태로 이야기할 수 있는 대상은 아니다. 조직들 간에 차이가 있고 조직 내에서도 각기 다르게 나타날 수 있으므로 다양한 수준으로 공략해야 한다. 그렇지만 요점은 하나다. 아래로 부는 바람을 물리치고 살아남으려면 복잡성을 줄이는 데 매진해야 한다는 것이다.

그렇게 하는 기업은 경영진이 고객에 더 가깝고, 창업자 정신을 더 잘 유지하며, 더 지속적인 이익을 올리는, 더 평평한 조직을 갖게 된다. 스티브 잡스는 이 점을 잘 이해했다. 그래서 애플을 되살리기 위해 복귀하자마자 제일 먼저 조직의 복잡성을 줄이고(일부 부서를 통합했다), 제품라인(70퍼센트를 없앴다)과 연구개발(프로젝트 수를 대폭 줄였다), 디자인(단순성을 다시 슬로건으로 내걸었다), 공급 기반(공급 업체의 수를 100여 개에서 24개로 줄였다)을 단순화하는 데 초점을 맞췄다. "사람들은 초점을 맞춘다는 것이 집중해야 할 대상에 '예스'라고 말하는 것을 의미한다고 생각합니다." 그가 1997년 애플의 연례행사인 세계 개발자 회의에서 연설한 내용이다. "하지만 사실은 전혀 그렇지 않습니다. 초점을 맞춘다는 것은 눈앞에 있는 100여 개의 훌륭한 아이디어에 '노'라고 말하는 것을 의미합니다. 주의 깊게 골라야 합니다. 나는 저신 우리가 하지 않은 일에 대해서도, 한 일에 대해서 느끼는 만큼의 자부심을 느낍니다."

매트릭스의 저주

규모가 크고 성숙한 대기업은 종종 매트릭스 조직의 형태를 띠게 된다. 매트릭스 조직이란 각 담당 관리자에게 책임을 공식적으로 할당한 기업을 말한다. 여기에는 횡적 단위나 기능별 단위(재무팀, 영업팀 등), 지역에 따른 단위(도시, 나라, 지역 등), 고객층에 따른 단위(정부, 중소기업 등), 제품 분야에 따른 단위(하드웨어, 소프트웨어, 서비스 등) 등이 있다.

그런데 매트릭스 조직에서는 부서별 우선 사항이 조직 전체의 목적의식을 흐릿하게 할 수 있다는 문제가 있다. 특히 창업자 정신에 매우 중요한 반역적 사명의식이 그렇다. 매트릭스가 커지면 그만큼 관료주의도 심화되고 사내 정치가 전보다 더 많은 시간과 정력을 앗아간다. 중간관리자들 사이에 상호작용을 하는 일종의 교차로가 생겨나고, 이것이 점점 더 중요성을 띠어 중간관리자들은 오직 그 일에만 매달리는 것처럼 보이게 된다. 다른 매트릭스가 내놓은 안에 대해서 '노' 라고 말하는 것 말이다. 이처럼 매트릭스 간 이해관계가 상충하다 보면 매출을 올리는 직원이 있고 그들을 지원하는 직원이 있다는, 창업자가 명확하게 확정해놓은 개념도 의미가 없어지고 만다. 이것이 바로 우리가 말하는 '매트릭스의 저주' 다.

성공적인 조직은 결정을 잘 내리고 행동을 빠르게 조직화할 필요가 있다. 그러나 매트릭스의 저주가 그것을 방해하는 쪽으로 작용하고, 그러면서 속도 저하를 발생시킬 수 있다. 우리 동료 중 한 명은 관료주의적 둔화의 수렁에 빠진 한 대기업을 연구했다. 그는 그 기업의 임직원들이 주간 간부회의에 연간 얼마의 시간을 투자하는지 집계했다. 회의 참석 시간뿐 아니라 부서별로 실행 방안을 조정하고, 의제를 정하고, 보고서를 준비하는 등의 시간까지 모두 합쳤더니 무려 30만 시간이 나왔다. 그야말로 놀라 자빠질 만한 숫자다. 주간 회의 하나에 연간 30만 시간을 투자한다니![14]

예상하는 그대로, 성장하는 기업에 매트릭스 조직 구조를 적용하면 내부적 갈등이 일어나기 마련이다. 문제는 그러한 갈등을 어떻게 해결하느냐다. 반역적 기업은 이를 이해한다. 나아가 그들의 행동 지향성과 현장을 중시하는 관점이 갈등 때문에 조직이 교착상태에 빠지는 일을 막아준다. 반면, 대기업은 내부 갈등에 대해 증오를 키우게 된다. 왜 그럴까?

첫째, 갈등이 개인적인 것이 되도록 방치하기 때문이다. 조직의 각기 다른 부서에서 일하는 직원들은 전체적인 시각을 잃기 쉽다. 그럴 경우, 예컨대 고객 서비스의 개선 방안에 대해 일반적인 논쟁을 벌일 때조차 이것이 개인적인 싸움으로 번질 수도 있다. 이는 한 직원이나 한 부서가 '이겨야' 하고 상대는 '져야' 한다는 관점이 팽배함을 의미한다. 이런 관점과 결과는 논쟁의 대상이 된 특정 결정을 넘어 더욱 멀리까지 충격을 가하는 파문을 일으킨다.

둘째, 갈등을 '전문가답지 못한' 것으로 고려하기 때문이다. 대규모 조직은 고객과 관련한 현안보다는 시간을 관리하는 데 더 중점을 두는 것으로 보이는 프로세스를 창출하느라 바쁘다. 그래서 직원들은 열정적으로 부딪히거나 '경로 밖이나 일정 밖에서' 미팅을 갖기를 꺼리게 된다. 한마디로, 명분을 중시하고 서로 점잖게 대하는 관계이길 원하는 것이다.

셋째, 에너지를 빨아먹는 흡혈귀가 활개를 치도록 내버려두기 때문이다. 곧 관료적 조직이 될 것 같은 기업에서 일해본 사람이라면 에너지 흡혈귀를 즉시 알아볼 것이다. 무수히 많은 미팅을 잡고, 주요 결정에 대해 은근히 거부권을 행사하고, 한 차례 더 분석을 거쳐야 한다며 행동을 늦추는 사람들이 여기에 해당한다. 당신은 당신의 일정표에 그들이 등장하면 짜증부터 날 것이다. 그들은 이메일의 저편에 앉아 기다린다. 당신과 직원들이 고객 서비스를 멈추고, 그 대신 또 다른 정보를 요청한 자신들의 이메일에 답변하길 기다리면서 말이다. 그들은 또한 사람들이 소화할 수 있도록 문제를 잘게 쪼개려 애쓰기보다는 해결할 수 없는 고난도의 문제를 제기하는 데 열을 올린다. 그들은 모두가 표면 아래에서 그림자 전투를 벌이게 하고 노끈을 들고 다가온 교살자처럼 조직의 숨통을 죈다.

매트릭스의 저주는 심지어 많은 기업이 자신들의 자원에 접근하지 못하게 만들기도 한다. 어째서? 매트릭스 조직에서는 자원이 부서별 사일로silo(곡식 등을 저장하는 창고인데, 기업 내에서 각 단위가 벽을 쌓고 외부와 소통하지 않는 상태를 가리킨다―옮긴이)에 갇히고, 대개는 사내 정치 게임의 궁극적 전문가가 된 본사의 관리직들이 통제하기 때문이다. 이런 상황은 의사결정의 속도를 둔화시키고 자원을 한곳에 모으는 일을 불가능하게 한다. 창업자 정신을 잃어버린 대기업은 자원을 균등하게 할당하는 경향을 보인다. 이해할 만한 행동 성향이긴 하지만, 필연적으로 평범함을 가져오는 조치라 할 수 있다. 위대한 창업자들은 다르게 일한다. 그들은 새로운 역량을 갖추거나 특정 위기를 다뤄야 할 때 종종 압도적인 양의 자원을 기꺼이 투자한다. 또한 자원을 매우 선별적으로 할당하는데, 조화로움이나 균등과는 거리가 먼 깐깐하고 비타협적인 접근방식이다.

고객 경험의 파편화

모두가 이 문제를 안다. 아마 모두들 큰 회사에 무언가 물어보려 전화했는데 아무도 진정으로 도우려 하지 않는 것 같은 분위기를 감지한 경험이 있을 것이다. 이처럼 고객으로서 당신의 경험은 한데 묶여 데이터가 되지 않고 별다른 의미를 갖지 못하는 파편이 되고 만다. 또한 인간적인 부분도 제거된다. 아무도 실제로 당신의 문제에 '관심을 기울이지 않고', 접하는 모든 직원이 당신을 다른 직원에게 떠넘기려고만 한다. 전화상으로 이 사람 저 사람에게 넘겨지는데, 매번 헛된 결과만 나온다. 당신과 통화하는 이들 모두가 조직 내 자신의 작은 코너에만 신경 쓰면서 어서 통화를 끝내고 전화 응대 횟수만 올리고 싶어 하는 것처럼 보인다. 아무도 문제를 총체적 시각으로 보려 하지 않고 아무도 당신에 대해 책임을 지려 하지 않는다. 이 문제를 제대로 다루지 못해서 어떤 결과를 얻었는지에 대한 완벽한 사례가 앞서 소개한 홈데포다.

숭고한 사명의 상실

우리가 인터뷰한 임원들은 기업이 성장할 때 창업자 정신을 유지하는 것과 관련해서 한 가지 요소를 가장 먼저 꼽았다. 그것은 바로 원칙과 목적에 대한 엄격하고 강력한 집중이다. 애초의 반역성에 활력을 불어넣어 준 숭고한 사명을 망각하면 기업의 영혼을 잃게 된다는 것이 모든 임원의 공통된 인식이었다.

이는 단순히 감정적인 염려가 아니다. 숭고한 사명에 대해 직원들이 올바로 인식하면 외부적으로 성공을 창출하는 행동방식이 자연스레 이어진다. 그것이 기업을 위해, 고객을 위해, 동료 직원을 위해 더 노력하도록 이끌기 때문이다. 한 연구에 따르면 사명의식이 있는 직원이 자사를 지인에게 홍보할 가능성은 평균보다 4.7배 이상 높았다. 그리고 사업의 개선 방안을 제안할 가능성은 평균보다 3.5배, 기업에서 기대하지도 않은 긍정적인 무언가를 주도적으로 행할 가능성도 3.5배 높았다.[15] 베인앤드컴퍼니의 우리 동료 일부는 이 현상을 일선 콜센터들에서 관찰하고 조사한 적이 있다. 그 결과 가장 사명의식이 투철한 직원들은 더 높은 수준의 책임의식을 가지고, 고객과 접촉하여 알게 된 정보를 조직의 적절한 선에 보고하여 후속 조치를 취하게 하며, 고객에 대한 감정이입 수준이 높다는 사실을 발견했다. 이러한 요소를 무시하는 경영팀은 위험에 처하게 된다.

실리콘밸리의 진정한 창업자들에 속하는 휴렛팩커드Hewlett-Packard, HP의 스토리는 이 원칙의 중요성을 실제로 증명한다. 그리고 그 효력이 상실되었을 때 무슨 일이 일어날 수 있는지도 보여준다. 빌 휴렛Bill Hewlett과 데이비드 팩커드David Packard는 1938년 자신들이 세우고자 하는 기업에 대해 매우 명료한 아이디어를 갖고 창업에 돌입했다. 팩커드가《HP 방식The HP Way》에서 밝힌 내용을 보자. "우리는 관료주의를 피하고 싶었다. 그래서 문제가 발생한 수준이나 단계에서 가능한 한 가장 가까운 곳에서 솔루션이 만들어지는 기업을 만들었다." 그뿐만이 아니다. 계속 들어보자. "빌과 나는 HP가 복합기업conglomerate(다양한 분야의 여러 기업을 인수하여 다각화한 기업—옮긴이)이 되는 걸 보고 싶다는 열망은 없었다. 기업은 굶주림보다 소화불량으로 죽는 경우가 더 많기 때문이다."[16]

휴렛과 팩커드에게는 창업자 정신이 넘쳐흘렀고, 유기적 성장organic growth(인수·합병이 아닌 매출 증가나 고객 기반의 확대, 신제품 개발 등을 통한 기업 성장—옮긴이)과 엔지니어 지상주의에 대한 그들의 집중은 HP가 성장하는 데 기폭제 역할을 했다. 하지만 1990년 외부에서 영입한 CEO들의 시대가 시작되면서 HP는 방향을 바꿔 인수·합병을 통해 몸집을 키워나갔다. 2002년에는 컴퓨터 업계의 공룡인 컴팩Compaq까지 인수했을 정도다. 빌 휴렛의 아들인 월터 휴렛Walter Hewlett은 이런 상황에 기겁을 하고 HP 주주들에게 보내는 공개 편지를 〈월스트리트저널〉에 게재했다. 편지에는 '초점과 전략적 명확성의 상실' 그리고 '문화 충돌과 직원들의 사기 저하'에 대한 깊은 우려가 담겨 있었다.[17]

그의 걱정은 지나친 게 아니었다. 외부에서 영입한 네 명의 CEO가 기업을 거쳐 가는 동안 HP의 주가는 다우존스산업평균 지수보다 50퍼센트나 낮은 실적을 보였다. 이것이 HP가 속도 저하를 맞이한 유일한 이유인 건 아니지만, 확실히 중요한 요인이긴 했다. 2011년에 〈하버드비즈니스리뷰〉도 밝혔듯이 "그 기업은 'HP 방식', 즉 그저 그런 또 하나의 기업에 머물지 않도록 이끌어주었던 가치와 행동방식, 원칙을 상실했다."[18] 이것이 특히 아래로 부는 바람이 지닌 '서서히 퍼지는 위험성'이다. 사명의식과 방향 감각을 잃고 그저 그런 또 하나의 기업으로 전락하도록 만드는 것이다.

우리는 앞으로 3장과 4장, 5장에서 이 모든 것을 더 상세히 논할 것이다. 일단 여기서는 요점에 주목하자. 성장의 세 가지 위기, 즉 과부하와 속도 저하, 자유 낙하 시기에는 평균적인 기업의 생애주기에 발생하는 주요한 가치 변동(증가든 감소든) 가운데 약 80퍼센트가 발생한다. 그러므로 이들 위기를 다루는 방법이 실로 '중요하다'는 것이다. 이제 다양한 리더와 그들의 팀이 어떻게 이 위기에 대처했고, 또 어떻게 창업자 정신에 의존해서 성공으로 이끌었는지 알아보자.

창업자 정신을 당신의 조직에서 활용하는 방법

- 조직 전체를 아우르는 10여 차례의 워크숍을 준비해서 다음을 논하라.
  - 우리 기업은 창업자 정신 지도상 어떤 위치에 있고, 어떤 바람에 가장 큰 악영향을 받고 있는가?
  - 이들 힘은 고객에 대응하고 신속하게 움직이는 우리의 능력을 어떤 식으로 줄이고 있는가? 또 어떤 식으로 우리에게서 에너지와 행동의 자유를 앗아가고 있는가?
  - 창업자 정신을 회복하기 위해 우리는 어떤 행동을 취할 수 있는가? 또 우리의 진척도를 측정하려면 어떤 척도를 이용할 수 있는가?
  - 우리 기업이 계속 경쟁력을 보유하려면 갖추거나 보완해야 하는 역량은 무엇인가? 그 역량을 확보하거나 강화하기 위해 우리는 어떤 행동을 취할 수 있는가?

- 조직의 대응과는 별도로 리더들은 또 무엇을 할 수 있는가?

—

3

—

과부하를 물리치는 법

창업자 정신은 어떻게 고성장의 혼돈을 극복하도록 돕는가

창업자 대부분은 실패에 이른다. 미국에서만도 매년 수십 건에 달하는 실패 사례가 발생한다. 초기에 일찌감치 실패하는 것은 대개 사업 아이디어가 높이 날아오르지 못했기 때문이다. 즉, 계속해서 자금을 끌어들이거나 사업을 지속하는 것이 타당하다는 걸 인정받지 못해서다. 그러나 우리는 지금 그런 기업들에 대해 논하는 게 아니다. 우리의 초점은 생존자들에게 맞춰져 있다. 의미 있는 견인력을 확보한 그 소수의 신생기업 말이다. 사업 초기의 성공에 대한 한 가지 보상은 게임의 다음 레벨로 나아갈 수 있는 권리를 얻는다는 것이다. 하지만 안타깝게도 그곳으로 나아가서, 그들은 과부하에 직면한다(그림 3-1 참조).

그림 3-1 | 과부하 위기와의 싸움

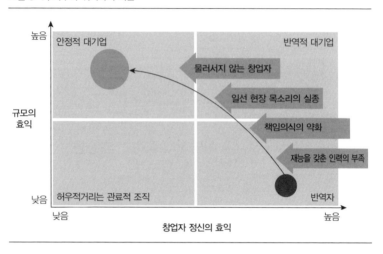

그렇다면 과부하에 부딪히면 무엇을 어떻게 해야 하는가? 앞에서 살펴본 노르웨이 유람선 NCL의 스토리로 다시 돌아가 이에 대한 답을 찾아보자. NCL은 성장하는 시장에서 강력한 지위를 차지하고 있었음에도 좌초의 위기에 몰렸다. 그러다가 일선 현장에서부터 재건의 노력을 기울이며 반역적 사명의식을 되살림으로써 자신의 항로로 복귀했다.

창업자 정신의 힘

신임 CEO 케빈 시언은 곧 자신의 손에 실로 엉망진창인 조직이 맡겨졌음을 깨달았다. 급속한 성장의 반작용에 희생당한 NCL은 왼쪽으로 부는 바람에 밀려 항로를 이탈한 상태였다. 시언이 할 일은 조직을 제 항로로 되돌려 반역적 대기업을 향해 나아가도록 만드는 것이었다.

시언은 빠르게 움직였다. NCL을 맡고 처음 1년 동안 그는 고위 간부 80퍼센트 이상을 교체했고, 기업의 핵심 사명을 재발견할 방법을 찾았으며, 일선 현장의 뜻부터 반영하는 개혁 작업을 벌였다. 여기에는 상입자 정신의 힘에 그 뿌리를 두는 다수의 주요 학습 구상도 포함되었다. 그 가운데 중요한 몇 가지를 살펴보면 다음과 같다.

커뮤니케이션 라인의 복원

NCL의 침체기에 조직을 괴롭힌 핵심적 기능장애 중 한 가지는 바로 해상근무 직원들과 육상근무 직원들 사이의 소통 단절과 불신이었다. 그들은 서로 상대가 자신들의 고충을 이해하지 못한다고 믿었다. 시언은 이 두 그룹의 연결을 최우선 과제 중 하나로 꼽았다. 서로가 서로에 대해 제대로 알 수 있도록 하기 위해 시언과 그의 경영팀은 의사결정 과정과 프로세스에 해상근무 직원들을 합류시켰다. 전에는 본사 임직원들이 독단적으로 처리하던 과정이었다. 더불어 각 선단의 항해사들도 리더십 수련회에 참가하도록 조처했다.

현장의 탁월한 성과에 대한 보상

시언과 그의 경영팀은 '휴가 영웅Vacation Hero'이라는 프로그램을 도입했다. 손님과 더 좋은 관계를 맺는 법을 직원들에게 가르치는 한편, 비상한 노력을 기울여 승객의 체류를 특별하게 하거나 문제를 해결한 직원들을 파악해 포상하는 프로그램이었다. 이 프로그램의 주안점은 고객 서비스의 개선책을 조직 내에서 공유하는 데 있었다.

지속적인 개선에 초점을 맞춤

기업의 리더들은 조직 내 모든 부문의 운영과 프로세스를 간소화하고 향상시킬 방안에 대해 현장의 아이디어를 수렴하는 카이젠('개선'을 의미하는 일본어로, 개인이나 조직의 점진적 향상을 목적으로 하는 개념 − 옮긴이) 시스템을 만들었다. 이를 통해 광범위한 토론의 장을 마련하는 한편, 최상의 아이디어에 대한 포상 체계도 만들었다. 그들은 심지어 선박 설계의 세부 사항에 직원들의 의견을 반영하는 방법까지 개발했다. 상명하달식 수직적 구조에서 벗어나 수평적 조직을 지향하는 새로운 방침의 강력한 예라 할 수 있다.

베스트 프랙티스의 성문화

기업은 플래티늄 표준Platinum Standards을 설정하고, 그에 부합하는 인풋을 정의하고 수집하는 새로운 소프트웨어 프로그램을 개발하여 아이패드에 장착해서 배포했다. 여기서 플래티늄 표준에 부합하는 인풋이란 사업 운영과 승객 충성도 고양이라는 양 측면 모두에서 이뤄낸 최고 성과를 말한다.

핵심 원칙과 고객 니즈에 대한 초점 유지

직원들이 핵심 원칙과 고객 니즈에 집중하도록 만들기 위해 경영진은 이른바 자유형 기본원칙freestyle fundamentals이라는 것을 직원들에게 제공했다. 자유형 기본원칙이란 고객과 대면하는 직원들이 일상적으로 되새기면 좋을 만한 하루하루의 조언을 말한다.

직원 참여도와 파트너 만족도, 고객 충성도의 척도 도입

NCL은 이러한 척도를 각 선박과 유람선에 맞춰 제시하고 각 항목의 개선을 선결 과제로 삼았다. 우리가 직접 관련 수치를 점검해본바, 꾸준한 증가세를 확인할 수 있었다.

시언의 NCL 개혁은 진정한 성공 스토리라 할 수 있다. 2013년 초 기업은 IPO를 단행했고, 그해 가장 성공적인 IPO 중 하나로 기록됐다. 그리고 IPO 가격보다 87퍼센트 오른 상태로 그해를 마감했다. 2008년부터 2013년까지 EBITDAEarnings Before Interest, Tax, Depreciation and Amortization(세전영업이익)가 20분기 연속 상승하면서 5퍼센트에서 25퍼센트로 올랐다. 시언이 키를 잡은 이후 지금까지 매출은 50퍼센트 성장했으며, 순이익과 선박의 평균 연한 같은 건전성 지표는 현재 업계 최고 수준이다(그림 3-2 참조).

우리는 시언에게 턴어라운드turnaround(조직개혁과 경영혁신을 통한 실적 개선-옮긴이)에 대한 소회를 밝혀달라고 주문했다. 그는 CEO로 취임하던 당시의 기업 상태를 상기하면서 이렇게 말했다. "당시 우리는 초점을 잃은 상태로 엉성하게 사업을 운영하고 있었고, 그 때문에 직원들이 막중한 부담을 느끼고 있었지요. 선박에서든 유람선 여행에서든 육상 업무에서든 어떤 일관성도 찾지 못할 정도였어요. 그리고 5년 만에 우리는 그 모든 걸 바꿔놓았습니다. 현재 우리는 자유형 유람을 중심으로 반복해서 적용할 수 있는 우리만의 일관된 사업모델의 근간을 구축해놓은 상태입니다."[1]

그림 3-2 | NCL의 부활

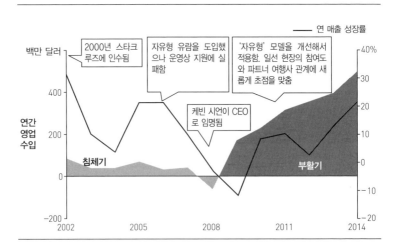

과부하 위기는 일반적으로 사람들이 원하는 무언가를 추구하며 평소와 마찬가지로 열심히 일하는 가운데, 제한된 역량으로 더 많은 것을 다루려 할 때 발생한다. 그런 까닭에 스트레스가 갈수록 심해질 수밖에 없다. 과부하의 첫 번째 징후는 병목현상이다. 일들이 좁은 틈을 통과하지 못해 완료되지 못하고, 시스템은 상황에 맞춰 조정되지 못하며, 인력은 한계점까지 사용되면서 동료들 사이에 긴장이 고조된다. 심지어 조직 내에 불안감이 움트고 임직원들이 자신감을 잃기 시작할 수도 있다. 이런 현상은 이후 조직 외부에 영향을 미쳐 시장에서의 성과 저하와 고객의 불만 증대, 재정 부족 등으로 이어진다. 접시 돌리기를 하는 곡예사의 모습을 떠올리면 이해하기 쉬울 것이다. 과부하 상태에서는 점점 더 많은 접시를 돌려야 하고, 모두 계속 돌아가게 해야 한다. 곧 한계에 도달할 수밖에 없다는 얘기다. 지금까지 성장의 만족스러운 과정이었던 것이 빠르게 골칫거리로 변모한다. 접시들은 기우뚱거리기 시작하고 곡예사가 더는 모든 접시를 돌릴 수 없게 됨에 따라 하나둘 바닥에 떨어진다. 이제 곡예사의 임무는 바뀔 수밖에 없다. 관객에게 즐거움을 주는 것이 더는 임무가 될 수 없다. 그저 이 위기에 대처하며 재난을 피하는 데에만 신경 써야 하기 때문이다.

지금부터 기업들이 창업자 정신을 활용하여 과부하 위기를 막거나 완화하는 몇 가지 일반적인 방법을 살펴보자.

반역성 고취하기

성장하는 기업에는 자체의 고유한 존재 이유, 반역성, 사명의식에 기초한 확장이 가장 중요하다. 이보다 더 중요한 것은 거의 있을 수 없다고 할 정도다. 하지만 그토록 중요함에도 일상적 업무의 홍수와 과도한 일정 속에서 표류하기 십상인 것이 사실이다. 다음은 성공적인 리더들이 사업의 규모를 키우면서도 반역성을 제대로 유지한 몇 가지 방법이다.

집단적 노력으로 만들어라

인도의 소비용품 기업인 마리코Marico의 창업자 겸 CEO 하시 마리왈라Harsh Mariwala의 사례로 시작해보자. 마리왈라는 1970년대 초 식용유라는 단일 제품라인으로 소비용품 사업을 시작했다. 당시 연 매출은 고작 8,000달러, 현재의 환율을 적용하면 1만 5,000달러 정도였다. 어떤 기준으로 봐도 크게 성공할 가망은 없는 사업이었다. 하지만 마리왈라는 자신의 사업이 크게 성장할 수 있다고 생각했다.

　한 가지 예를 들어보자. 당시 코코넛 식용유는 15리터짜리 깡통에 담겨 판매되었다. 오랜 숙고 끝에 마리왈라는 더 편리한 플라스틱 용기를 채택했다. 쥐와 같은 유해동물들이 쏠 수 없도록 고안된 용기였다. 그리고 용량도 더 작게 만들었다.

그렇게 함으로써 그는 두 가지를 이뤘다. 첫째, 전에는 다루기 불편했던 제품을 일반 대중도 쉽게 다루고 보관할 수 있게 됐다. 둘째, 소량으로 나눠 판매함으로써 그때까지 사치품으로 여겨지던 제품을 누구나 구입할 수 있게 됐다.

마리왈라는 이 혁신을 도입하자마자 바로 인도 전역을 돌아다니며 유통망을 구축하기 시작했다. 그리고 모두가 눈으로 확인할 수 있는 결과를 도출해냈다. 무려 300만 개의 상점이 참여하는 상상하기도 힘든 규모의 유통망이 조직된 것이다. 심지어 가장 외딴 시골에서조차 마리코의 제품을 들여놓았다. 이러한 혁신과 유통망 덕에 마리코 브랜드는 곧 경쟁우위의 원천이 되었고, 기업이 급성장하는데 연료를 공급했다.

마리코는 현재 세계 최대의 헤어오일 기업이다. 상당한 시장 점유율을 차지하고 있으며 영업을 하는 여러 세분시장의 90퍼센트에서 1위를 점유하고 있다. 해외 프랜차이즈도 성공적이어서 매출의 25퍼센트를 차지한다. 마리코는 현재 40억 달러를 넘어서는 시장가치를 자랑한다. 지난 15년간 15퍼센트의 매출 성장률과 20퍼센트의 이익증가율을 유지해온 결과다.

그 15년 동안 마리코는 가치사슬value chain(기업 활동을 통해 부가가치가 창출되는 일련의 과정-옮긴이)에서 이룬 성과로 폭넓은 인정을 받으며 100개가 넘는 상을 받았다. 또한 비교적 저기술 제품을 제조·판매하면서도 인도에서 가장 혁신적인 기업 중 하나로 인정받고 있다.

그 성공의 일부는 기업이 직원 500명에 임원 40명 규모로 성장했을 때, 마리코의 전략과 원칙을 사내에 정립하기 위해 자신이 취한 행동 덕분이라고 마리왈라는 말한다. 서로 다른 조직에서 일하다 들어온 임원들은 대부분 사업체의 경영 방식에 대해 나름의 주관을 갖고 있었다. "혼란이 초래되기 시작하더군요." 마리왈라의 말이다.

— 적절하게 경영하려면 내가 나서서 우리가 지향하는 바를 명확하게 정의해야 한다는 걸 깨달았습니다. 그래서 임직원들이 사내에서 서로 어떻게 대해야 하는지 또 우리의 문화는 어떠해야 하는지 등을 성문화하기 시작했습니다. 인사 · 제품 · 전략 · 고객 · 시장에 대한 우리의 시각, 이익을 바라보는 우리의 방식 등에 대해 쭉 정의했어요. 40페이지 정도 되는 문서가 완성되더군요.

그 자료를 임직원들에게 돌리니까 다들 긍정적으로 반응했습니다. 사실 누구도 전에 일하던 기업에서 그런 걸 본 적이 없었던 터라 신기해하기도 했습니다. 하지만 나는 곧 이것이 나만의 견해라는 사실을 깨달았습니다. 우리 모두의 견해로 만들어야 한다는 걸 느낀 겁니다. 그래서 먼저 임원들이 그것을 논의하고 수정하고 운용 방안을 세우는 과정을 시작하도록 했습니다. 우리는 꼬박 12일을 투자해서 토의하며 의견을 수렴하고 사고를 가다듬었습니다. 그러고 나자 인사, 제품, 이익 이렇게 세 부문으로 나뉘어 구성된 문서를 손에 넣게 되었지요.

이어서 우리는 그다음 직급의 직원들과 그 문서를 검토하며 내용을 토의하고 가다듬는 과정에 들어갔습니다. 이 수준의 토의는 주인의식을 창출하고 냉소주의를 없애며, 이것이 우리가 사업을 운영하고자 하는 방식이라는 점을 이해시키는 데 매우 중요합니다. 이런 과정을 거쳐야 그것이 단지 종이에 적힌 글에 불과하다는 인식에서 벗어나게 됩니다.

우리는 이 과정을 기업 전체에 걸쳐 진행했습니다. 모두 함께 뜻을 모아 무엇이 옳고 용이할 수 있는 것이며, 무엇은 그렇지 않은지 정의를 내린 겁니다. 당연히 여기에는 우리의 우선순위와 목표도 담겼습니다. 그런 다음에 우리는 그것을 각인하고 집행하고 실현하는 정책과 절차를 공들여 수립했습니다. 그 과정에서 궁극적으로 일선 현장에 가까운 직원들이 기업의 원칙과 가치관에서 벗어나지 않는 한 얼마든지 스스로 행동을 취할 권한을 갖는 주체임이 입증되었습니다.

마리왈라와 그의 경영팀은 자신들이 1년 넘게 공들여 완성한 그 문서의 모든 요소가 기업을 운영하는 일상적 절차를 개선하는 행동으로 이어지도록 만들었다. 마리왈라는 사실 진작부터 마리코가 의사결정 과정을 조직의 더욱 깊숙한 곳으로, 일선 현장 직원들에게 더욱 가까운 곳으로 끌어내려야 할 필요가 있다고 판단했다. 하지만 그러한 의사결정의 지침 역할을 할 원칙이나 기준이 없다면 어떻게 그 일을 원활하게 진행할 수 있겠는가. 이것이 바로 마리코가 지향하는 바를 성문화한 이유이고, 그 완성된 문서와 그에 따른 프로세스가 조직의 성장에 대단히 큰 도움이 된 이유다.

마리코가 '개방성openness'이라 칭하는 가치를 예로 들어보자. 이 가치를 강조하기 위해 마리왈라는 직원 모두가 아무 때고 서로를 볼 수 있고 비서를 거치는 일 없이 CEO를 만날 수 있는 사무실 문화를 창출했다.

그리고 이 가치를 더욱 강화하기 위해 '열린' 미팅을 개시했다. 사무실이나 공장을 방문할 때면 언제든 두세 시간을 할애해 그곳 직원들과 대화의 시간을 가진 것이다. 또한 이러한 가치에 초점을 맞춘 훈련 프로그램을 도입했으며, 가치 강화에 기여한 직원들에 대한 포상 프로그램도 실시했다.

마리왈라는 계급 구조를 최소화하기 위해 노력했다. 마리코의 직원들은 모두 직급과 관계없이 '멤버'로 불리며, 서로 이름을 부르는 친밀한 관계를 맺는다. 인도의 각급 조직에서는 대개 고위직이나 감독관에게 '써Sir'나 '맴Ma'am' 같은 경칭을 붙여 부르는 것이 관례다. 그런데 마리왈라는 마리코가 가족 경영 사업체일지언정 출신이나 가문 등이 아닌 능력이나 실적에 기초하는 조직임을 대내외적으로 인식시키고자 했다.

마리왈라는 기업의 핵심 목적을 성문화하고 전파하고 각인한 것, 그리고 모두가 그에 따라 행동한다는 신뢰를 구축한 것이 마리코가 성공에 이른 중심적 요인이라고 말한다. 그가 이룩한 성과는 참으로 인상적이다. 오늘날 마리코의 임직원 수는 2,400명에 달하며, 주가는 지난 10년 동안 12배 올랐다.

가치를 정의하는 것은 상대적으로 쉬운 일이다. 강력한 문화가 부상하려면 고위 경영진의 강력한 지원이 뒷받침되는 가운데 제반 가치들이 끊임없이 보강되고 강화되어야 하기에 하는 소리다. 급속히 성장하는 기업의 리더들은 따로 충분한 시간을 할애해서 모두가 기업의 목적을 이해하고 거기에 연결된 느낌을 갖도록 만들어야 한다. 그 목적을 정의하는 과정에 가능한 한 처음부터 모든 직원을 관련시켜야 한다. 5장에서 우리는 이 전략의 극단적 버전을 살펴볼 것이다. 다비타의 사례가 증명하는 기업의 완전한 '재창업' 과정을 말이다. 다비타는 1999년에서 2015년 사이에, 파산 직전의 상황에까지 치달았다가 회생의 과정을 거쳐 지난 10년간 최고의 성과를 올린 의료 서비스 기업으로 거듭났다.

자신의 반역성을 파괴하라

1장에서 우리는 명확한 반역적 사명을 갖는 것의 중요성을 예시하기 위해 중국의 식료품 체인 업체인 용후이의 스토리를 소개했다. 그 기업에서 얻을 수 있는 교훈은 그것만이 아니다. 창업자 정신의 힘을 활용하는 방법과 관련하여 여러 가지 교훈을 얻을 수 있는데,

자신의 반역성을 파괴하는 것도 성공적인 방법 중 하나다.

자신의 반역성을 파괴한다는 것은 과연 무슨 의미인가? 그에 대한 설명부터 필요할 것 같다. 용후이의 창업자인 장씨 형제는 맨 처음 새로운 운영 방식의 상점을 열 때 중국의 소매업에 파괴적 혁신을 가했다. 하지만 사업의 규모가 커져 감에 따라 식품점 사업을 다음 단계로 발전시키고 안정된 성장의 엔진으로 삼으려면 전문 경영인을 영입해 주의 깊게 통합할 필요가 있다는 것을 깨달았다. 그들은 자신들의 초기 상점들을 '적색 매장'이라 칭했다.

그와 동시에 전문 경영과 더 복잡한 시스템을 도입하면 자신들의 사업이 더 작고 더 민첩하며 더 반역적인 경쟁 업체들의 파괴적 공격에 취약해진다는 것도 깨달았다. 그래서 그들은 기존과 또 다른 유형의 상점들을 열기로 했다. 직원들이 갈수록 커지고 복잡해지는 적색 매장의 관리 부담을 지지 않은 채 혁신에만 초점을 맞출 수 있는 상점이다. 이 새로운 상점들에는 '녹색 매장'이라는 이름을 붙였다. 녹색 매장을 도입한 이유는 간단했다. 장쉔닝은 이렇게 말했다. "우리 자신을 스스로 파괴하지 않으면 다른 사람들에게 넘겨줘야 했으니까요."

장쉔닝은 이 접근방식을 다음과 같이 자세히 설명했다.

━ 우리의 반역적 사명은 간단합니다. '안전하고 신선하고 가치가 높은 식품을 중국의 엄마들에게 제공한다' 이거거든요. 첫 번째 매장

을 개점한 이래로 줄곧 이 사명을 지켜왔지요. 이 사명을 충실히 수행하려면 공급망에 초점을 맞춰야 합니다. 신뢰할 수 있는 공급업자에게서 매일매일 높은 품질의 식품을 공급받아 신선함을 유지하며 고객들에게 제공해야 하는 겁니다. 중국의 시골 지역에서 이를 매일같이 행하기란 쉬운 일이 아니지요. 상점 수를 늘리고 상품 영역을 확대하면 우리 경쟁우위의 핵심인 공급망의 중요성 역시 높아집니다. 그렇다면 모두에게 명확할 것으로 생각하기 쉽습니다. 우리가 모든 부문에서 개선을 원하지만 진정으로 중요한 것은 공급망 부문이라는 사실, 거기가 바로 우리가 '사활을 걸어야 하는' 부문이라는 사실이 말입니다.

용후이는 아직 우리 형제 둘이서 성장의 혼란을 간신히 관리하며 더 전문적인 조직으로 이행 중인 젊은 기업입니다. 재무에서 인사, 가격 책정, 범주 관리까지 외부의 전문가들을 영입하고 있지요. 필요한 일이기에 하고 있는 겁니다. 하지만 우리가 어렵게 습득한 교훈 한 가지는 각각의 전문가들은 자신의 경험에 기초한 나름의 의제를 보유하고 있고, 그래서 그들의 전문적 견해가 우리의 공급망 의제와 경합을 벌이는 상황이 종종 벌어진다는 것입니다. 다양한 역량이 다양한 구상을 추진하려 하는 상황이 전개된다면 어떻게 가장 중요한 역량에 초점을 맞출 수 있겠습니까? 기업 여기저기를 뛰어다니면서 "문제는 공급망이야. 공급망이 가장 중요해!"라고 소리칠 수는 있겠지요. 하지만 그것은 우리 직원들이 이미 들어본 얘기일 뿐입니다. 오히려 그들은 새로 나온 빛나는 장난감에 유혹당하기 쉬운 상태일 수밖에 없습니다.

리더의 일 가운데 하나는 가장 중요한 부문에 대한 초점을 유지해 주는 겁니다. 무엇보다 중요한 한두 가지에 조직 전체가 진정으로 집중하도록 이끌어야 하는 겁니다.

이런 자세는 용후이 스토리의 2부를 이끌어낸다. 형제가 자신들의 적색 매장에 대한 경영 책무를 전문가들에게 옮긴 주된 이유 중 하나는 자신들이 가장 잘 하는 일에 관심을 쏟고 싶어서였다. 새로운 사업을 시작하고 혁신을 기하는 일 말이다. 그들은 기업이 성장하더라도 창업자 정신에서 멀어지는 일은 생기지 않길 바랐다.

장쉔닝은 자신들의 지속적인 도전을 이렇게 묘사했다. "우리 업계가 갈수록 포화상태에 이르고 경쟁이 더욱 치열해지기 때문에 성장은 점점 더 힘든 일이 되고 있습니다. 우리 형제는 우리가 계속 혁신자가 되어야 함을 깨달았습니다. 우리는 우리의 원래 매장 모델인 '적색 매장 방식'으로 한 차례 혁신에 성공했습니다. 하지만 더 많은 혁신을 이뤄야 할 필요를 느꼈습니다. 그래서 '녹색 매장 방식'을 도입한 겁니다. 우리의 녹색 매장은 혁신의 인큐베이터입니다. 만약 적색 매장이 녹색 매장식 혁신을 채택하길 원한다면 얼마든지 환영합니다. 하지만 그런 혁신으로 적색 매장의 매출이 줄어든다고 해도 적색 매장이 녹색 매장의 혁신을 제한할 수는 없습니다. 고통

이 따를지언정 우리는 혁신이 우리의 반역성을 살려주는 바람직한
요소라고 생각합니다."

현장 중시 각인하기

일선 현장의 직원들이 사업의 세세한 부분들에 애정을 갖고 전술적
문제 정도는 현장에서 즉시 해결할 수 있는 권한이 있다고 느끼는
조직은 과부하를 막는 게임에서 앞서나갈 수 있다. 이런 식으로 돌
아가는 조직은 성장의 여지를 더욱 많이 창출하고, 의사결정 프로세
스가 신속하고 매끈하게 유지되며, 직원들은 충성도가 더 높고 더
생산적이다. 그리고 궁극적으로는 거의 자동으로 배우고 변화하는
자기 수정적인 조직으로 진화한다. 이를 성취한 기업들의 몇 가지
방식을 살펴보자.

현장을 우선시하라

세계 곳곳에서 진행하는 DM100 워크숍에서 우리는 매번 참석한 임
원 모두에게 자신들의 가장 큰 성장 장벽이 무엇이라고 생각하는지
묻는다. 그들이 가장 많이 꼽는 것이 바로 사업의 일선 현장, 즉 사
업 운영의 가장 중추적 지점에서 직원을 고용하고 보유하며 그들의

역량을 키우는 일의 어려움이다. 그 일을 잘 하지 못하면 성장하지 못한다는 얘기다. 우리는 이 문제를 효과적으로 극복한 다양한 기업의 리더들과 대화를 나눠보았다. 다음이 그 몇 가지 사례다.

1장에서 소개한 바 있는 오베로이호텔의 스토리에서부터 시작하자. 오베로이 그룹의 CEO 비크람 오베로이를 방문한 자리에서 우리는 기업의 인재 관리에 대해서도 질문을 했다. 그의 말을 들어보자. "우리는 결코 특정한 직위를 염두에 두고 사람을 뽑지 않습니다. 몇 가지 기본적인 자질을 토대로 뽑기 때문에 우리가 채용하는 직원은 모두가 적어도 조직 내에서 두 단계 정도는 올라갈 잠재력을 지녔다고 보면 됩니다. 우리는 채용 시점부터 곧바로 직원의 장기적 행로에 대해 생각하기 시작합니다. 여기서 더 큰 상호 헌신의 의식이 나오지요." 그래서 오베로이는 직원을 채용할 때 지리적 한계에 연연하지 않는다. 자이푸르에 오베로이호텔을 오픈할 때 경영팀은 42일에 걸쳐 18개 도시를 순회하며 거의 9,000명에 달하는 지원자를 면접 보고 200명을 뽑았다. 면접에서 경영팀은 기술적 자질이 아니라 인성과 이력을 눈여겨본다. 비크람 오베로이의 표현을 그대로 옮기자면 "성공에 대한 의욕과 갈망이 어느 정도인지" 판단하는 것이다.

오베로이의 모든 것은 직원이 입사 시점에서부터 장기적 상호 헌신 관계를 느낄 수 있도록 고안되어 있다. 직원들은 입사 3개월 이내에 호텔 레스토랑에서 갖는 경영진과의 특별한 식사 자리에 개별적으로 초대된다. 이때 직원의 가족 역시 초대된다. 비크람 오베로이의 말에 따르면, 참석하는 모두가 "왕족 같은 기분을 느끼게" 된다. 오베로이에서 6개월을 일하고 나면 '확정' 의식을 치른다. 팀원들과 단체 사진을 찍어 가족에게 보내며 그동안의 진전을 축하하는 일종의 통과의례다.

오베로이에서는 신뢰가 핵심 가치다. 주목할 만한 것은 하급 직원들까지도 재무성과나 고객유치 실적 같은 정보에 접근할 권한을 가진다는 사실이다. 또한 원하는 직원은 누구든 거의 모든 경영회의를 참관할 수 있다. 성과 평가 방법에서부터 어떤 직원이든 제공할 수 있는 축하 카드, 특별한 인정을 받을 자격이 있는 직원에게 주어지는 포상, 겸손한 행동방식 등에 이르는 오베로이의 모든 것이 창업자가 정립한 관행으로까지 거슬러 올라간다.

영웅주의와 시스템에 균형을 맞춰라

반역적 기업은 영웅주의를 토대로 번창해간다. 위대한 창업자에 관한 호레이쇼 앨저Horatio Alger(미국의 소설가로, 가난하지만 근면하고 성실한 주인공이 크게 성공하는 줄거리의 소설로 큰 인기를 끌었다—옮긴이) 식 성공담이 전형적으로 보여주는 그런 영웅주의 말이다. 그런데 궁극적으로 기업은 성장을 해야 한다. 급속한 성장이 가져오는 혼란과 부족해진 통제력에 질서를 다시 부여하려면 새로운 전문지식과 역량, 시스템을 추가해야 한다. 즉, 전문 경영을 도입해야 한다는 얘기다. 그렇지만 전문화는 종종 반역적 기업의 공격 대상이던 기존 대기업을 흉내내는 행태로 이어질 수 있다. 지금부터 그러한 리스크를 줄이는 방법 몇 가지를 살펴보자.

전략적 의제로 전문화 의제를 준비하라

당연한 주문으로 보인다. 당연히 전략이 전문화를 이끌어야 한다. 안 그런가? 문제는 반역적 기업이 전문화 과정을 밟으면 기능을 추가해야 하고, 각각의 새로운 기능에는 그 기능을 향상시키고자 하는 새로운 리더와 새로운 담당자가 필요해진다는 것이다. 이런 상황은 기업을 빠르게 압도하고 초점을 잃게 할 수 있는, 서로 이질적인 다량의 기능별 의제를 만들어낸다. 우리의 DM100 미팅 상당수는 여기에 초점을 맞췄다. 한 모임에서 어느 창업자가 관련 사례를 구체적으로 들려주었다.

─ 첫 단계는 내게 큰 문제가 생겼음을 인정하는 것이었습니다. 기업을 전문 경영 체제로 바꾸려고 여섯 명의 경영인을 영입했는데, 시간이 얼마 지나지도 않아 우리의 경영회의에서 논의되는 내용을 나조차 이해하지 못하게 된 겁니다. 인사 책임자가 일어서서 인적 자원의 탁월성에 대해 언급하고 나서 우리를 세계 수준의 표준으로 인도할 10단계 프로그램의 개요를 설명합니다. 그러면 공급망 책임

자가 일어서서 같은 행보를 밟습니다. 물론 그가 추진하는 프로그램은 이름이 다릅니다. '기능별 탁월성 추구 프로그램' 같은 식이죠. 이렇게 우리 경영회의는 이런 류의 프로그램에 대한 소개와 보고 자리로 변질되었습니다. 고객에 관한 토의도, 우리의 사업을 바꾸기 위해 어떤 노력을 기울여야 하는지에 대한 논의도 더는 없게 되었다는 얘깁니다. 그래서 내가 모두에게 다들 하던 일을 멈추라고 말했지요. 나는 우리의 기능별 책임자들에게 우리의 반역적 사명을 시원하는, 오직 그 사명만을 지원하는 2~3개의 계획을 도출해서 가져오라고 요구했습니다. 2주 후 우리는 하나의 팀으로 모여 각 책임자의 계획안을 검토했습니다. 그런 후에야 비로소 나는 우리의 전략과 역량 구축 프로그램, 그리고 전문화 의제 사이의 연결성을 알 수 있었습니다. 가장 놀라운 일은 우리의 기능별 책임자 모두가 내게 감사를 표했다는 사실입니다. 그들 역시 마침내 자신들이 하고 있는 일을 명확히 이해하고 초점을 맞출 수 있었으며, 그럼으로써 더욱 깊은 소속감을 느끼게 된 겁니다.

마지막 요점이 중요하다. 반역적 기업에 합류하는 전문 경영인들은 대개 옳고 적절한 일을 하고 싶어 한다. 하지만 어떤 방향으로 나아가는 것이 적절한지에 대한 정보를 거의 얻지 못한다. 전문화 방안을 확신하지 못하는 창업 공신들이 전문가들에게 방향을 제시하길 꺼리기 때문이다. 그런데 이 사례에서는 창업 멤버들이 무엇을 할 수 있는지 보여주었다. 그들은 새로 합류한 전문 경영인들이 자신의 의제를 조직의 반역적 사명에 연계하도록 도울 수 있다. 그럼으로써 초점을 더욱 제대로 맞추고, 훨씬 더 단단하게 조직에 통합되도록 할 수 있다.

여기서 우리는 영웅주의와 시스템을 관리하는 일에서 중요한 또 한 가지에 주의를 기울여야 한다. 시스템이 가장 우선시되는 현상이 바로 그것이다. 다음에 이어지는 내용은 모두 그런 리스크를 줄이는 아이디어들이다. 이를 잘 활용하면 조직의 프로세스가 더 복잡해지고 인간적인 부분을 잃어가는 와중에도 경영팀은 신속하고 예리한 상태를 유지할 수 있다.[2]

월요 회의에 전념하라

빠른 성장을 추구하면서 영웅주의와 시스템에 확실히 균형을 맞출 수 있는 한 가지 방법은 '월요 회의'를 정기적으로 시행하는 것이다. 그렇다고 기업에는 대규모 내부 회의가 많을수록 바람직하다는 말을 하려는 것은 아니다. 업무를 줄이고 조직의 신진대사를 활성화하는 효과를 낼 수 있는 한 가지 유형의 회의에 대해 소개하고자 한다. 간단히 말하면 이것은 기업의 임원들이 한 가지 원칙을 중심으로 매주 한 차례 갖는 회의다. 그 원칙은 바로 아무리 시간이 오래 걸리더라도, 주요 직원들이 일을 하는 데 걸림돌이 되는 장애가 거론되면 그 자리에서 해결책을 마련한다는 것이다. 그 장애가 어떤 것이든 말이다. 꼭 월요일에 열릴 필요는 없지만 주 1회라는 점은 지켜져야 한다.

이런 회의는 네 가지 즉각적인 혜택을 안겨준다. 첫째, 기업의 문제 해결 주기가 일주일 미만 단위로 돌아간다는 사실이 조직 전체에 알려진다. 또한 간부들은 어떤 지체 사항이 나타나더라도 이제 더는 조직(또는 새로운 시스템이나 프로세스)을 비난할 수 없게 된다. 둘째, 주요 직원들의 업무 수행을 방해하는 문제에 대해 임원들이 통합적인 방식으로 토의할 수 있게 된다. 따라서 기능별 책임자들이 숨을 곳이 없어진다. 셋째, 임원들을 행동 지향적으로 이끌고 의사결정에서 실행까지의 시간을 줄여준다. 넷째, 임원들은 문제를 해체하는 법을 배우게 되고, 커다란 현안을 수정 가능한 작은 문제로 나누는 법을 습득하게 된다. 해결책을 도출하기 전까지 회의장을 나갈 수 없기 때문이다. 요약하자면, 창업자 정신을 활성화하는 행동 지향적 분위기가 조성된다는 것이다.

이 월요 회의를 가장 중요한 경영 일과 중 하나로 만든 주인공이 있다. 바로 엘브랜즈의 레슬리 웩스너다. 그는 월요 회의가 문제 해결의 주기를 짧게 유지해주고 실행의 장애물을 제거해준다고 말한다. 월요 회의를 훨씬 더 강력한 경영 도구로 만들어주는 엘브랜즈만의 묘안은 바로 '화요 후속 조치'다. 결정된 사안의 진척 상황을 확인하고, 새로 나타난 병목현상은 없는지 살피는 후속 점검회의다. 이 전략은 웩스너 휘하에서 가장 성공한 CEO로 꼽히는 닉 코Nick Coe가 제안했다. 배스앤보디웍스와 신생조직 화이트반White Barn을 이끌고 있는 코는 자신이 이룬 성공의 많은 부분이 이들 회의 덕분이라고 말한다. "월요 회의와 화요 회의는 매주, 그러니까 1년 52주 단 한 차례도 거르지 않고 시행되는 전사적 업무 활동입니다. 누구도 빠져서는 안 됩니다. 우리가 하는 일 중에서 가장 엄하게 지켜지는 업무라고 보면 됩니다. 이제 그것은 '없어서는 안 될 조직의 활력소'로 변모한 상태입니다. 사업단위별로 시행되는데 갓 출발한 사업단위도 예외는 아닙니다."

월요 회의의 또 다른 달인은 메이이키Mey İçki의 CEO 갤립 요간시올루 Galip Yorgancioğlu다. 터키의 선도적 양조회사인 메이이키의 스토리는 잘 알려져 있다. 터키 정부는 약 60년 동안 터키의 국민 술이라 할 수 있는 라키raki(아니스 오일로 만드는 독주)의 제조와 유통을 국가 전매 사업으로 운영했다. 터키 사람들은 테이블에 몇 시간씩 둘러앉아서 유리잔에 라키를 마시는데 통상 뜨거운 음식과 차가운 음식을 다양하게 차려놓는 전채요리인 메제meze를 안주로 삼는다. 터키 정부에서 2004년 이 산업을 민영화하기로 했을 때 건설 업계 기업가 몇몇이 힘을 합쳐 사업권을 따낸 후 오늘날의 메이이키를 출범시킨 것이다. 그들은 소비 용품에 대해 잘 몰랐지만 요간시올루 같은 전문가를 CEO로 영입해야 한다는 것쯤은 알았다. 요간시올루는 그 기업에 채용된 첫 번째 직원이기도 하며 10여 년이 지난 오늘날까지 CEO직을 유지하고 있다. 여기에는 그럴만한 이유가 있다. 첫 경영주들은 그 기업을 약 2억 9,200만 달러에 매입했는데, 2년 후 TPG캐피탈에 8억 1,000만 달러를 받고 팔았다. 그리고 TPG는 그것을 다시 영국의 주류회사 디아지오 Diageo에 21억 달러를 받고 넘겼다. 약 10년 만에 가치가 10배 증가한 것이다. 준수한 가치 창출 스토리라 할 수 있지 않은가.

우리는 이스탄불에서 요간시올루와 세일즈 및 마케팅 책임자들을 만나는 특권을 누렸다. 요간시올루는 월요 회의의 열렬한 지지자다. 그는 기업의 간부들이 함께 모여 빠르게 문제를 해결할 수 있는 게 다 그회의 덕분이라고 강조하기도 했다.

— 문화적으로 가장 어려운 일 중 하나가 조직원 모두에게 갈등이 발생해도 된다는 사실을 이해시키는 겁니다. 조직에는 갈등의 가능성이 내재하기 마련이잖아요. 갈등이란 불가피하게 발생하는 법인데 그것을 피하려고만 한다면 어떤 상황이 펼쳐지겠습니까. 나는 갈등을 피하는 것, 그것이 우리가 저지를 수 있는 최악의 잘못이라고 생각합니다. 나는 우리의 공급망팀이 고객에게 '동일성sameness'이라는 혜택을 안겨주길 바랍니다. 나는 그들이 경영의 합리화를 위해, 규모의 효익을 찾기 위해 싸우길 원합니다. 그리고 나는 우리의 마케팅팀이 고객들에게 '차별성difference'이라는 혜택을 안겨주길 바랍니다. 나는 그들이 제품을 다양하게 변형하는 한편 새로운 제품을 찾기 위해 싸우길 원합니다. 이처럼 동일성과 차별성이 서로 맞설 때 내가 할 일은 무엇이겠습니까. 우리 직원들이 각기 자신의 일을 수행하는 가운데 불가피하게 발생하는 갈등은, 그것이 무엇이든 우리가 다루고 해결한다는 확신을 심어주는 겁니다.

나는 이 일을 잘 하는 한 가지 비법을 찾아서 '모자 2개 쓰기doublehatting'라고 이름 붙였습니다. 어떤 문제에 대해 처음 토의할 때 나는 각 토론자가 자신이 속한 부문에 할당된 조직 모자를 제시하게 합니다. 그렇게 모자를 제시한 뒤, 공급망 책임자든 마케팅 책임자든 각자 자기 입장만 강력하게 주장하는 겁니다. 그러면 문제가 더욱 확실해지고 지금 도출되고 있는 갈등이 우리가 원하는 갈등이라는 사실을 모두가 이해하게 됩니다. 그러고 난 다음에는 모자를 바꿔서 상대방을 대변하게 합니다. 우리는 모두 사업체의 주인이니까요. 나는 우리 임원들이 그런 의식으로 문제에 접근해서 올바른 해결 방안을 도출하길 바랍니다. 조직 전체를 대변해서 논쟁을 벌이길 바란다는 얘깁니다.

갈등의 수용은 메이이키를 기민하게 만드는 요소다. 요간시올루의 얘기를 더 들어보자. "속도와 민첩성을 갖추려면 의사결정 역시 신속해야 합니다. 신속한 의사결정을 하려면 모든 현안을 테이블에 올려놓고 고객과 기업을 위해 올바른 답을 찾아야 합니다. 월요 회의가 바로 그 일을 해내는 무대입니다. 우리 조직의 임직원들은 업무를 방해하는 문제는, 그것이 무엇이든, 제기하기만 하면 다가오는 월요일에 다뤄준다는 것을 모두가 알고 있습니다. 일종의 사회계약인데, 제대로 수행하기만 하면 경쟁자들보다 더 빠르게 움직이는 데 큰 도움이 됩니다."

모래밭에 금을 그어라

아마도 1990년대 최대의 반역적 성장 스토리는 컴퓨터 기업 델Dell과 그 직접 판매 모델의 부상에 관한 것이리라. 고성장이 계속되는 동안 마이클 델Michael Dell과 그의 팀은 조직의 건강을 체크하는 물리적 척도 네 가지를 정했다. 그리고 그것을 사업의 각 세분시장, 즉 제품, 지역, 고객 그리고 기업 전체에 적용했다. 각 척도는 핵심 사업 모델의 건실성을 확인하는 것으로, 쉽게 측정할 수 있고 조직의 각 수준과 관련성을 갖도록 고안되었다. 그 척도 중 하나를 잠깐 소개하자면, '정시에 출하된 제품의 비율'이다. 이익을 창출하는 핵심 동인이자, 모래밭에 그은 실제적 금과 같이 밟거나 벗어나면 안 되는 기준이다.

프랜차이즈 플레이어 협의회를 조직하라

어떤 기업이든 부서장이나 고위급 임원이 아닌데도 기업의 실적과 고객 관계에 지대한 영향을 미치는 직원들이 있기 마련이다. 우리는 이런 직원들을 '프랜차이즈 플레이어'라 부른다. 예를 들면 총매출의 25퍼센트를 차지하는 거래처의 관리자가 그럴 수 있고, 기업의 대표적인 제품을 개발한 직원이 여기에 속할 수도 있다. 이런 프랜차이즈 플레이어들로 구성된 협의회를 조직하면 경영팀은 여러 단계의 관료층을 거치지 않고 가장 영향력이 큰 직원들, 그래서 잠재력이 큰 직원들과 직접 열린 대화를 나눌 수 있다. 우리가 아는 한 CEO는 창업자가 이끌던 작은 사업체 다수를 자신의 기업에 합병했는데, 주기적으로 그 창업자들을 초대해서 대화를 나누는 모임을 열고 있다. 창업자 출신들만이 제공할 수 있는 활력과 기업에 대한 독특한 관점을 얻기 위해서다. 또 다른 CEO 역시 자신이 '최고 잠재군'이라 이름 붙인, 영향력이 가장 큰 일단의 임직원들과 정례 모임을 가진다. 이때 최고 잠재군은 직위와 상관없이 영향력만 보고 선별한다.

물론 성장하는 반역적 기업이 영웅주의와 시스템 간에 균형을 잡도록 돕는 전술에는 이들 외에도 여러 가지가 있을 수 있다. 하지만 우리는 월요 회의, 모래밭에 그은 금, 프랜차이즈 플레이어에 대한 특별한 관심 이렇게 세 가지 전술이 가장 강력한 축에 속한다고 믿는다. 그 세 가지 전술이 여러 상황에서 실행되는 경우를 직접 보며 그 효과를 확인했기 때문이다.

주인의식 요구하기

최상의 주인의식은 장기적 관점에 초점을 맞추고, 속도와 실행을 강력하게 지향하며, 개인적 책임감을 토대로 사업상의 의사결정을 하고 행동을 취하는 것이다. 이제 주인의식을 잘 유지해온 몇몇 기업의 내부를 둘러보며 그들이 그 지속적인 힘의 원천을 어떻게 구현했는지 알아보자.

3장 | 과부하를 물리치는 법

군살 없는 굶주린 조직을 구축하라

주인의식이 실제로 의미하는 것은 무엇일까? 어떤 느낌이 들어야 진정한 주인의식일까? 대기업은 어떻게 그것을 직원들과 문화에 깊이 심어놓을 수 있을까? 이에 대한 답을 찾기 위해 우리는 1장에서 소개한 세계 최대 맥주회사 ABI의 사례로 다시 돌아가기로 한다. 레스토랑의 웨이터가 아닌 경영주를 키운다는 내용 기억하는가?

ABI는 조직에 주인의식을 심기 위해 매우 가시적인 접근방식을 다수 도입했다. 먼저 모든 항목의 예산을 매년 공개적으로 책정한다. 그리고 사업의 모든 부문에서 이익의 핵심 동인을 중심으로 공격적인 목표를 설정한다. 또한 승진 체계와 보고 체계를 투명하게 관리해 모두가 자신이 전체에 어떻게 연결되는지 명확히 알 수 있게 한다. 이는 직급과 무관하게 모두에게 적용되므로 아무도 벗어날 수 없다. 어디에도 숨을 장소가 없으며 모두가 나름의 도전 과제를 부여받는다. ABI는 주요 간부들에게 사업 모델의 일부에 파괴적 위협을 가할 수도 있는 요소를 도출해볼 것을 요구한다. 일테면 포장의 변화 같은 요소들이다. 아울러 ABI는 핵심 원칙 열 가지를 널리 공표하고, 그것을 적용하고 이용할 것을 독려한다.

이들 프로그램 각각은 ABI가 강력한 경쟁력과 놀라운 직업윤리 그리고 창업자 정신을 유지하는 데 실로 중요한 역할을 한다. 하지만 ABI가 어떻게 그렇게 완전하게 규모를 키우면서 경쟁우위를 유지했는지에 대해 더 구체적인 답을 얻으려면 좀 더 깊이 들어가 볼 필요가 있다. 그리고 그렇게 깊이 들어가 보면 전반적으로 반역적 대기업에 도달한 그 성공의 비결이 창업자 정신의 핵심 가치와 그에 대한 믿음을 조직 전체에 퍼뜨린 데 있음을 알 수 있다. 우리가 생각할 수 있는 최상의 비유는 하나의 씨앗을 키워낸 후 거기서 다시 씨앗을 얻어 곳곳에 심는 과정과 같다는 것이다.

우리는 ABI의 최장기 근속자 중 한 명인 조 반 비스브룩Jo Van Biesbroeck과 그 과정에 관해 대화를 나누었다. 그는 유럽 지역 사업본부장과 중소규모 국가 수출팀장, 재무팀장, 인수팀장을 거쳐 지금은 전략팀을 이끌고 있다. 다음은 ABI에서 앞서의 과정이 어떻게 이뤄지는지 그가 설명한 내용이다.

━━ ABI의 직원 채용은 고도로 선별적입니다. 그리고 가능한 한 내부에서 육성하는 데 중점을 둡니다. 의도적으로 그러는 겁니다. 예를 들면 내가 유럽에서 마지막으로 직원을 채용했을 때 9,000명 지원자 가운데 25명을 뽑았습니다. 그렇게 채용된 신입사원에 대해서는 처음 5년에서 7년 동안 특히 면밀하게 교육하고 관찰합니다. 입사 첫날부터 그들이 우리의 능력주의 조직에서 성장할 수 있는지 테스트하고 살펴보는 겁니다. 기업의 구성원 모두가 실력으로 크는 조직임을 일상적으로 강조합니다. 공격적인 빅 타깃들을 토대로 구축되

3장 과부하를 물리치는 법

는 타깃 시스템 내에서 실력을 입증하면 되는 겁니다. 이 프로세스를 통과하는 사람들은 다른 기업이라면 다섯 번 정도는 입증해야 얻을 수 있는 기회를 제공받습니다. 그러니까 다른 곳에 비해 더 젊은 나이에 기회를 얻게 되는 셈입니다. 우리는 영입하는 직원 모두에게 리스크가 큰 빅 타깃을 수용하도록 압력 시험을 합니다. 우리 조직 내부는 자본주의 그 자체라고 할 수 있습니다. 타깃을 거듭 성취하는 직원은 우리의 시스템 내에서 재정적으로 엄청난 성공을 거두거든요. 이 관행은 그 기원이 창업자들의 행동방식으로까지 거슬러 올라갑니다.

여러분이 말하는 창업자 정신을 불어넣으려면 사업의 모든 기능과 접촉해야 한다고 생각합니다. 우리는 직원들이 자신이 맡은 업무에 해당하는 사업을 직접 소유하는 것으로 간주합니다. 직원 개개인 모두를 사업 일부를 소유하는 주인으로 본다는 얘깁니다. 위임이나 변명은 용인되지 않습니다. 나는 벌써 수년째 CEO와 함께 일하고 있는데, 그는 내가 겪어본 상사 중에 가장 냉정하면서도 가장 공정한 사람입니다. 때로는 극도로 힘이 들기도 하지만, 나는 늘 즉각적인 피드백을 받습니다. 완전히 투명하고 완전히 직설적인 피드백을 말입니다. 그것이 바로 우리가 모두에게 원하는 행동방식입니다.

우리 임원들은 아마 일과의 3분의 1에 해당하는 시간을 인적 자원을 선별하고 코치하고 개발하는 데 쓸 겁니다. 우리는 이런 식으로 사람에 투자하는 일의 가치를 극단적으로 높이 삽니다. 우리는 직원들 모두가 기업가처럼 느끼며 일선 현장 업무까지 속속들이 파악하고 현장 중심으로 사고할 것을 요구합니다. 우리는 12만 명의 임직원이 일하는 조직입니다. 하지만 본사에서 일하는 사람은 고작 200명 정도에 불과합니다. 본사에서 수천 명씩 일하는 다른 대규모 소비용품 기업들을 벤치마킹해봤는데, 역시 그것은 우리가 원하는 방식이 아니더군요.

다시 말하지만 우리는 자신의 업무를 위임하거나 업무와 관련하여 변명하는 걸 용인하지 않습니다. 성과를 내거나 못 내거나 둘 중의 하나로 보는 겁니다. 솔루션을 제시하라고 월급을 주는 거지 노력하라고 돈을 주는 게 아닙니다. 안을 내놓으라고 급여를 주는 거지 어슬렁거리라고 돈을 주는 게 아닙니다. 우리 기업에서는 직원들이 이미 일어난 일을 설명하기 위해 20쪽짜리 보고서를 작성하는 일은 없습니다. 그런 건 5분 정도 할애해서 말로 하면 되고, 그 귀중한 시간을 앞으로 할 일에 투자한다는 뜻이다. 동네에서 가장 장사가 잘되는 빵집을 한번 들여다보십시오. 일하는 사람끼리 서로 비난하는 일도 없고, 모두가 가격 책정의 아주 세부적인 부분까지 다 알고 있으며, 고객들의 이름이나 선호하는 것이나 취향도 잘 알뿐더러 모든 세부 사항에 대해 개인적 책임감을 느끼지 않습니까.

ABI의 CEO 카를로스 브리토Carlos Brito는 우리를 위해 ABI의 정신자세를 간결하게 요약해주었다. "우리가 기업을 키워온 길에는 우리의 성과와 성취에 대한 불만족이 항상 함께했습니다. 다시 말해서 우리는 현재의 위치에 만족한 적이 없다는 얘깁니다. 우리는 언제나 할 수 있는 게 더 있다고 생각합니다."

우리는 반역적 대기업을 연구하면서 이런 사고방식을 되풀이해서 접했다. 이를 통해 조직에 주인의식을 불러일으키는 다섯 가지 중요한 기법을 도출했다. 사업체의 리더라면 누구든 다음 다섯 가지 기법을 얼마나 자주, 또 얼마나 잘 이용하고 있는지 자문해봐야 한다.

- 모든 직급이 큰 꿈을 꾼다.
- 능력주의 원칙을 변함없이 수용한다. 승진은 다른 누군가에게 양해를 구해야 하는 사정이 발생하지 않도록 공정하고 공개적으로 진행하며 항상 정직한 피드백을 제공한다.
- 가능한 한 내부 승진 원칙을 고수한다. 고위급 리더들은 인적 자원을 개발하는 데 많은 시간을 투자한다.
- 조직 내 가치 창출 단위별로 단순한 빅 타깃을 설정하고, 단위별 리더들이 기업가처럼 행동하도록 그들에게 권한을 부여한다.
- 연간 예산에서 사업 모델 자체의 미래 등에 이르기까지 모든 것에 대해 원점에서 출발하는 사고방식을 취한다.

제로베이스 예산 편성을 통해 덫에 갇힌 자원을 해방하라

큰 기업의 CEO들은 종종 덫에 갇힌 자원 문제에 대해 불평하곤 한
다. 하지만 문제는 자원 부족이 아니다. 자원은 충분하다. 다만 그
자원 대부분이 시장이나 제품, 또는 기능별 사일로에 묶여 있어서
재배치가 불가능해 보이는 게 문제일 뿐이다. 기업이 성장 과정의
극적인 도전에 맞서 싸워 이기려면 자원 재배치는 필수불가결한 무
기인데 말이다. 이 CEO들은 자신들이 아무리 애를 써도 기능별 책
임자들이 이미 확보한 자원을 다른 곳에서 쓰도록 내놓지 않을 거라
고 느낀다. 이는 그리 놀랄 일도 아니다. 관료체제의 전문가들은
'자기들의' 인력이나 자금을 둘러싸고 모종의 세력권을 형성한 채
그것을 보호하는 고도로 세련된 전략을 개발하기 때문이다. 주인의
식이 잘못된 방향으로 발동되는 대표적인 예다.

　기업은 이런 일이 벌어지면 감당할 수 없는 상황에 처하게 된다.
그래서 지속적으로 단순화를 추구하고 투명성을 강화해야 하는 것
이다. 그렇게 하는 가장 효과적인 방법이 바로 제로베이스 예산 편
성zero-based budgeting(기존 사업과 새로운 사업을 구분하지 않고 모든 사업의 타당
성을 영기준零基準에서 엄밀히 분석하여 예산을 새로이 결정하는 방식—옮긴이)을 거
듭하고 자원을 재배치하는 것이다.

　구체적으로 어떻게 하면 좋을까? 모든 프로세스와 모든 주요 활
동을 정기적으로 재점검하며 다음과 같은 질문을 던진다. 만약 처음

부터 다시 시작할 수 있다면, 그래도 여기에 투자하고 싶을까? 이것이 여전히 자원의 최선의 용도인가, 아니면 그저 과거의 인위적 유물인가? 우리의 핵심 고객이 과연 이 비용이나 저 프로세스에 기꺼이 돈을 낼 것으로 보이는가?

ABI는 이런 질문을 조직 전체에 걸쳐 거의 무의식적으로 그리고 반사적으로 묻는다. 예컨대 매년 예산 편성 시점이 되면 경영진은 그 용처의 모든 요소를 밝히고, 타당함을 인정받아야 한다. 그래서 특별 주차 서비스나 고급 교통편, 호화로운 식사 등과 같은 특전도 누리지 않는다. 주요한 경영회의도 이국적인 리조트가 아닌, 세계 곳곳의 ABI 시설에서 갖는다. 앞서도 말했듯이, 새로운 펜을 원한다면 쓰던 펜을 반납해야 할 정도다. 세부 사항과 지출에 대한 조직원 전체의 이러한 관심 덕분에 ABI가 맥주 100리터당 이익 측면에서 경쟁사들은 범접할 수 없는 수준을 달성할 수 있었던 것이다. 그리고 결과적으로 세계에서 가장 많은 수익을 올리는 최대의 맥주회사로 성장할 수 있었던 것이다.

ABI는 실로 이 시대의 위대한 반역적 대기업 가운데 하나다. 여기에 하나만 더 추가하고 싶다. ABI는 그 신병훈련소풍 문화에도 불구하고 많은 인재가 들어가고 싶어 안달하는 기업이다. 2014년 대졸 신입사원 147명을 뽑는 면접에 무려 거의 10만 명에 달하는 지원자가 몰렸다. 실리콘밸리의 기술 기업 대부분을 능가하는 경쟁률이다. 이것이 바로 제로베이스 예산 편성과 주인의식의 힘이다.

반역성을 고취하고 현장 중시를 각인하며 주인의식을 요구하는, 이 세 가지 전략은 창업자 정신의 핵심적인 특성을 전형적으로 보여준 다. 이 장에서 우리는 반역적 젊은 기업이 상향 이동을 할 때 직면하 는 과부하를 그런 특성을 활용하여 얼마나 잘 이겨낼 수 있는지 살 펴보았다. 다음 장에서는 더 성숙한 기업이 속도 저하를 성공적으로 이겨내는 데에는 창업자 정신의 핵심 특성이 또 어떤 도움을 줄 수 있는지 알아보자.

창업자 정신을 당신의 조직에서 활용하는 방법

- 프랜차이즈 플레이어들의 포럼을 조직하여 창업자 정신을 회복할 방법에 대한 현장의 목소리를 들어라. 그들에게 다음과 같은 세 가지 즉각적인 임무를 부여하라.
  - 지난 6개월 동안 주요 경영회의의 의제를 검토하여 그 회의들이 고객과 현장 직원들에게 충분히 초점을 맞췄는지를 진단한다.
  - 고객에게 봉사하는 능력을 향상시킬 수 있는 즉각적인 행동 방안을 파악한다
  - 새로운 반역자들에게 대응할 수 있는 차세대 사업 모델을 설계하고, 이를 시험하는 최상의 방법을 도출한다.

- 의사결정의 속도를 높이고 장벽을 허물기 위한 '월요 회의'를 시작하라.

속도 저하를 역전시키는 법

성장의 동인을 재발견하려면 어떻게 해야 하는가

우리의 추산에 따르면 성숙해가는 기업의 3분의 2는 상향 이동의 어느 시점에서 성장의 예측 가능한 두 번째 위기, 즉 속도 저하에 직면한다(그림 4-1 참조). 이것은 리더들에게는 믿을 수 없을 정도로 큰 좌절감을 안겨주는 위기다. 지난날 추진력의 자연스러운 원천이었던 것들 대부분이 과거의 속도와 탄력을 더는 보여주지 못하기 때문이다. 그러면 대부분 그 해결책이 기존과 다른 무언가를 행하는 것임을 깨닫기 시작한다. 하지만 그게 무엇이란 말인가? 새로운 외부 행동방침 또는 새로운 전략은 어느 정도로 필요한가? 직원이나 조직 자체의 내부적 변화는 어느 정도로 필요한가?

이에 대한 논의는 홈데포의 2007년 상황으로 되돌아가 시작해보

그림 4-1 | 속도 저하의 위기

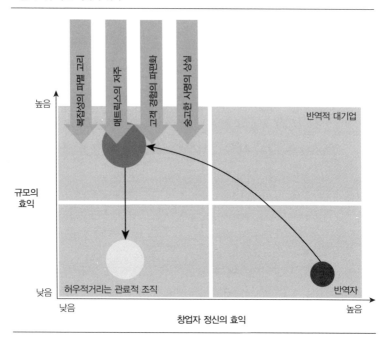

자. 당시 홈데포는 7년 동안 시장 가치의 55퍼센트를 상실하며 깊은 수렁에 빠져 있었다. 홈데포 이사회의 최장수 임원인 그레그 브레네만은 최근, 2007년 당시의 홈데포 상황을 이렇게 요약해주었다. "기업의 토대에 커다란 균열이 생긴 겁니다. 그 균열이 점점 커지고 있었는데, 원인은 외부적인 것이 아니라 내부적인 것이었고 그래서 통제가 가능한 것이었지요."

창업자 정신 되살리기

논란이 많았던 CEO 로버트 나델리가 2007년 퇴임한 후 이사회는 프랭크 블레이크를 그 자리에 앉혔다. 블레이크는 CEO로 취임하자마자 고객 경험의 경시와 현장 직원들의 영향력 상실 문제를 다뤄야 한다는 것을 즉시 깨달았다. 그 문제가 기업의 창업자가 고취해놓은 강점을 약화시켰던 것이다. 그리하여 그는 고객과 직원 양쪽 모두에게 현장 경험이 다시금 인긴적인 것이 되도록 하는 것을 자신의 최우선 과제로 삼았다.

블레이크는 취임 일성으로 크고 명료한 한 가지 메시지를 공표했다. '창업자 정신의 부활'이 바로 그것이었다. CEO 업무 개시 첫날 그는 홈데포 사내 텔레비전 방송을 통해 임직원들을 대상으로 취임 연설을 했는데, 홈데포 창업자들의 책인 《맨손으로 구축하다Built from Scratch》를 폭넓게 인용했다. 그는 특히 책에 소개된 2개의 도표를 중점적으로 이야기했다. 하나는 그들의 핵심 가치를 강조하는 도표였고, 다른 하나는 기업의 일선 현장을 역삼각형의 맨 꼭대기에 놓고 그 중요성을 강조한 도표였다. 여기서 일선 현장은 고객과 직원이 상호작용하고 소통하는 매장을 말한다.

브레네만은 이처럼 강조점이 변화하는 것이 어떤 중요성을 갖는지를 이렇게 이야기했다. "블레이크가 취한 첫 번째 조치는 바로 창업자인 버나드 마커스와 아서 블랭크, 이 두 분을 껴안는 것이었습니다. 그는 실제로 매장 관리인 회의에 전설적인 버나드 마커스를 대동하고 나타났는데, 그때 모두가 느낄 수 있었지요. 이제부터 모든 게 바뀌겠다는 것을 말입니다."

프랭크 블레이크의 초기 중요 구상 중 다수는 '오렌지 에이프런 컬트Orange Apron Cult', 즉 고객에게 조언을 제공하는 매장 직원 그룹에 다시 권한을 부여하는 데 초점이 맞춰졌다. 또한 블레이크는 마커스의 제안에 따라 신분을 감추고 매장들을 방문하기 시작했다. 자칭 '스파이 임무'에 돌입한 것이다. 이 첩보 활동으로 그는 매우 귀중한 교훈을 얻었고, 그래서 임원들에게도 주기적으로 매장에 나가 일할 것을 지시했다. 그것은 간부들 대부분이 한 번도 해본 적이 없는 일이었다.

블레이크는 그러고 나서 상호 공조적인 일련의 기업 재건 구상을 도입했다. 조직에 구조조정을 가하고, 위기가 전개될 때 문을 연 다수의 적자 매장을 폐쇄하고, 홈데포 공급 사업체를 매각했으며, 홈데포 엑스포라는 이름의 팬시 가전제품 사업을 접는 조치였다. 간단히 말하면 핵심 매장에 집중하면서 성장하기 위해 본질만 남기고 몸집을 줄인 것이다. 블레이크는 또한 기업의 유통망을 대대적으로 정비하여 재고를 줄이고, 매장의 재고관리 업무를 단순화하기 위해 19개의 지역별 유통센터로 구성된 네트워크를 구축했다. 재고관리 업무 단순화는 매장 직원들이 그만큼 더 많은 시간을 고객 서비스에 집중하게 하기 위한 것이었다. 더불어 블레이크는 직원 보너스 기금

을 6배 늘렸고, 베테랑 직원들을 일부 재고용했으며, 점장들에게는
나델리 이전 시절로 되돌아가 고객에게 각별한 주의를 기울인 직원
들에게 명예 배지를 달아주라는 지시도 내렸다.

지금부터 8년 전 홈데포는 속도 저하에 직면해 자유 낙하 국면
을 향해 치닫고 있었다. 하지만 현재는 블레이크의 창업자 정신 부
활 전략 덕에 직원들이 활력을 되찾았고, 고객 경험도 인간적인 부
분을 되찾았다. 핵심 원칙을 회복함과 함께 기업의 주가도 다시 뜨
겁게 달아올라 주당 20달러에서 120달러 이상으로 뛰었다(그림 4-2
참조).

그림 4-2 | 홈데포의 속도 저하와 회복

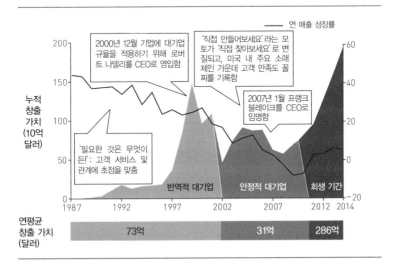

내부 전략 게임의 중요성

홈데포 사례와 같은 대기업의 속도 저하는 놀라울 정도로 흔한 현상이다. 앞으로 15년 동안 전 세계의 연 매출 수십억 달러 기업 3개 가운데 2개는 속도 저하에 직면하거나 파산하거나 다른 기업에 인수되거나 분할될 것으로 전망할 수 있다. 게다가 속도 저하에 처한 기업들의 회생 성공률은 7개 가운데 1개꼴로 낮다(그림 4-3 참조). 이러한 결과는 미국 500대 상장기업의 50년(1955~2005년) 행적을 추적한 CEB의 발표 내용과도 맥을 같이한다. 속도 저하의 비용은 곧장 경제적 손실로 전환된다. 예를 들면 속도 저하 기업 10개 가운데 거의 9개가 자신의 시장 가치를 반 이상 상실한다.[1] 이것이 직원 퇴직연금의 가치와 투자수익률, 일류 인재들의 경력 전망 등에 얼마나 지대한 영향을 미칠지를 한번 상상해보라.

회생에 성공하는 기업은 대개 핵심 사업을 좁히거나 단순화하거나 재건하고, 기업이 가장 잘나갈 때 보유했던 몇몇 특성을 회복함으로써 목적을 달성한다. 속도 저하 사례의 3분의 2 이상에 해당하는 문제는 새로운 사업 모델의 등장이나 게임 규칙에 구조적 변화를 일으키는 새로운 기술의 부상과는 그다지 관계가 없다. 대개 그 문제는 내부적인 것이다.

복잡성은 속도 저하를 초래하는 가장 흔한 원인이다. 이것은 어느 정도 성장한 기존 대기업이 겪는 문제다. 빠르고 젊은 반역적 기

그림 4-3 | 속도 저하와 회복의 빈도

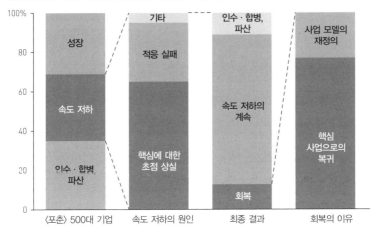

〈포춘〉 500대 기업의 1998년 성과(1998~2013년 추적 조사)

업은 전보다 더 빠르게 시장 지분을 늘려가기 때문에 속도 저하에
걸리지 않는다. 주요 기업들의 임원 중 절반 이상은 자신들의 주요
경쟁자가 5년 후에는 다른 업체로 바뀌어 있을 것으로 믿는다. 참신
한 신기술로 무장한, 더 단순하고 더 어리고 더 빠른 업체가 경쟁자
로 부상할 것이라는 얘기다.

이는 역사학자 니얼 퍼거슨Niall Ferguson이 《복잡성과 붕괴Complexity
and Collapse》에 쓴 내용을 떠올리게 한다. "복잡한 시스템에서 상황이
잘못 돌아가면 그 파괴의 규모는 거의 예측을 불허한다." 퍼거슨은
계속해서 "전체 경제가 안정된 상태에서 돌연 불안정한 상태로 이

동"한다고 적고는, 그 증거로 역사상 제국들의 놀랍도록 급격한 붕괴를 예로 들었다. 예컨대 1700년대의 프랑스는 4년, 1900년대 초의 오스만제국은 5년, 1900년대 중반의 대영제국은 10년 미만, 1900년대 후반의 소련은 5년 사이에 무너졌다. 퍼거슨은 내부를 구성하는 각 부분이 갈수록 조화를 이루지 못하고 불화를 빚는 방식으로 행동하기 시작할 때 복잡한 시스템의 붕괴가 가속화된다고 결론 짓는다. 나름의 제국적 지위를 확보한 기존 대기업들에 대해 우리가 발견한 내용과 아주 깔끔하게 맞아떨어지는 결론 아닌가.[2]

그렇다면 복잡한 대기업은 이 운명을 어떻게 피해야 하는가? 어떻게 해야 반역성을 계속 살리면서 업계의 혁명적 반항아에서 업계의 유력한 대기업으로 변모할 수 있을까? 내부에 집중하는 것이 정답이다. 그래야 속도 저하의 근원을 찾아 해결할 수 있다.

우리는 막 시작된 속도 저하 상황을 역전시키거나 사전에 예방하기 위해 리더들이 취하는 행동을 검토했다. 그 결과 그러한 일련의 행동이 종종 창업자 정신의 부활을 추구한다는 사실을 발견했다. 다만 그 경우 창업자 정신의 세 가지 요소 모두에 동시에 초점을 맞추는 것이 아니라 한 가지 요소에만 집중하는 방식이 주를 이룬다.

반역성 재점화하기

놀랍도록 역동적인 시장에서 활동하는 기업들은 성장하며 복잡성을 키우는데, 그 과정에서 사업의 반역성에 대한 명확한 인식을 상실하기 때문에 속도 저하에 직면한다. 사람은 원래 복잡성을 통제하는 데 어려움을 겪는다. 그래서 집집마다 더는 필요치 않은 물건들로 가득 차고, 일정표가 나와 별로 관련 없는 활동들로 채워지는 것이다, 기업들, 특히 역동적인 업계에 종사하는 기업들 역시 이와 똑같은 문제를 겪는다. 프로젝트, 자산, 활동, 사업부문, 프로세스 등을 더해가기만 할 뿐 좀처럼 덜어내는 일이 없다. 그 결과 초점이나 활력을 잃게 되고, 진정으로 중요한 것의 명확성이 약화되는 것이다. 직관에 반하는 것으로 들릴지 모르지만 초점을 새롭게 하고 반역의식에 다시 불을 붙이는 최상의 방법은 새로운 사명을 정교하게 만드는 것이 출발점이 아니다. 묶어두었던 자원을 풀고, 헌신을 보여주며, 초점을 좁히는 과감한 행동에서 출발해야 한다. 그렇게 행동을 취하고 나면 그 바탕 위에서 새로운 사명을 실현할 수 있는 것이다.

복잡성과 그 비용에 공격을 가하라

속도 저하에 처한 대기업은 다른 무엇보다 먼저 사업 포트폴리오를 단순화하고, 묶어둔 자원을 풀며, 비핵심 프로젝트를 중단해야 한다. 우리는 베인앤드컴퍼니의 도움으로 속도 저하의 늪에서 탈출하여 부활에 성공한 10개 기업을 연구했다. 그 과정에서 우리는 그들 '모두'가 사업 운영 비용을 최소 8퍼센트에서 25퍼센트 이상까지 줄였음을 발견했다. 이런 조치는 재정 상태를 개선하고 운영을 원활하게 할 뿐 아니라 진정한 변혁에 자금을 대고 사업을 재정립할 역량을 획득할 수 있게 해준다. 이는 속도 저하에 처한 대기업이 당면한 과제이기도 하다. 진정한 변혁을 이루고 사업을 재정립해야 새롭고 반역적인 경쟁자들과 맞서 싸울 수 있다.

더욱 폭넓게 말하면 우리는 다년간의 경험을 통해 복잡성을 공략하는 최상의 방법은 위에서부터 아래로 가지치기를 해나가는 것임을 배웠다. 여기에는 순서에 따른 몇 가지 단계별 접근방식이 요구된다. 먼저 비핵심 자산과 사업을 포트폴리오에서 덜어내야 한다. 그런 다음에는 남은 사업에 대해 더 단순한 전략을 개발해야 하고, 그런 연후에 조직과 핵심 프로세스의 복잡성에 대한 공격을 개시해야 한다. 그리고 마지막 단계는 제품 제공과 공급 업체, 제품 디자인 등에 축적된 복잡성을 공략하는 것이다. 우리는 이 순서를 거꾸로 적용하여 변혁을 시도하던 팀도 여럿 봤다. 하지만 그들은 결국 변혁을 진정으로 촉진하는 어떤 것에 이르기는커녕 갈수록 더 깊은 늪에 빠져버리고 말았다. 변혁을 진정으로 촉진하는 어떤 것이 무엇이겠는가. 바로 높은 수준의 복잡성과 비용을 줄이면서 조직 전체에 반역성을 되살려놓는 것이다.

이 접근방식이 얼마나 효과적인지 확인하는 차원에서 시스코Cisco의 사례를 살펴보자.

인터넷과 실리콘밸리의 급부상을 시스코만큼 완벽하게 대변하는 기업도 별로 없다. 레오나드 보삭Leonard Bosack과 샌드라 러너Sandra Lerner 부부는 스탠퍼드대학교에서 일하다가 1984년에 시스코를 창업했다. 시스코는 서로 다른 컴퓨터가 부드럽게 소통하도록 돕는 네트워킹 장비인 라우터Router를 최초로 출시한 기업이다. 오늘날 우리가 이용하는 월드와이드웹과 인터넷의 열쇠를 마련해준 셈이다. 시스코의 라우터와 스위칭 허브Switching Hub는 산업 표준이 되어 곧 전 세계 시장의 약 60퍼센트를 점유했고, 그런 수준의 선두 지위를 무려 30년 동안이나 유지했다. 1995년에는 존 챔버스John Chambers가 CEO로 취임하여 이후 2005년까지 연평균 27퍼센트를 웃도는 놀라운 성장률을 기록했다. 그러는 가운데 시장 가치가 무려 5,500억 달러를 넘어서는 수준으로 커져 지구상에서 가장 가치가 높은 기업이 되었다. 시스코는 과부하의 위기를 거침없이 뚫고 나가며 막대한 규모로 성장했다. 시장에서의 리더 자리를 보유한 채 경영과 시스템을 전문화했으며, 10년 이상을 안정적 대기업으로 군림했다.

그러나 기술 시장에 속한 기업이 으레 그렇듯이 상황이 돌변해버렸다. 화웨이Huawei와 VM웨어VMware, 주니퍼시스템즈Juniper Systems,

아리스타Arista 등과 같이 창업자가 직접 이끄는 새로운 반역자들이 부상하기 시작했다. 그들은 빠르고 집중적이며 유연했다. 더 값싼 하드웨어와 더욱 정교해진 소프트웨어가 등장했고, 이것들은 이익 풀을 새로운 기술과 장비, 소프트웨어 쪽으로 이동시켰다. 모바일 기술 역시 경기에 참여해 게임의 성격을 바꿔놓기 시작했다. 결과적으로 2005년 이래 시스코의 성장률은 7퍼센트대로 떨어졌고, 우려를 느낀 투자자들의 꾸준한 이탈로 시장 가치도 점차 하락했다. 그리하여 오늘날 시스코의 시가총액은 한창때의 3분의 1 수준에도 못 미치는 1,400억 달러 내외다.

시스코의 전임 최고운영책임자COO 게리 무어Gary Moore는 당시 기업이 처했던 상황을 이렇게 설명했다.

— 여전히 높은 수익을 올리며 성장하고 있었는데도 기업 안팎으로 몇몇 플랫폼이 화염에 휩싸이기 시작했어요. 변혁이 필요한 상황이 된 거지요. 외부적으로는 우리의 성장률이 감소하며 목표치에 미달하기 시작했고, 결과적으로 주가도 하락했어요. 그냥 방치하면 기업의 시장 가치가 현금 가치 아래로 떨어지는 상황이 전개될 수도 있었습니다.

게다가 우리의 투자 포트폴리오가 매우 복잡해진 탓에 핵심 사업의 몇몇 주요 프로젝트에 제대로 자금을 대지 못하고 있었습니다. 플립형 휴대전화 같은 사업을 포함해서 무려 56개의 인접 사업에 투자하고 있었거든요. 그 부문들의 성장을 촉진하느라 정작 돈을 써야 하는 부문에는 소홀했던 겁니다. 연구개발에도 매출의 10퍼센트가 넘는 50억 달러를 쏟아붓고 있었지만, 이것은 투자 포트폴리오로 인식되지 않았고 그래서 제대로 관리가 되지 않았습니다. 당시 우리는 이사들과 자문 및 집행위원들이 함께 참여하는 대규모 '협의회'에서 의사결정을 했습니다. 그런데 거기서 이 중요 안건들을 합리적으로 처리할 수 있는 결정을 거의 내놓지 못했습니다. 사실싱 과기의 성장 전략을 고수하느라 다수의 새로운 인접 사업에 너무 많은 에너지를 빼앗기고 있었지요. 그래서 우리 기업 최고의 엔지니어 상당수는 기업의 현금흐름 대부분의 원천인 우리의 핵심 사업이 위대한 미래를 약속하지 못한다고 느꼈습니다. 실제로 일부는 기업을 떠나기까지 했어요. 실리콘밸리에 훌륭한 시스코 출신 엔지니어들이 그렇게 많은 이유 중 하나가 바로 이겁니다.

당시 시스코는 핵심 사업에 충분한 투자를 하지 않았던 겁니다. 모두가 '밝게 빛나는 새 물건'만 뒤쫓았죠. 심지어 고객들로부터 우리가 경쟁사들보다 더욱 열의를 보일 필요가 있다는 피드백을 받기도 했습니다. 한마디로 우리는 여전히 핵심 사업부문에서 강력한 리더였지만 기업 안팎의 각종 지표는 당장 무언가 조치를 취해야 한다고 외쳐대고 있었던 겁니다.[3]

무어와 그의 팀은 조치를 취하기 시작했다. 우선 각종 프로세스를 단순화했고, 털어내야 할 비핵심 사업과 자산을 파악했으며, 예산 편성과 지출을 제로베이스 체제로 바꾸었다. 이 모든 것이 그들이 마련한 ACT, 즉 시스코 변혁 가속화Accelerated Cisco Transformation 프로그램의 일부였다. 그들은 이 ACT 프로그램이 곧 스스로 필요 자금을 조달하는 형태를 띨 것이라고 주장했다. 이 프로그램의 목표는? '단순화와 권한 부여 그리고 책임의식 강화'였다. 창업자 정신에 내재된 요소들과 다르지 않은 목표다.

그들이 어떻게 일을 진행했는지 더 구체적으로 살펴보자. 먼저 그들은 단순화와 비용 절감, 속도에 초점을 맞춘 8개의 주요 구상을 발의해 고위급 임원들에게 하나씩 책임을 맡겼다. 그리고 사업 각 부문 및 단계의 핵심 주자들과 접촉해 상황에 대한 그들의 진단 평가와 개선을 위한 아이디어를 수집했다. 여기서 핵심 주자들은 일선 세일즈맨과 엔지니어, 공급 업체, 협력사, 최첨단 고객 등을 말하며 의견 수렴을 위한 이와 같은 대화는 지금도 계속되고 있다. 시스코는 이 대화의 초점을 신상품 개발 주기를 줄이는 최상의 방법을 찾는 데 맞춰왔다. 최근 몇 년 동안 반역적이고 빠른 공격자들이 가하는 위협이 갈수록 거세지고 있기 때문이다.

경영진과 일선 핵심 주자들 간 연결의 중요성을 강조한 ACT 프로그램을 통해 시스코는 제품 개발 프로세스를 개량하고, 새로운 프로세스 관리 소프트웨어를 만들어냈으며, 단축된 주기 체계에 전문

지식을 갖춘 엔지니어들을 고용했다. 그리고 이러한 조치로 효과를 보고 있다. 무어에 따르면 몇몇 제품 분야에 이들 계획을 실행한 후 시스코는 과거에 3~5년 걸리던 제품 개발 주기를 18개월로 단축하는 성과를 거두었다. 오늘날 시스코는 이 부문에서 다시 업계 표준을 세웠다고 자부하고 있다.

4년 전 ACT 프로그램을 가동한 이래 시스코는 더 빠르고 더 날렵해졌으며, 초점도 더 좁고 명료해졌다. 직원 및 고객 만족도 지수도 올랐다. 매출 규모가 4년 전보다 15퍼센트 커졌지만 직원 수는 오히려 줄어들었다. 주가는 4년 전에 비해 2배로 오른 상태이고, 이윤도 4퍼센트포인트 증가해 거의 30억 달러에 달하는 이익을 내고 있다.

과거의 반역성을 재발견하라

기업이 조직을 재편성하고 자원을 재배치하고 성장세를 회복하기 위해 몸집을 줄이면, 종종 원래의 반역성이 지녔던 힘을 재발견하고 그것을 추진하는 일에 새롭게 전념할 수 있게 된다. 이것이 바로 호주에서 가장 오래된 신탁회사 퍼페추얼Perpetual에 일어난 일이다. 퍼페추얼은 운영 비용을 20퍼센트 줄이고 비핵심 사업들을 제거함으로써 부활에 성공했다. 그러한 결과는, 한 업계 관계자의 말을 빌리자면, "호주의 금융 서비스 산업 역사상 가장 큰 변혁"이었다.

퍼페추얼은 1886년 호주의 부유한 엘리트들을 위해 자산을 관리해주는 신탁회사로 사업을 개시했다. 그리고 그 일을 매우 잘 해서 호주 최대의 신탁회사로 빠르게 성장했다. 퍼페추얼은 1세기가 넘게 호주 시장에서 선두 자리를 유지했다. 하지만 성장하는 과정에서 11개의 새로운 사업 분야로 진출하며 사업을 다각화했고, 창립 125주년을 맞이하던 2011년 무렵 퍼페추얼은 수렁에 빠진 상태가 되었다. 주가는 주당 최고가 84달러에서 단 5년 만에 80퍼센트가 빠져 주당 19달러에 거래되고 있었으며, 이익도 75퍼센트나 하락했는데 여전히 바닥이 보이지 않는 상황이었다. 주주들은 공개적으로 대규모 점검을 요구했고, 퍼페추얼은 세 번째 CEO 제프 로이드Geoff Lloyd가 12개월째 운영하고 있었다.

로이드는 취임 초기부터 퍼페추얼의 상태에 대해 크게 우려했다. 그의 말을 들어보자.

━ 와서 보니까 내부적으로는 경쟁이 심한 반면 외부적으로는 협조가 잘되는 조직이었어요. 그 반대로 돌아가야 하는 시점에 말이지요. 우리가 성장하지 못하는 이유를 내면화하는 데 지나치게 집중하면서 서로를 비난하며 책임을 떠넘기고 있었습니다. 그렇게 하는 대신 밖으로 나가서 우리 고객들이 경쟁력을 갖추도록 도왔다면 더 나았을 텐데요.

11개에 달하는 새로운 사업에 뛰어들면서 조직이 믿을 수 없을 정도로 복잡해졌는데, 그 새로운 사업부문 대부분에서 시장의 리더

자리를 확보하지 못하고 있었지요. 우리 회사에 더는 장기 전략도 없는 것 같았고, 우리가 나아가는 방향과 관련해서도 다들 의견이 다른 것처럼 보였어요. 성공적이지 못한 사업 다각화가 결국 우리의 자신감을 앗아갔고 서로에 대한 불신만 안겨주었습니다. 복잡성에 휩싸여 머뭇거리게 되었고, 내부적으로 너무 집중하면서 조직으로서 확신이 없는 상태가 된 겁니다.

이런 상황이 우리를 느리게 결정하고 느리게 반응하도록 만들었습니다. 그렇게 상기긴 헤맨 결과로 이제 방향을 제대로 잡을 시간조차 별로 없는 상황이었습니다. 더욱이 우리 조직을 예의주시하던 사모펀드회사들의 추가적인 압박도 만만치 않았습니다.[4]

로이드는 먼저 진상을 조사한 뒤, 퍼페추얼을 구하려면 핵심 사명으로 되돌아가야 한다는 결론을 내렸다. 100여 년 전에 창업자들이 정의한 그 핵심 사명으로 말이다. 창업자들의 핵심 사명은 호주의 부를 보호하는 것이었다. 로이드는 그 목표를 이루려면 퍼페추얼을 '더 빠르고 자신감이 넘치며, 무엇보다도 더욱 단순하게' 만들어야 한다고 생각했다. 그러려면 즉각적인 '개심수술開心手術'을 단행해야 했다. 심장을 절개하여 내부를 직접 눈으로 보면서 수술하는 것과 같은 수준의 내부 개혁이 필요하다는 의미다.

로이드는 경영팀 멤버 열한 명 가운데 열 명을 과거의 결정과 이해관계가 없는 인물들로 교체했다. 그렇게 경영팀부터 정비한 후 그는 '변혁 2015' 프로그램을 가동했다. 다섯 가지 주요 프로젝트 세트로, 모든 수준에서 복잡성을 급진적이고 신속하게 줄이기 위해 특별 프로그램 책임자의 감독하에 진행하는 프로젝트였다. 그중 하나가 '포트폴리오' 프로젝트로 퍼페추얼이 운영하는 사업부문의 수를 11개에서 3개로 줄였다. 당시 11개 사업부문 중 2개 부문에서 수익의 95퍼센트를 올리는 상태였다. 또한 이 과정을 통해 보유 부동산 절반을 팔고, 대대로 내려온 펀딩 체계 100여 개를 제거했으며, 독립법인의 수를 60퍼센트 줄였다. 그 외에 '운영 모델' 프로젝트를 통해서는 본사 직원을 50퍼센트 이상 줄였다.

　로이드와 그의 팀은 또한 '변혁 2015' 프로젝트의 하나로 조직 곳곳의 비용 점검에 나섰다. 그 결과 총비용의 60퍼센트가 관리부서나 부차적 업무를 지원하고, 불필요한 일들을 통제하거나 확인하는 데 쓰인다는 사실을 발견했다. 거꾸로 말하자면 자사의 핵심 활동인 세일즈와 고객 서비스, 투자 등에는 예산의 고작 40퍼센트만 할애하고 있었던 것이다. 조직 깊숙한 곳까지 샅샅이 훑은 로이드와 팀은 회사가 서로 다른 3,000여 개의 컴퓨터 시스템과 애플리케이션에 의존하고 있다는 사실도 알아냈다. 놀랄 것도 없이 직원들은 평균적으로 월 5회 이상 회사 안팎의 기술지원팀에 도움을 청하고 있었다. 이는 비효율의 전형적인 모습이라 할 수 있다.

　사업체와 관료체제, 직원, 비용, 컴퓨터 시스템 및 애플리케이션과 관련한 불합리성을 없애는 것은 로이드의 변혁 계획에서 핵심적인 내용이었다. 그런데 중요한 것은 그와 그의 팀이 회사의 핵심에 투자하고 시장 점유율을 높이는 긍정적인 계획에도 동시에 초점을 맞췄다는 사실이다. 내부 구조조정으로 속박이 풀린 재원을 이용해 더트러스트컴퍼니The Trust Company를 인수한 것이 그 대표적 행보다. 이는 회사의 핵심인 자산관리 사업에서 시장 점유율을 높이려는 조치였다. 변혁팀은 또한 제반 과정에 직원들, 특히 일선 현장 직원들의 참여를 적극 유도했다. 로이드는 일반 직원들과 자주 모임을 갖고 회사의 상황과 앞으로의 계획, 회사의 핵심 가치 등을 논의했다. 전에는 퍼페추얼에서 한 번도 본 적이 없는 행사였다.

로이드의 얘기를 들어보자. "우리는 단어 하나하나에 공을 들여가며 우리의 사명과 전략을 정립했습니다. 이제 우리 직원들은 우리의 비전과 함께 살고 함께 숨 쉽니다. 그 비전은 바로 호주에서 가장 크고 가장 신뢰받는 독립 자산관리회사가 되는 겁니다. 우리는 '원퍼페추얼One Perpetual'이라는 이름으로 한 쪽짜리 전략 선언문을 만들었습니다. 단순화한 기준들과 투명성에 대한 초점을 명시한 것입니다. 우리는 원퍼페추얼과 우리의 가치관에 어긋나는 행위를 하는 직원에 대해선 책임을 묻습니다. 물론 가치관을 고양하는 행동에 대해선 축하하고 포상합니다. 그에 맞춰서 보상 시스템도 개정해났습니다."

로이드의 전략들은 서로 시너지 효과를 일으키며 놀랍도록 멋진 기업 회생을 이끌었다. 주가는 로이드가 경영을 맡던 시점의 저점에서 2배로 올랐고, 직원들의 조직 몰입도도 40퍼센트에서 60퍼센트로 올랐다. 퍼페추얼은 핵심 시장에서 점유율을 꾸준히 높이고 있으며, 순익도 3배로 뛰었다.

이 스토리의 교훈은 단순하지만 중대하다. 속도 저하의 위기에 빠진 기업이 구제와 회생의 길로 나아가는 비결은 복잡성과 비용에 대한 급진적이고도 신속한 감축이라는 것이다. 이러한 역전을 이루려면 조직 전체에 걸쳐 복잡성을 제거해야 한다. 그래야 세 가지 측면 모두에서 반역성을 되살릴 수 있다.

현장 중시 관점 되살리기

속도 저하 상황을 역전시키는 또 다른 접근방식은 먼저 일선 현장부터 새롭게 한 다음 본부로 거슬러 들어오는 것이다. 이는 사업의 경쟁 방식에서 고객과의 친밀성이 긴요한 역할을 하거나 일선 현장의 몰입도가 조직의 지속적인 성장에 특히 중요한 기업들이 선호하는 경로다. 이 장의 시작 부분에서 확인했듯이 홈데포는 그 일을 매우 잘 수행했다. 이제부터 살펴볼 다국적 기업 3M의 예도 마찬가지다.

잃어버린 과거의 모범 성과를 재발견하라

때로는 창업자들이 애초에 실로 모든 것을 제대로 정립해놓기도 한다. 2005년 조지 버클리 경Sir George Buckley이 3M을 맡자마자 깨달은 게 바로 이것이다.

2005년 무렵 3M은 접착제와 연마제 사업에서 한 세기 이상 선두 자리를 유지해오고 있었다. 연구개발에 대한 꾸준한 투자 덕분에 3M은 혁신을 지속적인 핵심 경쟁우위의 하나로 만들 수 있었다. 포스트잇 메모지와 스카치 브랜드의 테이프, 광학필름 등과 같은 3M의 상징적인 제품은 모두 그 기업이 장기간 대기업 지위를 누리는 동안 자사 연구소에서 나온 것들이다.

그렇지만 2005년경 3M은 방향과 마력, 심지어 자신감까지 잃기 시작했다. 오랜 기간 핵심 역할을 해온 접착제와 연마제 사업에서 계속 성장 잠재력을 도출할 수 있으리라 확신할 수 없었던 경영진은 사업 포트폴리오에서 상대적으로 더 새로운 두 가지에 집중하기 시작했다. 제약과 광학필름이 바로 그것이다. 그 과정에서 핵심 부문의 연구개발을 20퍼센트, 설비투자를 65퍼센트 줄였다. 하지만 그로 인해 핵심 사업의 시장 가치가 12퍼센트 감소했으며, 개발 중인 신제품의 비율도 역대 최저치로 떨어졌다. 직원들의 사기도 저하되었는데, 특히 일선 직원들과 주요 제품 개발자들의 사기 저하가 심했다. 그들은 갈수록 재무와 관련한 보고를 자주 요구받았고,

사내 분위기에서도 유연성이 사라져 속박당한다는 느낌을 강하게
받았다.

그래서 버클리가 구원투수로 호출된 것이다. 그는 경력 대부분을
다국적 기업을 운영하면서 쌓아온 사람이었다. 버클리는 거의 즉각
적으로 3M의 문제가 내부적인 것이라고 진단을 내렸다. "당시 우리
기업은 핵심 부문에서 자신감과 투지를 모두 잃은 상태였습니다. 엔
지니어들과 연구개발 담당자들이 거부당한다는 느낌을 받아 크게
낙심하고 있었습니다. 그들이야말로 3M의 영웅이었는데 더는 존중
받지 못했던 겁니다. 아니, 오히려 저하된 성장률에 대해서 비난을
받는 상황이었습니다. 한창때 3M은 개발된 지 5년 미만의 신제품에
서 매출의 30퍼센트를 올렸는데, 내가 취임했을 때는 그 비율이 8퍼
센트에 불과했지요. 늘 성공을 거두던 혁신과 차별화 게임에 계속
몰두했어야 하는데 언제부턴가 비용 게임을 벌이고 있었던 겁니다.
우리의 핵심 시장은 연평균 3.5퍼센트 성장하고 있었는데, 3M은 그
런 시장에서 1.5퍼센트밖에 성장하지 못했으니…. 거의 뭐, 기업을
아사 직전으로 몰아가고 있었던 셈이지요. 근본적으로 심리와 운영,
재정 측면에서 산산조각이 나고 있었습니다."[5]

버클리는 3M을 그 핵심 사명과 이전의 최고 성과 수준으로 되돌
려놓기 위해 빠르게 움직였다. 그의 표현을 빌리자면 기업을 "핵심
사업부문의 혁신을 중시하는 세계로" 되돌리는 것이었다. 그는 제
약 사업을 매각하고 일선 엔지니어들에게 권한을 다시 부여하는 데

초점을 맞췄다. 닫혀 있던 연구소들의 문을 다시 열었고, 엔지니어들에게 주 1일 온전히 자신의 아이디어만 테스트하도록 허용하던 정책을 부활시켰으며, 기술직원들이 자체적으로 포럼을 조직해 새로운 아이디어를 토의하도록 장려했다. 버클리는 각 직급의 직원들과 수천 번에 달하는 회합을 가졌고, 수백 개에 달하는 공장을 일일이 방문했다. 그는 자신이 하는 모든 일에서 가능한 한 조직 깊숙이 자기 확신과 권한 의식, 내부적 기업가 정신을 불어넣기 위해 전력을 다했다.

결과는 매우 인상적이었다. 버클리가 3M에서 은퇴하던 2012년 직원들의 조직 몰입도와 만족도는 2배 이상으로 뛰었고, 핵심 부문의 성장률은 마이너스 수준에서 7퍼센트로 올랐다. 그리고 5년 미만 신제품에서 나오는 매출의 비율이 다시 30퍼센트를 넘어섰다. 은퇴 무렵 버클리는 3M을 위대하게 만들었던 요소를 복원시켜준 데 대한 직원들의 감사 편지를 무려 3,200통이나 받았다. 그리고 마지막 날, 사무실 밖에서 1,200명의 직원이 떠나는 그와 악수를 하기 위해 기다렸다. 창업자의 독창적 통찰력이 지닌 힘에 대한, 그리고 창업자 정신이 지닌 힘에 대한 감동적인 증거다.

우리는 그와 대화를 나누면서 그가 무엇보다도 3M이 지닌 위대한 엔지니어링 유산과 특히 최전선 참호에서 지칠 줄 모르고 일하는 수천 직원들에 대한 깊은 책임감, 거의 종교적인 책임감이 그에게 동기를 부여했다는 것을 감지할 수 있었다. 궁극적으로 모든 것을 가능하게 한 사람들이 바로 일선 직원들이었다.

위대한 창업자와 리더들은 늘 이런 존경심과 책임의식을 물씬 풍긴다. 버클리가 3M에서의 시간에 대해 말한 내용은 우리가 다른 리더들에게 들은 바와 별로 다르지 않다. "나는 그저 무엇이 옳고 무엇이 그른지에 대한 모종의 깊은 느낌에 사로잡혔던 겁니다. 돌아보면 책임감이 컸던 듯합니다. 이 위대한 기업의 유산에 완전히 헌신해야 한다고 느꼈습니다."

주인의식 재창조하기

때로는, 특히 핵심 직원들이 여러 자율적인 단위에 퍼져 있는 사업과 고감도 서비스 사업에서는, 일선 현장 직원들에게 다시 초점을 맞추고 다시 권한을 부여하며 다시 활기를 북돋우는 것이 속도 저하를 공략하는 최상의 접근방식이다. 우리가 이 책의 앞부분에서 인용했던 주목할 만한 사실을 떠올려보길 바란다. 권한을 부여받고 참여의식을 느끼는 직원, 다시 말해서 주인의식을 느끼는 직원이 그렇지 않은 직원보다 문제에 대한 해결책이나 혁신적인 아이디어를 5배 더 자주 제시한다는 사실 말이다.

주인의식의 재도입은 아래로 부는 바람에 맞서고 속도 저하를 피하는 강력한 기법이다. 그리고 거기에는 몇 가지 방법이 있다. 하나는 조직 내부에 기업가 정신을 배양하고, 리더 직급의 조합에 변화를 가하며, 새로운 롤모델을 만들고, 주인의식을 높이는 데 도움이 되는 '미니 창업자' 경험을 하게 해주는 것이다. 또 다른 방법은 조직 자체의 소유권에 실질적인 변화를 주는 것이다. 극단적인 경우 이것은 비상장기업으로 전환하는 것을 의미한다. 즉 개인 기업으로 전환하거나 전문적인 사모펀드 파트너를 영입하거나 아니면 둘 다를 행하는 것이다.

지금부터 이들 접근방식을 하나하나 살펴보자. 조직 밖으로 나가 젊은 기업을 인수한 후 그 창업팀을 더 큰 사업에 생산적으로 활용하는 아이디어부터 시작한다. 많은 기업이, 특히 시스코나 이베이 eBay 같은 기술 주도 사업에 종사하는 기업들이 이를 성공적으로 수행해왔다. 실증 차원에서 이베이의 사례를 소개하겠다.

외부로 나가 내부를 바꿔라

존 도나호John Donahoe는 이베이의 CEO 자리를 맡자마자 몇 가지 거대한 도전에 직면했다. 대기업으로 성장한 초기 닷컴 기업들 가운데 하나로 거대한 성공 스토리를 자랑하던 이베이는 2008년 무렵 새로운 온라인 소매 경쟁사들과 자사의 사업 다각화 시도에 희생되어 극심한 속도 저하에 빠져들었다. 이베이의 사업 다각화에는 이동통신 기업인 스카이프Skype의 인수도 포함되었다. 이베이의 노화된 전자

상거래 경매 모델은 이제 경쟁에 취약해 보였고, 2004년 주당 59달러였던 주가는 급격히 떨어져 주당 10달러라는 최저치에 이르러 있었다.

도나호는 이베이를 다시 제대로 움직이게 하려면 무엇이 필요한지 깨달았다. 그는 이베이가 인수한 비핵심 사업체를 매각해야 했고, 전자상거래 플랫폼을 개·보수해야 했으며, 무엇보다도 사업의 초점을 오늘날 혁신의 거대 온상 중 하나인 모바일 상거래로 이동시켜야 했다. 그는 새로운 역량에 족집게식의 투자를 해야 할 필요성을 인식했고, 모바일이 그 최적지임을 이해했다. 그렇지만 모바일 영역에 성공적으로 진입하려면 혁신의 파이프라인을 갖추고 역량도 더욱 강화해야 했다. 그럴 수 있는 유일한 방법은, 그의 말을 빌리자면, "이베이를 젊은 기업가들로 가득 채우는 것"이었다.[6] 그래서 그는 속도 저하에 처한 기업을 돕는 방법에 대해 자신이 아는 바를 토대로 실행에 옮기기 시작했다. 성공하려면 때로는 "외부의 힘을 들여와 도움을 받아야" 하는 것이다.

이베이의 운전대를 넘겨받고 얼마 지나지 않은 시점부터 도나호는 3개월에 한 번꼴로 창업자가 이끄는 작은 기업을 인수하기 시작했다. 그는 특히 이들 새로운 창업자와 그들의 팀을 기업 내부로 끌어들이는 데 관심을 가졌다. 핵심 사업부문에 배치하여 그들의 반역적 기술을 규모 있게 응용하려는 의도였다. 도나호는 이렇게 말했다. "그 창업자들 다수는 우리의 접근방식을 좋아했습니다. 자신들의 혁신적 아이디어를 이베이에서 펼칠 수 있었기 때문입니다. 이베이의 전 세계 1억 3,000만 고객을 대상으로 말이죠."

당시 도나호가 영입한 창업자에는 마일로닷컴milo.com을 만든 스물다섯 살의 잭 에이브러햄Jack Abraham도 포함되었다. 마일로닷컴은 최저 가격의 상품이 있는 스토어를 찾아주는 회사였다. 도나호는 매주 금요일에 사내에서 서른 살 미만 리더들과 정례 회의를 해왔는데, 한번은 에이브러햄이 손을 들고 핵심 사업을 위한 중대한 혁신을 제안했다. 도나호는 그에게 해당 아이디어를 탐구하려면 무엇이 필요한지 파악해서 실행에 옮겨보라고 말했다. 회의가 끝나자마자 에이브러햄은 사내 최고 개발자 여섯 명을 찾아서 그날 밤 술자리를 가진 후 다음 날 2주 일정으로 호주로 떠나 모종의 시제품 개발에 매달려보자고 설득했다.

그들이 호주에서 개발해 가져온 시제품은 도나호의 넋을 나가게 했다. 그의 말을 들어보자. "정말 수년 동안 접하지 못한 최상의 혁신이었습니다. 만약 기업의 정규 제품팀에 이런 혁신을 요구했다면 수백 차례의 파워포인트 프레젠테이션과 2년 정도의 개발 기간, 그리고 4,000만 달러 정도의 예산 집행이 필요했을 겁니다. 그런데 이 친구들은 이른바 '창업자 정신'으로 무장하고 저 멀리 떠나더니 2주일 내내 잠을 줄여가며 작업해서는 시제품을 제작했습니다. 이 친구들은 사람들 대부분이 볼 수 없는 것을 봅니다. 그들은 만듭니다. 파워포인트 같은 걸 제작해보지도 않습니다. 그들은 그냥 만듭니다."

외부의 힘을 끌어들여 주인의식을 되살리는 이 전략은 다양한 기업에 훌륭한 성과를 안겨주었다. 물론 이베이의 회생에는 이 요소뿐 아니라 몇 가지 다른 요소도 작용했다. 그중 하나가 페이팔PayPal의 성공적인 분리였다. 이 분리에 힘입어 이베이는 더 독립적이 될 수 있었다. 창업자 정신을 강화하는 또 하나의 예다. 페이팔의 회장으로 가기 전까지 에이브러햄이 CEO로 일한 7년 사이에 이베이의 주가는 5배 올랐다. 이 접근방식은 분명 기존 대기업이 지속적으로 기술을 추가하고 새로운 역량을 키워야 하는, 빠르게 움직이는 시장에 종사하는 기업들에 가장 잘 맞는다. 또한 이 방식은 조직에 새로운 기업가적 활력을 창출하는 매우 효과적인 방법도 될 수 있다.

때로는 굳이 밖에 나가 도움을 청하지 않아도 된다. 창업자 정신을 불러오기 위해 밖으로 나가는 대신에 자체적으로 새로운 사업을 육성하여, 내부 인력이 '미니 창업자'로서의 경험을 쌓게 함으로써 기업가로 키울 수도 있다는 얘기다. 우리는 지금 기업이 내부 신생 조직들을 위한 환경을 창출하는 방법에 대해서 논하는 게 아니다. 그런 전략은 이미 다수의 경영서가 폭넓게 다루었고, GE를 위시하여 속도 저하에 처한 다수의 대기업이 문제 해결을 위해 장기적으로 채택한 바 있다. 앞에서 밝힌 것처럼 이 책에서 우리의 접근방식은 기업들이 단기간에 의미 있는 결과를 내기 위해 더 빠르게 실행할 수 있는 해결책에 초점을 맞춘다. 텔레노르 그룹Telenor Group이 우리의 요점에 딱 맞는 사례다.

내부 창업자를 창출하라

텔레노르 스토리는 2007년 시작된다. 로니 배키 내브달Ronny Bakke Naevdal이 신임 전략팀장으로 텔레노르 파키스탄Telenor Pakistan에 도착한 시점이다. 당시 텔레노르 파키스탄은 모바일 통신 업계에서 파키스탄 내 선두 주자로 성장힌 상데였다. 이는 동남아에서도 외국 자본의 경제 침투가 극심하기로 이름난 나라에서 이룬, 결코 하찮지 않은 위업이었다. 하지만 그 기업은 파키스탄의 고도로 복잡하고 비용이 많이 드는 시장에서 계속 정상에 머물기에는 강건함이 부족했다. 그리고 새로운 성장의 기회도 부족했다. 내브달의 임무는 이 추세를 역전시키는 것이었다. 도착하고 얼마 지나지 않아 그와 그의 팀은 그렇게 하는 최상의 방법이 모바일 뱅킹에서 완전히 새로운 사업을 개발하는 것이라고 결정했다.

내브달은 이렇게 얘기했다. "파키스탄에서 그것을 자세히 연구하기 시작했을 때 우리는 몇 가지 사실에 큰 관심을 기울이게 되었습니다. 첫째, 우리는 모바일 가입자 수에서 시장의 리더였어요. 인지도가 높고 신망이 두터운 브랜드를 보유하고 있었고, 전국적으로 무려 15만 개에 달하는 작은 상점에서 영업을 할 수 있는 지리적 토대도 구축한 상태였습니다. 사실상 규모 면에서 이런 자산을 보유한

다른 기업은 없다고 봐도 무방했지요. 확실히 이것은 어떤 식으로든 활용 가능한 자산이었습니다. 둘째, 파키스탄은 인구 1억 8,000만 명의 나라인데 은행 지점은 고작 4,000개였어요. 다시 말하면 기본적인 은행 업무를 볼 수 있는 지역이 전체의 40퍼센트가 채 안된다는 거예요. 셋째, 사람들이 송금을 하기 위해 종종 이용하는 방법이 믿을 수 없을 정도로 복잡한 상태였어요. 이런 근본적인 문제를 해결해준다면 엄청난 사업 기회가 될 수 있는 상황이었다는 얘기니다."[7]

내브달의 목표는 기본적이었지만 야심 찼다. 모바일 송금의 표준을 단순하고 기계적이며 저렴하게 만드는 것이었다. 그렇지만 파키스탄과 같이 크고 복잡한 나라에서는 뱅킹 관행을 바꾸는 일이 가공할 수준의 과업에 해당했다. 일개 신생기업의 창업자들이 성공시킬 가능성은 거의 없다고도 볼 정도의 엄청난 과업이었다. 텔레노르는 곧 파트너가 필요하다는 사실을 깨달았다. 은행 업무 관련 지식이 부족했기 때문이다. 보통은 이런 상황에서 대형 은행을 골랐겠지만 텔레노르는 작지만 민첩한 타미르 소액금융은행Tameer Microfinance Bank과 파트너 관계를 맺는 대담한 행보를 취했다.

이 제휴는 텔레노르에 전국적 존재감과 국제적 명성을 포함하여 여러 강력한 이점을 안겨주었다. 텔레노르는 그러한 이점을 활용해 규제당국에 뱅킹 시스템에 커다란 변화를 가하도록 설득했다. 더 많은 인구가 은행 업무를 더 저렴하고 편리하게 이용할 수 있도록 만들기 위해서다.

규제당국에 그러한 변화의 필요성을 확신시킬 수 있었던 데에는 텔레노르가 크고 믿을 만하며 강력한 기업이었다는 점이 작용했다. 그리고 오직 텔레노르 같은 기업만이 전국적 명성을 활용하는 동시에 수천 개의 구멍가게와 맺는 지역적 관계도 이용할 수 있었다. 그뿐만 아니라 내브달과 그의 팀이 미니 창업자로서 창출한 작고 날렵하며 활력 넘치는 신생조직이 있었기에 단 한 명의 텔레노르 직원도 파견하지 않고 전국 수천 개 구멍가게에 영업 거점을 창출할 수 있었던 것이다. 더 나아가, 직원 수가 600명밖에 안 되는 토착 은행과 파트너 관계를 맺고 나중에는 인수까지 할 수 있었다.

이 접근방식은 효과가 있었다. 지역적 환경에 그렇게나 잘 적응한 덕분에 내브달의 사업은 빠르게 날아올랐고, 이 성공은 다시 텔레노르를 파키스탄에서 가장 큰 은행으로 변모시키는 데 큰 몫을 했다. 텔레노르는 모바일 뱅킹 시장의 50퍼센트와 은행을 통한 전국 총현금흐름의 10퍼센트를 점유하면서 거래량 면에서 파키스탄 최대 은행이 됐다. 더욱이 모바일 뱅킹을 장악한 덕분에 텔레노르는 모바일폰 사업에서도 안정된 성장세를 타며 그 영업 거점을 전국 20만 개 상점으로 확대할 수 있었다. 그리고 이 모든 것은 텔레노르가 더 강건한 대기업이 되어 아래로 부는 바람에 더 잘 저항하도록 도왔다.

이 장에서 우리는 속도 저하를 공략하는 세 가지 방법을 논하며 그 각각이 모두 창업자 정신의 부활을 수반한다는 사실을 확인했다. 첫 번째는 퍼페추얼과 시스코의 사례에서처럼 비용과 복잡성을 줄임으로써 반역성을 되살리고 기업의 근본적 신진대사를 활성화하는 방법이다. 두 번째는 홈데포와 3M의 사례에서처럼 사업의 일선 현장 직원들과 그 세부 업무에 다시 권한을 부여하고 다시 투자하는 방법이다. 그리고 세 번째는 내부에서 미니 창업자를 키우거나 소유권 구조에 변화를 가함으로써 주인의식을 되살리는 방법이다. 이 셋 모두 변화의 강력한 받침대가 될 수 있다. 하지만 이 중 어떤 것도 하나만으로는 성장의 가장 위험한 위기인 자유 낙하에 대처하기에는 충분하지 않다. 다음 장에서는 자유 낙하 위기에 대처하는 방법을 살펴보기로 한다.

창업자 정신을 당신의 조직에서 활용하는 방법

● 관료주의에 반대하는 고도로 가시적인 캠페인을 시작하라. 그것을 통해 다음을 이루어라.

  - 1년 동안 매달 적어도 1개 이상의 비본질적인 조직 계층이나 프로세스, 보고 체계를 없애라.

  - 고객을 위해 필요한 일을 완수하는 사람들을 '새로운 영웅'으로 발굴하라.

  - 리너십팀에 진략 니힘빈을 창출하라. 그것을 이용하여 일상적으로 경쟁사를 물리치는 데 도움이 되는 일과와 행동방식을 향해 나아가도록 일선 현장을 이끌어라.

  - 친구에게 기꺼이 이 기업에서 일하도록 추천할 수 있는지 직원들에게 일상적으로 물어라. '노'라고 답하는 직원들에게서 '예스'라는 답을 얻어내려면 무엇을 어떻게 바꿀 필요가 있는지 연구하여 후속 조치를 취하라.

  - 조직 내부의 파워가 프랜차이즈 플레이어 및 일선 현장에서 본사 직원 및 기능별 부서로 어느 정도 이동했는지 살펴보라. 월요 회의를 이용하여 프랜차이즈 플레이어에게 권한을 부여하고, 주요 기능별 부서에서 그들을 더 효과적으로 지원하도록 주당 한 가지씩 조치를 취하라.

  - 가장 성공적인 반역적 경쟁자의 속도와 비용을 벤치마킹하라. 그럼으로써 격차를 없애는 데 필요한 최우선적 사항에 주력하라.

—

5

—

자유 낙하를 막는 법

죽어가는 사업을 되살리려면 무엇을 어떻게 해야 하는가

자유 낙하는 속도 저하와 달리 즉각적이고 극적인 대응을 요하는, 조직의 존립에 관련된 위기다. 자유 낙하는 위기를 조장하는 내부의 바람뿐 아니라 갑작스럽고 거세며 예측할 수 없는 혼란을 일으키는 외부의 폭풍에 의해서도 야기된다. 그러한 내부와 외부의 힘이 결합하여 생존을 위협하는 것이다(그림 5-1 참조).

자유 낙하 위기가 닥치는 때는 성숙한 대기업의 사업 모델이 새로운 반역자에게 공격을 받거나 기술 또는 시장의 변화로 쓸모가 없게 되는 경우다. 2장에서 자유 낙하의 문제를 예시하기 위해 살펴본 찰스 슈왑에서는 두 가지 요인이 동시에 작용했다. 2004년 그 기업은 외부적으로 거대한 시장 혼란과 새로운 경쟁자들, 거래량의 50

그림 5-1 | 내·외부 요인으로 인한 자유 낙하

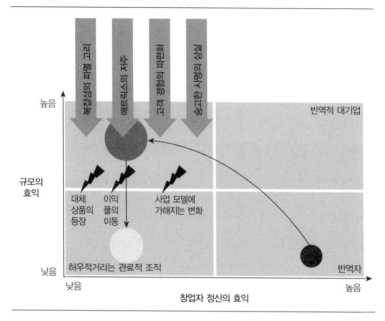

퍼센트 감소, 시장 가치의 75퍼센트 하락, 고객 순추천지수의 전락 등에 직면했다. 그리고 내부적으로는 문제의 어느 정도가 시장에 기인하고 어느 정도가 자사의 실책에 기인하는지를 놓고 논쟁이 그치질 않았다. 하지만 요점은 이것이다. 찰스 슈왑이 그해 기업을 구하기 위해 CEO로 복귀했을 때 시간이 별로 남지 않은 상태였다는 것이다. 상황은 빠르게 악화되고 있었고, 슈왑은 신속하고도 극적인 변혁을 이뤄내야만 했다.

그 변혁에서 책임을 맡았던 찰스 골드먼은 최근, 당시 자신이 느껐던 바를 이렇게 털어놓았다. "슈왑은 고객 경험에 다시 초점을 맞추길 원했지요. 그는 경영팀 인원 절반을 교체했습니다. 그러고 나서 초점을 맞출 네 부문을 결정했지요. 고객에게 새로워진 가치 부여, 고객 경험 향상, 재무상태표 개선, 후계자 선정 이렇게 네 부문이었습니다."

첫 번째 순서는 조직을 재정적으로 안정화하는 것이었다. 가격을 낮추기 위해 비용을 줄였고, 원래의 핵심 사업을 복원하는 데 에너지를 집중하기 위해 비핵심 자산과 사업체를 털어냈다. "전통적인 리엔지니어링을 수행한 겁니다." 골드먼의 말이다. "모든 국제 사업체를 팔아치웠고, 인수한 지 얼마 안 되던 자본시장 사업도 매각했으며, 기업 서비스도 단순화했고, 본사의 규모도 축소했습니다. 그리고 우리는 일선 리더들에게 완전한 책임과 함께 권한을 되돌려주기 시작했습니다. 물론 결정권 측면에서 명백히 부차적일 수밖에 없는 공유 서비스에 대해서는 예외를 인정했습니다. 과거에는 간부회의에 참석하면 본사 부서장들의 목소리가 가장 컸습니다. CEO에게 보고하는 인사 책임자나 전략 책임자가 목소리를 높이곤 했다는 얘깁니다. 이들이 회의를 지배하는 동안 각 사업단위 책임자들은 그저 꿀 먹은 벙어리처럼 앉아서 어서 회의가 끝나기만을 기다리곤 했습니다. 실제로 전략을 실행할 책임이 있고 시장에서 건진 가장 최신의 정보를 보유한 일선의 리더들이 이들인데 말이죠. 슈왑은 돌아오자마자 이 모든 것을 반대로 돌려놓았습니다."

슈왑은 복귀하자마자 극적으로 질이 나빠진 고객 경험에 초점을 맞췄다. 원래 고객 경험은 기업의 주된 자산 가운데 하나였다. 그런데 마진폭을 넓히기 위해 콜센터 예산을 쥐어짜는 수준으로 축소했고, 그 때문에 콜센터 직원들은 활력과 자신감을 잃어버렸다. 고객들에게 전가되는 숨겨진 불편과 벌칙성 수수료가 매출에서 의미 있는 비중을 차지할 정도로 커졌고, 고객들이 느끼는 짜증이 그에 비례해서 늘어난 상태였다. 그러면서 중개 수수료 역시 올랐다. 그런데 찰스 슈왑은 자체적으로 설정한 8개의 고객 세분시장에 맞춰 복잡하기 이를 데 없는 일련의 제품군으로 수수료를 세분화하여 그 가격을 정당화하고 있었다. 한 임원은 특히 그 수수료 인상이 고객들을 화나게 했다고 말한다. "우리 경쟁사들은 고객을 유치하기 위해 극적으로 가격을 낮추고 있었거든요. 때로는 10달러 선까지 내렸다니까요. 우리는 싼 게 29.95달러였고 평균 가격은 35달러였어요. 우리의 오랜 고객들은 배신감을 느낄 수밖에 없었지요. 우리가 할인주식중개회사로서의 뿌리를 상실하고, 고객 경험의 가치를 높인다는 애초의 약속을 저버렸으니까요. 더욱이 변질된 사풍이 사업 전체에 영향을 끼쳐 경쟁력을 다시 확보하기보다는 높아진 수수료를 정당화하려는 쪽으로 나아가게 한 겁니다."

슈왑은 회사를 자유 낙하 상황에서 벗어나게 하려면 과거에 성공으로 이끌어준 원래의 원천에 재투자하고 한때 위대함을 안겨주었던 본질, 그러니까 궁극적 반역자로서의 인식을 중심으로 재건해야 한다는 점을 인지했다. 예를 들면 그는 콜센터는 마진을 높이기 위해 쥐어짤 수 있는 보충적 서비스가 아니라는 점을 이해했다. 고객 관계를 개발하는 데 귀중한 도구임을 알았던 것이다. 그와 그의 팀은 고객 충성도의 경제성을 정량화했다. 일테면 새로운 고객 중에서 다른 사람을 소개해주는 일이 생길 수 있는데, 영업 비용을 줄여준다는 측면에서 정량화할 수 있다. 그리고 고객 순추천지수 시스템을 도입해 설치했다. 고객 충성도를 콜센터별로, 직원별로, 지사별로, 팀별로 날마다 모니터하기 위해서였다.

또한 이를 강화하기 위해 임원들이 돌아가며 콜센터에서 직접 전화 응대 업무를 하고, 어려운 문제를 겪는 고객이 있으면 그 후속 조치까지 개인적으로 책임지고 확인하는 메커니즘과 규범을 도입했다. 고객에게 부과하는 벌칙성 수수료에 대해서도 슈왑은 그것이 '나쁜 이익'에 해당한다는 점을 인정하고 대부분을 없애버렸다. 그와 더불어 최저잔고 수수료minimum-balance fee(잔고가 일정액에 미치지 못하는 계좌에 부과하는 수수료-옮긴이)도 폐지했다. 그는 또한 가격 경쟁력을 되찾지 못하면 회생도 불가능하다는 것을 잘 알았다. 그래서 세분화된 제품군을 원래대로 되돌리고 비용을 대폭 줄임으로써 가격 경쟁력을 회복했다.

슈왑의 노력은 비범한 성과를 안겨주었다. 불과 2~3년 만에 기업의 고객 순추천지수가 마이너스 34에서 플러스 42로 약 70포인트 올랐고, 거기서 얼마 지나지 않아 주식중개 업계에서 다시금 가장

그림 5-2 | 찰스 슈왑의 자유 낙하 위기와 변혁

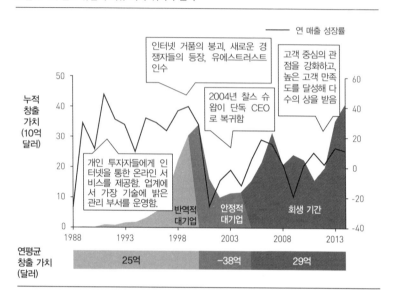

높은 추천지수를 획득했다. 기업의 주가 역시 치솟았고, 그러면서 10년 사이에 기업의 시장 가치를 4배로 올려놓았다(그림 5-2 참조).

자유 낙하는 속도 저하와 어떻게 다른가

우리는 자유 낙하를 정의하고 그것이 속도 저하와 어떻게 다른지 예시해주는 두 가지 요인을 확인했다. 첫째, 자유 낙하는 이익증가율이나 시장 가치의 급속한, 거의 충격적인 감소의 시기다. 찰스 슈왑의 가치가 75퍼센트나 감소한 것을 생각해보라. 둘째, 자유 낙하는 대개 시장의 혼란이나 경쟁력 있는 새로운 사업 모델의 등장 같은 외부적 요인에 의해 촉발된다. 이것이 속도 저하와 다른 점인데, 속도 저하에서는 대부분 내부적인 것이 원인이 된다.

우리는 전문가들과 함께 각기 다른 시장에 종사하는 123개의 표본 기업을 검토하면서 자사 사업 모델 일부에서 진부화의 위협에 직면하는 기업들의 특징을 도출해보았다. 그 결과 특히 두드러지는 세가지 형태의 파괴적 위협을 확인했다. 하나는 대체 상품의 등장이다. 일테면 스마트폰의 등장 같은 것이다. 다른 하나는 이익풀의 현저한 이동이다. 스마트그리드와 소비자 간 에너지 거래 기술의 등장으로 에너지 기업들이 이익풀을 잠식당한 상황을 떠올려보라. 마지막 세 번째는 고객에게 제품을 전달하는 새로운 사업 모델의 출현이다. 전통적인 텔레비전과 경쟁을 벌이는 스트리밍 비디오 서비스, 전통적인 도서 소매업을 파괴한 아마존의 사례 등이 대표적이다.

우리는 현재 54퍼센트에 달하는 기업이 자사 사업 모델 일부에서 이 세 가지 위협 중 하나 이상에 시달리고 있다는 사실을 발견했다. 두 가지 위협에 직면한 기업은 16퍼센트였고, 세 가지 위협 모두에 시달리는 예도 없지 않았다. 우리는 이들 위협을 '폭풍'이라 칭하고 레벨 1, 레벨 2, 레벨 3으로 범주화했다. 이 세 유형의 위협이 동시에 닥치는 경우인 레벨 3 폭풍은 말 그대로 태풍이라 할 수 있다. 이 태풍을 이겨내고 살아남는 기업은 거의 없다고 봐야 한다.

놀랄 것도 없이 오늘날 각 유형의 파괴 사례 대부분은 인터넷 및 디지털 기술의 폭발적인 발달과 관련이 있다. 과거에는 이러한 진부화의 위협이 대부분 기술 업계에 국한되어 있었다. 카메라가 디지털화되면서 코닥이 겪었던 위기처럼 말이다. 하지만 지금은 이러한 파괴가 가장 전통적인 부문에까지 퍼져나가고 있다. 자가 생산한 에너지를 교환하고 거래하는 기술과 방식은 유럽에서 공익설비 사업의 이익풀을 붕괴시키고 있고, 우버Uber는 전통적인 택시 서비스를 파괴하고 있으며, 온라인 학위 과정은 캠퍼스의 대학 교육에 변화를 가하고 있다.

한 가지 또는 두 가지의 집중된 프로젝트를 통해 위험을 물리칠 수 있는 속도 저하와 달리 자유 낙하는 여러 개의 전선에 걸쳐서 강력하고 단호한 행동을 취할 것을 요구한다. 기업이 자유 낙하 위기에 처하면 현상유지는 결코 책임자들의 선택 사항이 될 수 없다. 이 시기가 바로 처방에 대한 각종 이론이 우르르 쏟아져 나오는 때다. 일부는 분명 이렇게 말할 것이다. "그냥 기다리면 됩니다. 이 또한 지나갈 터이니." 또 어떤 사람들은 뜨거운 새 시장에 뛰어들라고 제안할 것이다. 하지만 우리의 연구·조사에 따르면 그것은 거의 답이 될 수 없다. 또 누군가는 핵심 사업 모델을 재정의하는 방법에 초점을 맞춰야 한다고 주장할 것이다. 그야말로 의견이 일치되지 않은 채로 수많은 손가락이 각기 다른 방향을 가리키기 때문에 내부적으로 스트레스가 극심해지는 시기다.

비록 이 자유 낙하를 경험하는 기업이 5~7퍼센트에 불과하긴 하지만, 자유 낙하는 종종 오늘날 주식시장에서 발생하는 가장 큰 가치 변동의 주요 원인이 된다. 상승이든 하락이든 말이다. 애플에 무슨 일이 발생했는지 떠올려보면 쉽게 이해가 갈 것이다. 화염에 휩싸였던 기업이 잿더미에서 다시 일어나 오늘날 7,000억 달러의 가치를 갖는 수준에 이르지 않았는가. 우리가 추적한, 자유 낙하를 경험한 기업들의 표본을 보면 모두 그 시기에 30퍼센트 이상의 가치 변동을 겪는다는 사실을 확인할 수 있다

우리가 발견한 또 한 가지 사실은 자유 낙하의 발생 빈도가 갈수록 증가하고 있다는 것이다. 반역자들이 전보다 더 빠르게 규모를 확대하고, 새로운 고객을 더 빨리 확보하며, 시장 지배력 역시 더 빠르게 늘려가고 있기 때문이다.

우리는 그동안 자유 낙하에 돌입한 많은 기업과 함께 일했다. 우리 베인앤드컴퍼니에 일을 의뢰한 기업들과 베인앤드컴퍼니 밖에서 우리와 관련을 맺은 기업들, 그리고 1980년대 말에 일시적으로 자유 낙하를 경험한 베인앤드컴퍼니 자체가 여기에 해당한다. 그러한 경험에서 우리가 배운 것은 자유 낙하를 역전시키려면 창업자 정신의 모든 힘을 동원해 기업에 활기를 되찾아주어야 한다는 것이다. 그게 전부가 아니라 실제로 재창업의 절차까지 밟아야 한다. 우리는 자유 낙하 상태에서 성공적인 회생과 변혁을 이루는 데 효과가 있는 다섯 가지 단계를 확인했다. 그 단계에서 마땅한 해법을 발견하지

못했을 때 고려할 수 있는 추가 선택지 한 가지도 소개하겠다.

재창업을 통해 자유 낙하를 역전시키기 위한 필수적 단계

1. 재창업팀을 새로 구축한다.
2. '핵심의 핵심'에 집중한다.
3. 반역성을 재정의한다.
4. 내부에서 기업을 재창업한다.
5. 핵심 역량을 구축하는 데 막대한 투자를 단행한다.
6. 추가 선택지: 개인 기업으로 돌아가는 방안을 고려한다.

재창업팀을 새로 구축하라

자유 낙하에 돌입했다가 운영 성과를 되살리고 그와 동시에 전략적 방향에 변혁을 가한 50개 기업의 사례를 연구하면서, 그 가운데 43개의 사례가 CEO를 포함한 리더십팀의 대폭적인 물갈이를 단행했다는 사실을 발견했다. 상위 2개 층의 임원들 가운데 70퍼센트가 교체된 찰스 슈왑의 사례가 전형적이라 할 수 있다. 이들 중 8개의 사례에서 창업자나 창업자의 가족이 운전대를 다시 잡기 위해 조직에 복귀했다. 찰스 슈왑과 애플의 경우가 그렇다.

기업이 자유 낙하에 돌입하면 경영팀을 교체하는 것은 당연한 일이다. 첫째, 스트레스에 지친 조직에 새로운 에너지를 주입할 필요가 있기 때문이다. 지칠 대로 지쳤거나 변혁이라는 힘겨운 작업을 수행할 역량이 안 되는 경영팀을 그대로 놔둘 이유가 어디 있겠는가.

둘째, 과거를 방어하는 것보다는 미래를 재건하는 데 관심이 있는 사람들로 리더십팀을 채워야 하기 때문이다. 우리가 인터뷰한 한 임원은 변혁이 진행되는 도중에 영입된 적이 있는데 그때의 경험을 이런 식으로 표현했다. "가서 보니까 기존 성원들이 가장 흔히 내뱉는 말이 '우리는 원래 이런 식으로 했어요' 아니면 '여기서는 그런 식으로 하지 않습니다' 라는 거더군요." 과거의 지식은 좋은 것이다. 하지만 더는 효과를 내지 못하는데도 고집하는 건 백해무익한 일이다. 재건은 이미 충분히 힘이 드는 일이니까 말이다.

셋째, 새로운 전략이 명료해짐에 따라 새로운 기술과 역량을 추가할 필요가 생길 수도 있기 때문이다. 물론 이것은 조심스럽게 행해야 할 일이다. 안정성을 추구하는 직원들을 계속 쓰는 것보다는 반항적 정신을 보유한 반역자, 즉 한 임원이 묘사한 바에 따르면 "블루칩들과 따로 노는 검은 양"을 고용할 필요가 있다. 이 변혁의 시기는 일선의 세부 사항을 잘 알고 있고 회사를 사랑하지만, 지난 정권 아래서는 승진의 기회를 잡지 못했던 프랜차이즈 플레이어들을 발견하는 기회가 될 수도 있다. 그들을 승진시키는 것은 조직에 많은 메시지를 전달한다. 이는 지식과 활력의 원천이 되며, 미래는 재능과 열린 사고가 지배할 것이라는 추가적인 신호까지 전해준다.

결론적으로 말해서 과거를 옹호하는 사람들이 아니라 열린 마음으로 미래를 창조하는 사람들이 필요하기 때문이다. 자유 낙하를 초래한 전략과 운영 관행의 설계자들이 자신들의 잘못을 깨우치는 것은 물론이고, 나아갈 올바른 길까지 파악할 수 있을 것으로 기대하는 것은 한마디로 불합리하다.

끝으로 이 시기의 변화는 빨리 진행할 필요가 있다. 경영팀 대다수가 오랜 기간에 걸쳐 교체되면(그렇게 천천히 진행하고픈 유혹을 느낄 수 있다. 그렇게 하면 파괴적 영향을 줄일 수 있지 않을까 싶어서 말이다), 두 가지 일이 발생한다. 하나는 시간이 허비된다는 것이다. 사업의 구조조정에 들어가기 전에 될 수 있으면 신속히 팀원을 제대로 갖출 필요가 있다. 다른 하나는 새로 영입된 사람들이 과거 조직의 편향성을 흡수할 가능성이 생긴다는 것이다.

'핵심의 핵심'에 집중하라

자유 낙하를 역전시키는 일에는 엄청난 에너지와 자원이 소요된다. 이 변혁을 성공으로 이끈 사례 대부분의 리더는 이 점을 잘 알았다. 그래서 그에 기반하여 움직이기 위해 덜어낼 비핵심 자산과 매각할 비핵심 사업, 중단할 비핵심 활동, 제거할 비핵심 기능, 단순화할 제품라인을 찾아 조직을 샅샅이 훑었다. 만약 가장 부족한 자원이 시간과 직원들의 자발적 동력이라면, 이 시기야말로 조직이 당면한 과제에 집중한다는 것을 분명히 해야 할 때가 아닐까? 한 리더는 자신이 도착해서 접한 상황을 전쟁 보드게임인 '리스크Risk'에 비유해 들려주었다. "내가 도착해서 발견한 것은 부대가 산산이 흩어져서 온갖 종류의 먼 영토를 지키고 있고, 소수의 군대가 본토를 보호하고 방어하는 모습이었습니다." 그는 자신이 무엇을 해야 하는지 즉시 알아차렸다. "가장 먼저 할 일은 군대를 결집하는 것이었습니다."

이러한 구분에 따라 매우 성공적으로 변혁을 도출한 기업이 바로 레고LEGO다. 그 스토리를 되짚어보자.

레고는 1930년대에 올레 키르크 크리스티얀센Ole Kirk Kristiansen이 덴마크에서 창업한 회사다. 그는 서로 물리게 하여 조립하는 플라스틱 블록 체계를 중심으로 반복적으로 사업을 펼칠 수 있는 사업 모델을 구축하는 데 평생을 바쳤다. 크리스티얀센의 사후, 후계자들은 그가 남긴 반복 공식을 이용해 기업을 계속 성장시켰고 그 수십 년 동안 기업은 사업의 핵심을 고수했다. 1993년 무렵 기업의 매출은 13억 달러 수준이 되었고, 2000년 레고 시스템은 〈포춘〉과 영국 장난감소매업자협회에서 20세기의 장난감으로 선정되었다.

그렇지만 1993년부터 기업은 그 수익성 좋은 조립 블록 사업에서 나온 현금을 놀라울 정도로 다양한 인접 사업들로 돌리기 시작했다.

테마공원, 텔레비전 프로그램, 시계, 소매점, 조립 블록 외의 플라스틱 장난감, 비디오 게임 등이 그것이다. 기업은 심지어 스티븐 스필버그Steven Spielberg와 공동 브랜드로 '상자 안의 영화 스튜디오'라는 제품을 출시하기도 했다.

이 모든 움직임은 기업의 핵심에서 자원을 가져다 쓴 것인데, 사실상 거의 모두 실패로 돌아갔다. 기업의 현 CEO 예르겐 비그 크누스토르프Jørgen Vig Knudstorp는 이렇게 말했다. "결과적으로 기업이 10년에 걸친 실적 쇠퇴기에 들어갔습니다. 1993년 15퍼센트이던 이윤폭이 2003년에는 마이너스 21퍼센트까지 떨어졌어요. 이 기간에 레고 그룹은 하루 평균 30만 유로씩 그 가치를 상실했습니다." 기업이 자유 낙하 위기에 처한 것이다.

크누스토르프는 2004년 CEO에 취임하자마자 모든 선택지를 살펴보고 빠르게 행동방침을 정했다. 레고를 회생시키고 장기적 성장을 향한 더 나은 경로에 올려놓기 위해 그는 기업을 핵심으로 되돌리고 원래의 반역적 사명을 재발견하는 데 매진하기로 했다. 그는 새로운 경영팀을 조직하고 그들의 도움으로 사업을 기본으로 되돌리며 하나의 핵심 제품, 즉 애초에 기업을 위대하게 만들어주었던 그 조립 블록 장난감 중심으로 재건하는 데 기업의 모든 에너지를 집중시켰다. 그의 직원들은 변화를 받아들였다. 이 기업의 역사에 정통하며 《레고: 어떻게 무너진 블록을 다시 쌓았나Brick by Brick》의 저자이기도 한 데이비드 로버트슨David Robertson은 이 시기에 대해 이렇게 썼다. "레고는 죽음의 소용돌이에 갇혀 있었지만, 많은 직원이 경영진의 대대적 개혁을 온전히 기뻐하며 환영했다."[1]

그렇다면 레고 그룹의 경영팀은 조직의 자유 낙하를 어떻게 역전시켰을까?

먼저 그들은 자산 포트폴리오를 공략했다. 레고랜드LEGOLAND 테마공원 사업의 일부를 한 사모펀드회사에 팔아 부분적 소유권만 보유했고, 다른 모든 인접 사업은 폐쇄했으며, 진행 중인 확장 계획 일체를 중단했다. 이 확장 계획에는 도서와 플라스틱 시계, 레고 인형, 잡지, 추가적인 테마공원 세 곳, 추가적인 소매점 300개, 소프트웨어, 레고 무비메이커Movie Maker, 컴퓨터 게임, 심지어 TV 사업 등이 포함되어 있었다.

경영팀은 그러고 나서 더 깊은 차원의 단순화에 돌입했다. 예를 들어 경영팀은 각각의 레고 세트에 들어가는 독특한 요소의 수가 1997년 약 6,000개에서 2004년 1만 4,000개 이상으로 증가했음을 발견했다. 색깔 역시 6개에서 50개로 급증한 상태였다. 게다가 이들 독특한 요소의 90퍼센트는 실제로 단 한 차례만 사용되는 것으로 드러났다. 그래서 조립 블록의 구성요소를 손봐 50퍼센트 이상을 없앴다. 이와 관련해서 크누스토르프는 이렇게 말했다. "우리는 이제 반복 사용할 수 있는 부품을 이용하고, 반복 공식에 적용되는 제품에만 투자하고 있습니다."

이러한 출발점을 토대로 레고 경영팀은 제품과 요소를 추가할 수

있는 시점을 결정하는 규칙을 창출해나갔다. 블록 하나를 생산하는
데에는 상상 이상으로 큰 비용이 들어간다. 그 각각의 형태를 만드
는 주형이 필요하고 거기에 맞춰 기계를 전환해야 하기 때문이다.
더욱이 블록 하나가 늘어날수록 매장에서는 일정 및 재고 관리에 그
만큼 복잡성이 더해진다. 오늘날 모든 레고 제품에 들어가는 부품의
70퍼센트는 모든 세트에 사용되는 기본 부품이다.

레고 경영팀은 이어서 제품라인에 활기를 되찾아주는 작업에 돌
입했다. 먼저 IT 기술을 적용하여 온라인 고객들에게 스스로 레고
세트를 설계할 수 있게 했고, 다른 사람이 설계한 구조의 블록 세트
를 주문할 수도 있게 했다. 또한 가장 열렬한 레고 팬 수천 명을 조
사해서 창사 이래 처음으로 그들의 활력과 세부 지식을 관련 회의와
네트워킹 행사, 신제품 구상, 제품 디자인 등에 적극적으로 활용했
다. 그와 함께 다시금 인접 사업에 투자하면서 성장을 도모했는데,
전과 달리 핵심에 아주 밀접하게 관련된 인접 사업으로만 발을 넓혔
다. 소녀용 레고, 레고 영화를 위한 브랜드 라이선스, 새로운 미니
피규어 제작 세트, '스타워즈Star Wars' 같은 공동 브랜드 제품의 확
대 등이 여기에 속한다.

레고의 자유 낙하를 역전시키는 데에는 앞서 언급한 다섯 단계가
모두 나름의 역할을 했다. 기업은 경영팀을 교체했고, 다양한 단계
에서 사업을 단순화했으며, 놀이 체계와 사용자 공동체를 중심으로
성장 전략을 재정의했고, 내부적으로 원래의 원칙을 되살려 현재의

환경에 맞추어 적용했다. 디자이너들과 일선 직원들이 다시 기업의 영웅이 되었고, 기업은 새로운 역량을, 특히 디지털 세계에서 스카우트했다. 내부적 조치 가운데는 이러한 기본으로 돌아가는 접근방식을 더욱 상징적으로 강조하는 행보도 포함되었다. 대표적인 예가 레고 그룹의 본사 건물을 매각하고 포장 시설까지 겸한 평범한 건물로 이전한 것이다. 기업은 각 단계에 열정적으로 헌신했으며, 그리하여 놀라운 결과를 얻었다. 크누스토르프가 기업을 맡은 이후 레고의 매출은 400퍼센트 늘어났고, 영업이익률은 마이너스 21퍼센트에서 플러스 34퍼센트로 증가했다.

성장하기 위해 축소하는 이 접근방식은 자유 낙하에 돌입한 다수의 기업이 채택하여 효과를 본 전략이다. 루이스 거스너 Louis Gerstner 가 주도했던 IBM의 변혁 역시 여기에 해당한다. 그는 PC 등 일련의 하드웨어 사업을 털어내고 조직의 에너지를 서비스와 소프트웨어에 집중시켰다. 스티브 잡스의 애플 회생 스토리는 또 어떤가. 그는 CEO로 복귀한 초기 방만한 제품라인을 정리하고 4개의 주요 제품과 소수의 개발 프로젝트에 조직의 역량을 집중시켰다. 슈왑의 사례도 마찬가지였다. 그 역시 유에스트러스트를 포함하여 몇 개의 인수 기업을 털어내고 영업직원들이 개별적으로 다루고 있던 고객 세분시장의 수를 현격히 줄였다. 이 모든 사례에서 접근방식은 같았다. 먼저 복잡성을 벗겨내고 핵심의 핵심으로 돌아가는 것, 바로 그것이었다.

반역성을 재정의하라

필요한 에너지와 사고방식을 갖춘 새로운 팀, 복잡성의 감소, 변혁 추진에 활용할 해방된 자원, 이것만 갖춰지면 자유 낙하를 역전시키기에 충분할까? 아니다. 그 이상이 필요하다. 회생의 노력을 기울일 '가치'가 있다는 걸 입증해야 한다. 우리는 이미 너무 멀리 갔거나 너무 큰 경쟁적 불리함에 처해서 그러한 노력을 기울일 가치가 전혀 없는 기업도 많이 봤다. 내부에 반역적 에너지를 되살리려면 새로운 경영팀은 그런 노력을 기울일 가치가 있음을 외부적으로 입증해야 한다.

이것이 핵심 현안으로 대두된 사례를 살펴보자. 그 핵심 현안이 일단 해결되기만 하면 다른 모든 것은 순순히 풀릴 것이었다. 우리는 수년 전의 과거에서 사례를 선택했다. 사건의 처음부터 끝까지 상황이 어떻게 전개되었는지 살펴보기 위해서다. 자유 낙하를 역전시키는 데에는 통상 4년에서 6년 정도의 시간을 필요로 한다는 점을 기억해주기 바란다. 그만큼 되살려야 하는 범위가 포괄적이기 때문이다.

1994년, 미국 시장의 휴대전화 공급률이 9퍼센트 정도이던 그 시점에 텍사스의 기업가 테드 밀러Ted Miller는 기막힌 사업 아이디어를 떠올렸다. 그는 이동통신 사업자들이 전 세계에 걸쳐 무선전화 중계탑 네트워크를 구축하기 위해 자본 집약적인 경주를 펼치고 있다는 사실을 잘 알았다. 그리고 사업자들이 이를 제각기 단독적으로 구축하려 애쓰는 것은 말이 안 된다는 것을 깨달았다. 자동차 산업 초기에 자동차 제조 업체들이 제각기 독립적인 도로 체계를 구축하려 했다면 어떤 결과가 나왔겠는가. 밀러는 여기서 기회를 포착했다. 중계탑을 확보해서 임대하는 사업을 벌이면 큰돈을 벌 수 있겠다는 아이디어였다. 그는 그 아이디어를 실행에 옮겼고, 그래서 탄생한 기업이 그라운캐슬이다.

밀러는 1995년 텍사스 서남부에 세워진 중계탑 133개를 매입하는 것으로 사업을 시작했다. 그는 사모펀드회사 버크셔파트너스Berkshire Partners, 센테니얼Centennial 펀드와 투자 관계를 맺었다. 산업이 아직 초창기일 때 가능한 한 많은 땅을 확보하려면 이들의 도움이 필요했기 때문이다. 크라운캐슬은 나름의 계획을 영리하게 펼쳐나갔고, 곧 15개 국가에서 인수 작업을 수행하며 세계 곳곳의 중계탑을 손에 넣기 시작했다. 반역적 성공 스토리의 전형이라 할 수 있다. 밀러는 1998년 주당 13달러에 IPO를 단행했는데, 3년이 채 지나지 않은 2000년에는 주가가 주당 42달러에 달했다.

그렇게 주가가 정점을 찍은 후 크라운캐슬은 속도 저하에 들어갔다. 투자자들은 기업의 성장 모델을 면밀히 조사하며 회의적인 반응을 내놓기 시작했다. 높은 부채 수준과 끝없는 적자 현금흐름, 땅 확보 전략의 불확실한 결과 등이 우려의 대상으로 부각된 것이다. 기업에 대한 대중의 확신이 증발해버렸고, 주가가 1달러 선까지 떨어지며 기업의 시가총액을 3억 달러 아래로 몰고 갔다. 밀러는 CEO 자리에서 물러나며 곧 기업을 떠났다. 하지만 어쩔 수 없이 기업에 발이 묶인 직원들은 일자리와 연금, 앞으로 살아갈 방향에 대해 걱정이 태산이었다.

그러던 2001년 7월 존 켈리John Kelly가 크라운캐슬의 새로운 CEO로 취임하여 주목할 만한 기업 회생 전략을 펼치기 시작했다. 그는 우리와 나눈 솔직한 대화에서 자신이 조직에 어떻게 반역적 사명의식을 되살려놓았는지 설명했다.

"가장 먼저 해야 할 일은 우리의 핵심과 목적 그리고 사업을 키우는 올바른 방식에 대해 공통된 견해를 창출하는 것이었습니다. 우리는 전 세계를 대상으로 한 중계탑 사업이 아니라 국내 또는 북미 수준의 사업에 초점을 맞춰야 한다고 결론을 내렸습니다. 그리고 고객들이 각 중계탑의 경제성을 최적화할 수 있도록 지원하는 시스템과 서비스를 구축하는 데 집중하기로 했습니다. 중계탑은 이용하는 고객의 숫자가 경제성을 좌우하니까요. 우리는 먼저 10개 나라에서 철수했고, 그 얼마 후에 또 다른 두 나라에서 사업을 중단했습니다. 그리고는 고객 밀도를 높여 중계탑 시장에서 지배적인 위치를 확보할 수 있는 3개의 핵심 시장을 구축했습니다. 국내 수준에서 중계탑을 이용하려는 고객에게 최상의 서비스를 제공하는 업체가 되는 데 주력했죠. 과거의 잘못된 확장 모델은 그간 크라운캐슬이 외부에서 과도한 리스크를 감수하도록 압박했습니다. 그러면서 수익을 내는 데 필수적인 시스템에 대한 투자, 즉 내부적 투자는 소홀히 하게 됐죠. 그걸 바로잡은 겁니다."

켈리와 그의 팀은 그러한 시스템의 창출에서 업계의 선두 주자로 나섰다. "고객들은 지역에 기반하여 네트워크 결정을 내립니다. 그래서 우리는 더욱 많은 직원이 고객들과 현장에서 함께 일할 수 있도록 지역별 조직을 만들었습니다. 또한 현장 관리를 위해 중계탑의 경제성에 대한 정교한 모델과 중계탑 속성에 대한 상세한 데이터베이스를 개발했습니다. 직원 각각을 교육하고 훈련하여 우리의 성공 동인이 네트워크의 지역적 조밀도와 고객들 눈에 비치는 기술의 전문성에서 나온다는 사실을 이해시켰습니다. 나아가 솔직한 대화를 통해 그러한 플랫폼에서 우리가 얼마나 성장하기를 원하는지에 대한 공감대를 형성했습니다. 우리는 그렇게 조직의 안과 밖에서 기업을 완전히 재건했습니다."

조밀한 지역적 네트워크를 통한 고객 서비스와 리더십을 중심으로 반역적 사명을 재정의하자 즉각적으로 엄청난 변화가 일어났다. 일단 전 세계 모든 곳의 중계탑을 구매하려고 애쓰던 인수 사업에서 벗어난 게 가장 큰 변화였다. 기업은 먼 이국땅에 확보해두었던 중계탑들을 처분했다. 그리고 새로운 내부 시스템을 개발하는 데 주력하며 지역적 조밀성을 중심으로 인수 문제를 다시 논의했다. 또한 이동통신 사업자들을 잘 알고 그들을 상대로 영업할 수 있는 인력을 확충하는 데 주력했다. 만약 경영팀이 바뀐 그 첫해 안에 주요 직원들 스스로가 이해하고 자신이 만나는 고객들에게 설명할 수 있도록 사명이 다시 정의되지 않았더라면, 크라운캐슬의 자유 낙하는 필시 제때 중단되지 못했을 것이다. 재정의된 사명은 그것을 완수해야 하는 사람들의 희망과 활력을 포함해서 모든 것에 영향을 미쳤다.

결과는 매우 인상적이다. 중계탑이 10여 년 만에 7,000개에서 4만 개 이상으로 늘어났으며, 덕분에 크라운캐슬은 미국 최대의 무선 인프라 공유 사업자가 되었다. 시가총액도 2억 5,000만 달러에서 250억 달러 이상으로 환골탈태했다.

크라운캐슬의 재정의된 반역성은 원래의 반역성을 고취했던 것과 똑같은 시장 현상에 바탕을 두고 있다. 중계탑들을 엮어 지역적 네트워크를 구축하고, 궁극적으로 전 세계 네트워크로 확대해야 한다는 필요성 말이다. 하지만 크라운캐슬의 초점과 기술, 주요 이익의 동인은 모두 극적으로 바뀌었다. 새로운 역량을 추가함과 함께 사업 모델을 바꾸었고, 그럼으로써 사실상 스스로를 급하게 재창업한 셈이 되었다. 급강하로 땅에 처박히기 직전에 다시 날아올랐다고도 할 수 있다.

이 접근방식은 우리가 연구한 자유 낙하에서 역전에 성공한 사례 가운데 약 4분의 1에 해당한다. 이와는 다른 방식으로 접근해서 성공을 거둔 사례들도 있다는 뜻이다. 애플의 예를 보자면, 반역성과 경쟁우위를 급진적으로 재정의하던 시점에 산업의 경계가 와해되기 시작했다. 그래서 새로 연결되던 시장 전반에서 성공을 거두려면 새로운 기술을 인수하거나 개발해야 했다. 당시 애플은 일련의 강력한 역량을 조직의 내부와 외부에 동시에 추가했는데, 그것이 애플의 변혁을 성공으로 이끈 핵심이다. 예컨대 온라인 디지털 콘텐츠 관리와 소매점에 대한 새로운 접근방식 등은 내부적 역량의 추가였고, 30만 명이 넘는 앱 개발자 등은 외부적 역량의 강화였다. 이러한 역량을 토대로 애플은 핵심을 수정해 차별화할 수 있었고, 하나의 새로운 인접 사업에서 다른 인접 사업으로 차례대로 옮겨가며 새로운 성장을 추구할 수 있었다. 말하자면 아이팟에서 아이패드, 아이폰, 애플 워치 등으로 말이다.

또 다른 접근방식은 훨씬 더 근본적이다. 어떤 기업들은 자유 낙하에 돌입하면 다른 모든 것을 제쳐놓고 과거의 반역성과 핵심 사명을 강화하는 일에 가차 없이 초점을 맞춘다. 다비타가 대표적 사례다. 다비타는 신장투석센터 체인 사업체로 자유 낙하에 돌입했다가거기서 벗어나, 지난 10년 이래 최고의 성과를 올린 의료 서비스 기업으로 거듭났다. 다비타의 스토리는 잠시 후 자세히 살펴보기로 하겠다.

끝으로 빅뱅 접근방식이라 칭할 만한 것도 있다. 기업을 한창 떠오르는 새로운 시장으로 완전히 이동시킴으로써 조직에 변혁을 가하는 방식이다. 이를 성공적으로 해내는 조직은 사실 매우 드물다. 마블 엔터테인먼트Marvel Entertainment가 그 힘든 일을 해낸 대표적 사례다. 마블은 파산한 만화책 기업에서 높은 수익성을 자랑하는 영화

사로 변신했고, 월트디즈니에 40억 달러에 인수되었다.

내부에서 기업을 재창업하라

이 책의 핵심 전제는 기업이 외부적으로 겪는 실적 관련 문제의 대다수가 사실은 내부적인 근원을 가진다는 것이다. 이 전제는 자유낙하 사례를 다룰 때 특히 더욱 주의를 기울여야 한다. 자유 낙하의 경우 종종 외부의 역학이 너무 강력해서 거기에만 초점을 맞추기가 쉽기 때문이다. 예를 들어 노키아의 자유 낙하는 여러 외부적 요인에서 그 원인을 찾을 수 있다. 애플의 우월한 전략, 노키아의 모바일 운영체제인 심비온Symbion이 지닌 문제점, 노키아 앱 개발자의 극심한 부족 등이 그것이다. 그러나 그 기업의 외부 문제 대다수는 그 근원이 내부적인 것이었음이 드러났다.

외부적인 실적 저하를 역전시키기 위해 내부적으로 기업을 재창업한 가장 주목할 만한 사례 중 하나가 바로 다비타다. 켄트 시리와 그의 팀은 자유 낙하에 돌입한 토털리널케어Total Renal Care를 다비타로 재창조했다. 그 스토리를 따라가 보자.

1999년 시리가 CEO로 취임했을 때 토털리널케어는 말 그대로 재난 상황으로 치닫고 있었다. 460개의 신장투석센터를 운영하던 그 기업은 연간 6,000만 달러 이상의 적자를 기록하는 가운데 연방

정부의 조사를 받고 있었고, 주주들에게 고소를 당한 데다가 9,000 명에 달하는 임직원의 급여까지 제대로 지불하지 못할 위기에 처해 있었다. 환자 임상 결과도 업계 표준에 비해 열악하게 나왔으며, 보 람도 못 느끼고 미래도 암담해 보이는 상황에서 과중한 업무에 시달 리던 직원들은 연간 40퍼센트의 이직률을 보이고 있었다. 주가는 위기에 빠진 기업의 상태를 그대로 반영해서 주당 23달러에서 1.71 달러로 95퍼센트나 폭락했다. 기업 내부의 사람들은 이보다 더 갈 피를 잡을 수 없는 상황을 상상하기조차 힘들 지경이었다.

시리는 즉시 여러 전선에서 동시 공격을 감행했다. 경영팀 대부 분을 교체했고, 파산을 막기 위해 비용을 줄였다. 그리고 센터마다 달리 이뤄지던 다양한 업무를 핵심적인 몇 가지로 통일시켜 단순화 했고(그는 우리에게 460개 센터로 조직된 기업답게 일을 460가지 방식으로 하고 있 더라고 농담을 하기도 했다), 그럼으로써 고객에게 더 집중할 수 있도록 했다. 이 모든 것이 조직을 안정화하고 회생을 추진할 자원을 마련 하는 데 필요한 기본적인 조치였다. 하지만 여기서 중요한 것은 그 가 기업을 내부에서 본질적으로 재창업하는 프로그램에 전력을 다 했다는 사실이다.

임직원 모두가 조직의 회생과 부활에 많은 것이 걸린, 다시 말해 서 모두 한 배를 탄 입장이라는 개념을 강화하기 위해 시리는 토털 리널케어를 하나의 마을로 간주했다. 외부적으로는 여전히 필요했 지만, 내부적으로는 공식 직함을 사용하지 못하게 했다. 일테면, 그는 자신을 CEO가 아니라 촌장으로 불러달라고 했다. 그리고 직원들은 서로를 '팀메이트'라고 부르게 했다. 시리는 각 지역을 돌며 현지 직원들과 마을 회의를 열었으며, 8주마다 한 번씩 열리는 전국 '마을의 목소리' 전화통화 행사를 조직했다. 이 전화통화 행사에는 매번 전국 각지의 사무소와 클리닉에서 일하는 직원 약 4,000명이 참가한다. 그는 직원들을 대상으로 기업의 새 이름을 공모하고 기업의 가치를 성문화하는 작업을 진행했다. 그렇게 7개월을 공들여 도출한 결과물이 바로 다비타라는 새 기업명과 기업의 일곱 가지 핵심 가치다. 다비타는 이탈리아어로 '생명의 부여자'라는 의미다. 그리고 핵심 가치로는 '모두를 위한 하나와 하나를 위한 모두', '지속적인 향상', '탁월한 서비스' 등이 채택됐다.

그 핵심 가치들은 시리의 변혁 계획에서 대단히 중요한 요소로 작용했다. 그와 그의 팀은 센터별로 의료 서비스를 얼마나 잘 수행하는지만이 아니라 직원들이 얼마나 확고하게 그 가치들을 고수하는지 등을 검토하는 척도를 만들어 공표했다. 그리고 거기에 포상까지 연계했다. 이를 기초로 그들은 일선 현장 직원들의 영웅적 '다비타 순간'을 포착하여 공개하는 행사도 벌였고, 금전적인 보상도 안겨주었다. 또한 입사 지원자들에 대해서도 그들이 핵심 가치들과 얼마나 잘 조화를 이룰 것으로 보이는지 등급을 매겼다. 나아가 환자들까지 프로세스에 끌어들였다. 치료를 받을 때마다 클리닉 관계자들이 어느 정도로 도움이 되고 또 누가 가장 크게 도움이 되는지 등을 묻는 설문조사를 일상화했다. 물론 직원들을 적절히 포상하기 위해서였다.

시리의 말에 따르면, 이러한 변화들은 함께 작용하며 즉각적이고 중요한 두 가지 효과를 불러일으켰다. 첫째는 조직 전체에 걸쳐 사명이 공유되었을 뿐 아니라 이를 강력히 인식하도록 도왔다는 점이다. 둘째는 일선 현장과 상급 경영진 사이의 거리를 좁히고 조직을 지속적으로 평평하게 만들었다는 점이다. 아울러 센터를 운영하는 데 반복해서 적용할 수 있는 모델이 개발되고 정립되었다. 이에 따라 시리와 그의 팀은 더 많은 결정 권한을 아래로 내려보낼 수 있었고, 이는 일선 현장 직원들로 하여금 자신의 권한이 많아졌다고 느끼며 활력을 얻게 해주었다. 시리는 최고위 경영진 역시 이 프로세스의 일원이 될 필요가 있음을 깨닫고 임원들도 매년 한 차례 센터에 나가서 일주일씩 일하도록 조처했다.

우리가 2010년 처음으로 다비타 스토리를 소개하던 때, 이 기업은 11년 연속 놀라운 성과를 올리는 중이었다. 그 11년 사이에 다비타의 주식은 S&P 500 지수에 속한 기업 중에서 최고의 성과를 올려 투자자들에게 29배에 달하는 투자수익을 안겨주었다. 기업 회생에 돌입한 시점부터 2010년까지 다비타의 연 매출은 13억 달러에서 62억 달러로 늘어났고, 영업이익도 대규모 손실을 기록하던 상황에서 10억 달러 수준으로 크게 증가했다. 그리고 이러한 성장이 여전히 빠른 속도로 진행되고 있다는 점 또한 주목할 만한 사항이다. 2014

그림 5-3 | 다비타의 재창업과 실적 변화

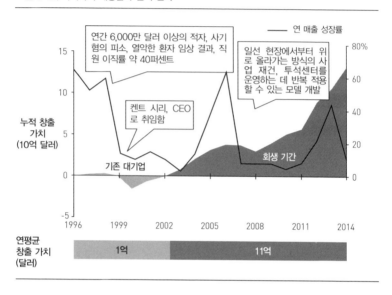

년 말 다비타는 4년 전보다 연 매출이 2배로 늘어 128억 달러에 이르렀고, 2010년 주당 30달러였던 주가는 2015년 주당 84달러를 기록했다(그림 5-3 참조).

켄트 시리는 분명 여러 가지 다양한 전략을 동원해서 다비타의 부활을 이끌었다. 하지만 거기에 관련된 누구라도 그 부활의 주요 원인은 그가 이끈 가치관과 원칙, 에너지, 행동방식의 내부적 변혁이었다고 말할 것이다. 오늘날 콜로라도 주 덴버에 있는 다비타의 새로운 본사 사옥 내부를 걷다 보면 조직의 문화를 보여주는 그림과 사진들을 접할 수 있다. 다비타의 일곱 가지 핵심 가치, 각 센터와 팀메이트들의 사진, 회생 기간에 의미가 부여되었던 인용문과 격언, 다비타의 의료 서비스를 칭찬하는 환자들의 글, 일선 현장 직원들의 영웅담 등이 곳곳에 걸려 있다.

다비타의 스토리에서 우리가 확실하게 느낄 수 있는 핵심 메시지는 바로 이것이다. '대단히 심각한 상황에 처한 것처럼 보이는 기업조차도 회생은 여전히 가능하다.' 다만 진정으로 전력을 다해야 가능한 일이다. 기업을 재창업하라, 주저하지 말고!

핵심 역량을 구축하는 데 막대한 투자를 단행하라

자유 낙하에 돌입한 기업은 당연히 많은 것을 고쳐야 하는데, 그에 필요한 도구를 다 갖춘 경우는 거의 없다. 새로운 환경에 맞춰 사업 모델을 조정하는 데 반드시 필요한 역량이 적어도 한 가지 이상은 없다는 사실을 발견하게 된다.

우리가 연구한, 자유 낙하에서 역전에 성공한 사례 50개 거의 모두가 회생 과정에서 적어도 한 가지 이상의 새로운 주요 역량을 요구했다. 예를 들어 만약 스티브 잡스가 온라인과 오프라인 둘 다에서 디지털 판권 관리 및 소매 관련 역량을 구축하지 않았다면 애플을 되살리지 못했을 것이다. 루이스 거스너 역시 소프트웨어와 컨설팅, IT 서비스 부문에서 새로운 역량을 구축하지 않았다면 IBM을 되살릴 수 없었을 것이다. 존 켈리는 또 어떤가. 이동통신 사업자를 위한 전문 영업 및 서비스 역량을 높은 수준으로 구축하지 않았다면 크라운 캐슬을 재건할 수 없었을 것이다. 리드 헤이스팅스Reed Hastings도 마찬가지다. 업계 최고 수준의 디지털 스트리밍 역량을 개발하지 못했다면, 그리고 공전의 히트를 기록하며 각종 상을 휩쓴 '하우스오브 카드House of Cards' 같은 참신한 콘텐츠를 생성하는 역량을 갖추지 못했다면, 그는 결코 넷플릭스를 되살리지 못했을 것이다.

한때 필름·사진 업계의 세계적 선두 주자였던 코닥의 실패에 대해서는 실로 많은 사람이 다양한 글을 썼다. 내부의 기능장애가 어떻게 디지털로의 전환을 가로막았는지, 코닥이 지배했던 필름 업계의 그 대규모 이익풀이 어떻게 기업으로 하여금 미래를 재창조하는 대신 미래와 싸움을 벌이도록 조장했는지 등에 대해서 말이다. 코닥은 미국에서만 해도 필름 부문의 90퍼센트, 카메라 판매 부문의 85퍼센트를 차지했으니 그럴만도 하다고 말하는 사람도 있을 것이다.

그럼에도 몇몇 필름·사진 기업들은 전환을 이뤄내고 자유 낙하를 피하거나 역전시켰다. 예를 들어 필름 업계 이인자였던 후지필름Fujifilm은 역량을 추가하고 디지털 사진술 쪽으로 공격적으로 이동했다. 그와 함께 복잡성과 비용을 줄이는 구조조정을 단행해 오늘날 크게 번창하고 있다. 후지필름은 또한 LCD 평면 모니터용 광학필름을 만드는 기술에 40억 달러를 투자하기도 했다.

라이카Leica는 사진 업계에서 새로운 역량의 추가가 기업의 자유 낙하를 역전시키는 데 어떻게 도움이 되는지를 보여주는 훨씬 더 예리한 사례다. 최초의 라이카 카메라는 라이츠Leitz라는 렌즈 기업에서 엔지니어로 일하던 오스카 바르낙Oskar Barnack이 발명했다. 바르낙은 렌즈의 질이 탁월해서 작은 이미지를 확대하더라도 해상도가 크게 훼손되지 않는 최초의 경량 카메라를 만들어냈다. 그렇게 출시된 라이카 카메라는 곧 그 탁월한 이미지 품질 덕분에 20세기 전반부 종군 사진기자들에게 큰 인기를 얻었다. 그중에는 제2차 세계대전 중 노르망디 상륙작전을 필름에 담은 로버트 카파Robert Capa도 있었다. 또한 찰나의 거장으로 통하는 프랑스 출신의 유명 사진작가 앙리 카르티에 브레송Henry Cartier-Bresson도 그 새 카메라와 놀라운 이미지에 매료되었다. 그래서 브레송은 이런 말까지 하기도 했다. "라이카는 매우 따사로운 키스, 리볼버에서 발사된 총알, 정신분석 전문의 앞에 놓인 침대의자 같은 느낌을 줍니다."

그러나 라이카는 디지털 사진술을 수용하는 행보를 더디게 내디뎠다. 자동초점 기술을 발명해놓고도 자사의 카메라에는 활용하지 못했고, 2006년이 되어서야 비로소 디지털 기술을 자사의 카메라에 적용하기 시작했다. 기업의 문제는 전통적인 사진관이 쇠퇴하고 인터넷 카메라점과 할인 카메라점이 부상하면서 더욱 가중되었다. 라이카는 고급 사양의 고가 카메라를 만들고 있었기 때문에 이러한 변화에 적응하지 못했고, 그래서 1990년대 내내 적자를 기록했다.

2005년에서 2007년 사이 라이카는 연 매출이 1억 4,400만 유로에서 9,000만 유로로 급감했고, 매년 1,000만에서 2,000만 유로 수준의 손실을 보았다. 그리고 이 때문에 경쟁에 필요한 새로운 역량을 구축하기가 더욱 힘들어졌다. 자유 낙하에 돌입한 것이다.

그때 오스트리아 국적의 투자자 안드레아스 코프먼_{Andreas Kaufmann}이 게임에 합류했다. 그는 2006년 라이카의 지배 지분을 인수했다. 그는 라이카가 기업 회생의 토대로 삼을 수 있는 고유의 자산을 다수 보유하고 있다고 믿었다. 일테면 라이카라는 브랜드 자체와 비할 데 없는 이미지 품질, 위대한 사진작가들과 함께한 유산, 탁월한 렌즈 품질 등을 들 수 있다. 코프먼은 시장의 최고급 부문에 초점을 맞추며 회생을 도모하는 쪽으로 나아갔다. 그러던 2011년 사모펀드회사 블랙스톤_{Blackstone}이 라이카에 1억 6,000만 유로를 투자했다. 라이카를 되살리려는 코프먼의 꿈에 이 자본이 더해지면서 기업은 새로운 역량을 구축하고 제품라인과 유통 경로를 개선할 수 있게 됐다. M 라인 카메라의 자동초점 디지털 버전을 출시하고 자체 브랜드 매장을 열 수 있게 된 것이다.

오늘날 라이카의 매출은 저점 대비 3배로 뛴 상태이고, 기업은 다시 견실한 수익을 기록하고 있다. 스마트폰 카메라가 전통적인 카메라 시장을 침식하는 상황이라 미래가 어떻게 펼쳐질지는 여전히 불확실하다. 하지만 어쨌든 현재로써는 사진 업계의 위대한 브랜드 중 하나가 자유 낙하를 역전시키고 이미지 품질의 표준 보유자로 다시 돌아온 상태다. 기업 창립 100주년 기념 시점에 딱 맞춰서 말이다.

자유 낙하에 직면한 리더십팀은 대개 조직의 능력이 급격히 소진되고 있다는 느낌을 갖는다. 그런 상황에서 새로운 역량을 구축할 생각을 하기란 쉽지 않은 일이다. 그러나 이것이야말로 반드시 감행해야 하는 일이다. 그렇게 하지 않으면 기업을 자유 낙하에서 건져 올리기 위해 하는 다른 모든 일이 무위로 돌아가기 십상이다. 이것이 바로 리더가 직면하는 특별한 도전이다.

추가 선택지: 개인 기업으로 돌아가라

자유 낙하를 피하기 위해 투자자들의 조합을 바꾸는 선택도 조금씩 늘어나고 있다. 물론 이런 경향이 대세는 아니다. 다만 지난 20~30년 사이에 사모펀드 업계가 크게 성장한 데 힘입어 나타나는 현상이다. 상장기업에서 비상장기업, 즉 사적 소유권 기업으로 이동하면 일단 시간을 벌 수 있고, 인재를 끌어들일 현금을 확보할 수 있으며, 외부의 피곤한 사안들을 피해 당면한 내부 난제에 집중할 수 있다.

막대한 손실에 시달리던 필립스의 반도체 부문이 이 방법을 통해 회생에 성공했다. 필립스의 반도체 부문은 실리콘밸리 기술 기업들의 선조라 할 수 있는 페어차일드반도체Fairchild Semiconductor에까지 그 뿌리가 거슬러 올라가는 사업체였다. 2006년 그 부문은 KKR과 베인캐피탈Bain Capital 등이 참여한 사모펀드 컨소시엄에 매각되었다. 컨소시엄은 기업명을 NXP로 바꾸었다. 'next experience(차세대 경험)'에서 따온 이름이다.

실로 그 사업체는 전과 다른 새로운 경험이 필요했다. 매각 당시 침체된 업계의 영향 속에서 매출이 줄고 있었고 이익폭은 마이너스 12퍼센트를 거쳐 바닥권인 마이너스 40퍼센트를 향해 달리고 있었다. 자유 낙하에 돌입한 것이다.

하지만 그다음 5년 동안 NXP는 우리가 선정한 여섯 가지 차원 거의 전부에서 완전한 변혁의 과정을 밟았다. 회생 기간에 비상장기업으로 이동하면서 CEO를 포함하여 경영팀 다수를 교체했다. 사업과 제품 포트폴리오를 단순화했고, 핵심 사업 둘레에 더 엄격하게 선을 그었다. 또한 몇몇 사업장을 처분하는 등의 행보를 통해 2006년 매출 약 60억 달러에서 2009년 매출 38억 달러 규모로 일단 몸집을 줄였다. 더불어 조직 전체에서도 공격적인 단순화를 꾀했다. 경영과 관리 단계를 덜어냈고, 전체 비용 기반을 25퍼센트 축소했으며, 더 집중된 전략을 개발했다. 이는 모두 고도의 성과를 올리던 가장 상징적인 제품 분야, 즉 혼성신호 전자장치mixed-signal electronics 분야에서 선두 주자로서의 지위를 되찾기 위해서였다.

그리고 그 모든 노력은 엄청난 성공으로 이어졌다. 2010년 IPO를 통해 상장기업으로 되돌아온 이후 NXP는 매출이 30퍼센트 늘어났고 10억 달러 이상의 영업이익을 올렸다. 그리고 기업의 규모를 2배로 키우는 합병을 개시했다. IPO 이후 5년 만에 NXP의 주가는 10배로 상승했다.

우리는 NXP의 고위급 임원 중 한 명에게 이 놀라운 스토리에 관해 물었다. 그러자 그는 만약 상장기업으로서 거대 복합기업이라는 형태에 갇혀 있었다면 그런 성공 스토리는 결코 탄생하지 못했을 것이라고 강조했다. 기업의 정체성과 실적을 놓고 분투하는 한편, 비핵심 사업들에 계속 매달렸을 것이기 때문이다. 더욱이 사적 소유권으로 전환한 덕분에 기업은 주식시장 분석가들의 정밀 조사에서 벗어나, 분기별 성과에 안달하지 않고 4개년 계획 등에 집중하며 변혁을 수행할 수 있었다. 창업자 정신의 핵심에 속하는 장기적 관점을 가질 수 있었던 것이다.

우리는 이런 스토리를 점점 더 많이 접하고 있다. 자유 낙하에 빠진 기업들이 개인 투자자들에게 의존해 임시 피난처를 찾는 일이 갈수록 많아지고 있기 때문이다. 이들은 그렇게 함으로써 자유 낙하의 속도를 완화하며 구조조정을 단행하거나 장기적 관점으로 창업자 정신을 회복해간다. 이것이 바로 최근에 마이클 델이 단행한 조치다. 델컴퓨터가 개인 기업으로 전환한 것은 아마도 역사상 가장 큰 규모의 이동에 속할 것이다. 자유 낙하 위기에 처한 것은 아니었지만 델은 속도 저하에 빠진 상태였고, 컴퓨터 업계의 빠르고 파괴적인 변화를 고려할 때 내부적으로든 외부적으로든 많은 변화를 도모해야 했다.

델의 초기 스토리는 실로 주목할 만하고 그래서 유명하기도 하다. 비즈니스 역사상 델만큼 빠르게, 그리고 막대한 수익을 내며 규모를 키운 기업은 거의 없다. 1984년 마이클 델의 기숙사 방에서 창업된 이래 델은 생애주기의 처음 20년 동안 가장 빠르게 성장한 기업으로서 세계 기록을 세웠다. 월마트보다 8배, 마이크로소프트보다는 4배 빠른 기록이다. 진정한 고도성장의 기간이었던 1990년대 내내 델은 주주들에게 연간 95퍼센트라는 놀라운 투자수익을 안겨주었고 기업의 수익은 매년 63퍼센트 이상씩 증가했다. 그 기간에 델은 과부하를 거침없이 헤쳐나갔다. 이러한 성장의 핵심에는 소매상을 우회하고 마이너스 현금전환 주기를 갖는 델만의 '직접 판매 모델'이 있었다. 마이너스 현금전환 주기는 델이 고객에게서 컴퓨터 값을 먼저 받은 다음에 부품 공급업체에 대금을 지불하기 때문에 생겨난 재정적 여유분이었다. 직접 판매 모델은 고객이 직접 주문하는 방식이었으므로 델의 고객 밀착성을 높여주었고, 자연스레 저비용 환경도 조성되었다. 당시 델은 컴팩이나 휴렛팩커드 같은 PC 업계의 경쟁 업체들보다 약 15퍼센트의 비용우위를 누렸다.

그러나 델이 세 번째 10년에 들어설 무렵 다양한 사건이 전개되며 연간 성장률을 떨어뜨리기 시작했다. 1992년에서 1999년까지 델의 연간 성장률은 54퍼센트라는 놀라운 수준이었다. 그런데

1999년에서 2006년까지는 17퍼센트로 줄어들었고, 2006년에서 2013년까지의 기간에는 당장이라도 속도 저하에 처할 듯 보였다. 그 7년 동안 연평균 성장률이 고작 2퍼센트에 불과했기 때문이다. 이 기간에 많은 일이 발생해서 역사상 가장 높게 날던 조직을 지면으로 끌어내렸다. 이에 새로운 전문 경영진이 투입됐고, 이들은 델을 고객 부문에 대한 투자에서 점점 비용 절감 쪽으로 이동시켰다. 그 결과 델의 고객 순추천지수는 최고 수준에서 거의 업계 최악으로 추락했다. 신제품들 또한 마이클 델이 CEO로서 조직을 움직이던 성장기에 나온 것들만큼 '핫' 하지 않았다. 그리고 직접 판매 모델의 비용우위도 감소하고 있었다. 이 모든 것이 속도 저하가 임박했음을 보여주고 있었다. 1999년 940억 달러에 달했던 시장 가치가 2013년 260억 달러로 74퍼센트나 하락한 것이 그 신호탄이었다.

무엇이 잘못되었던 것일까? "고객에게서 눈을 떼고 시선을 다른 데로 돌린 게 문제였지요." 최근 마이클 델이 한 말이다. 거대 상장기업으로서 델은 갈수록 고객에 대한 투자를 줄였다. 대신에 그 자원을 주주들이 요구하는 연간 기준 수익률을 충족하는 데 썼다. 2014년, 점진적 조치들로 기업을 회생시키려던 노력에서 실패를 맛본 후 마이클 델은 급진적 접근방식을 채택하기로 했다. 사모펀드 실버레이크Silver Lake와 파트너십을 맺고 기업을 비상장기업, 즉 개인 기업으로 전환한 것이다.

말 그대로 탁월한 한 수였다. 델의 이야기를 들어보자. "비상장기업으로 바뀌고 나니까 조직 내부에서 얼마나 일을 빨리 처리하게 됐는지 정말 놀랄 정도더군요. 우리는 회의 구조를 단순화했고 이사회도 3인 체제로 바꾸었으며 리스크를 수용하고자 하는 욕구를 키웠습니다. 대규모 위원회에서 리스크에 관해 논할 때는 대개 리스크 관리 위원회를 구성하자는 얘기부터 나오고, 리스크가 얼마나 위험한지 논하다가, 리스크 완화 절차와 애널리스트들의 반응 쪽으로 논의가 흘러갑니다. 하지만 이제 우리 조직에서는 리스크를 혁신과 성공에 필요한 것으로 인식합니다. 우리의 10만 직원은 이제 장기적 초점이 되살아났음을 느끼며 활력을 얻게 됐습니다."

델에서는 이렇게 주인의식이 되살아났고, 그 효과는 벌써 드러나고 있다. 고객 만족도 점수가 다시 오르기 시작했으며 직원 만족도 점수 역시 창사 이래 최고 수준을 달리고 있다. 기업의 핵심 사업이 다시 업계를 따돌리기 시작했고, 기업은 장기적 관점에서 사업 모델을 재정의하는 작업에 막대한 투자를 단행하고 있다. "우리는 초점을 바꾸었습니다." 델이 한 말이다. "분기별 수익에서 현금흐름 쪽으로, 단기적 관점에서 장기적 관점으로, 그리고 새로운 역량을 구축하는 데 충분히 투자하는 쪽으로 말입니다. 이 모든 것 덕에 우리는 우리의 사업에 대해서 전과는 완전히 다른 생각을 갖게 되었습니다."

최근 우리는 마이클 델에게 그 대범한 한 수에 대한 자체 평가를 부탁했다. "알다시피 우리는 지속적으로 진화해야 하는, '변화하지 않으면 죽는' 사업에 종사하고 있습니다. 진화하려면 어떻게 해야 할까요. 우리는 고객 서비스에 충분히 투자하는 것은 물론이고, 장기적 관점으로 일련의 주요 역량도 구축해야 한다는 것을 깨달았습니다. 물론 2007년에서 2013년 사이에도 우리는 일련의 인수를 포함하는 다각적 노력을 통해 이를 이루려고 시도했습니다. 하지만 시장은 충분히 기다려주지 않았습니다. 그들은 그저 '배당금이나 더 많이 주고 주식이나 되사달라'고 말했습니다. 이는 기업에 올가미가 될 수 있습니다. 당시 우리는 연간 거의 20억 달러에 달하는 돈을 배당금과 이자비용, 주식 환매에 쓰고 있었습니다. 그래서 다른 무언가를 시도해야 할 때라는, 개인 기업으로 전환함으로써 우리의 지평에 변화를 가해야 할 때라는 결정을 한 겁니다. 오늘날 우리의 지평은 분기에 맞춰지지 않고, 우리가 정한 세 가지 우선 사항의 관점에서 3~5년, 또는 10년에 맞춰집니다. 그 세 가지 우선 사항은 바로 영업력, 신제품, 역량입니다."

실제로 우리가 이 글을 쓰는 지금, 델은 기술 역사상 세 번째로 큰 규모의 인수를 막 발표했다. 데이터 용량 부문의 리더인 EMC를 650억 달러에 매입한다는 발표다.

개인 기업으로 전환하는 것은 물론 모두에게 유효한 전략은 아니다. 하지만 공공의 손에 맡겨두는 것보다 사적인 관리하에 놓음으로써 더 큰 보상을 얻을 수 있음을 보여주는 증거들이 늘어나고 있다.

우리는 그 주된 이유가 주인의식의 세 요소가 지닌 힘 때문이라고 강력히 믿는다. 의사결정과 리스크 감수 속도에 대한 성향, 깊은 책임의식, 현금흐름에 대한 집중 이렇게 세 가지 요소 말이다. 델의 이른 복귀는 이 증거에 무게를 더해준다.

자유 낙하 시기는 당연히 모든 게 쉬울 수 없는 때다. 하지만 그 시기는 또한 진정한 기회가 될 수도 있다. 지금까지 살펴본 바와 같이 가치가 긍정적으로 가장 크게 변동하는 일은 기업이 자유 낙하에서 회복하며 창업자 정신을 복원하고 반역적 대기업의 길로 들어설 때 발생할 수도 있다. 가장 단단한 것은 종종 가장 뜨거운 가마에서 만들어지지 않는가.

다음 장에서 우리는 기업을 키우고 '반역적 대기업'으로 만들려고 노력하는 리더들에게 특별한 조언을 제공할 것이다. 거듭 강조하지만 반역적 대기업이란 창업자 정신의 강점을 유지하면서 수익을 동반한 성장을 지속적으로 달성하는 대기업을 말한다.

창업자 정신을 당신의 조직에서 활용하는 방법

- 당신의 조직은 업계의 격변에서 살아남아야 하고 새로운 반역자들에 대응
할 수 있어야 한다. 조직을 그렇게 만들기 위해 즉각적인 조치를 취하라. 특
히 다음 사항에 주의를 기울여라.
  - 직원들에게 변화의 필요성을 주장하며 그 정당성을 입증하라. 사업 모델
  의 일부가 한물가고 있지는 않은가? 만약 그렇다면 그 부분을 재설계하
  는 데 긴급히 초점을 맞춰라.
  - 복잡성을 급진적으로 줄임으로써 묶어 있던 자원을 해방하고 초점을 예
  리하게 다듬어라. 몸집을 줄이고 줄여 종국에는 '핵심의 핵심'만 남게
  된다 해도 위기 상황에서는 그렇게 해야 한다. 복잡성과 비용을 줄이는
  행동이 어떻게 성장에 투자할 자금을 창출해주는지 직접 확인하라.
  - 경쟁력을 갖추려면 핵심 사업에 어떻게 변화를 가해야 하는지 파악하는
  과정에 당신 조직의 차세대 프랜차이즈 플레이어들을 합류시켜라. 그들
  과 함께 비전을 설정하고 그 실행에 전념하라.
  - 사업 모델의 전환과 혁신을 관리하는 전담 리더십팀을 구성하라.
  - 경영회의의 50퍼센트는 장기적 관점에서 주요 역량에 투자할 방안에
  초점을 맞춰라.

- 사모펀드 투자자들의 역할, 개인 기업으로의 전환 등도 고려하라.

—

6

—

리더가 해야 할 일
조직 전체에 창업자 정신을 불어넣으려면
어떻게 해야 하는가

이 책을 시작할 때 제시했던 전제를 다시 짚어보며 이 장을 시작하고자 한다. 사업을 운영하며 외부적으로 꾸준히 승리를 거두려면 내부적으로도 승리하는 환경을 갖춰놓아야 한다. 그리고 그렇게 하는 최상의 방법은 창업자 정신을 수용하는 것이다.

그것이 바로 리더가 할 일이다. 우리는 이 책 전체에 걸쳐 이를 명확히 인식시키려 노력했다. 여기서 '리더'는 CEO만을 의미하는 게 아니다. 모든 수준의 리더를 가리킨다. 모든 수준의 리더가 창업자 정신을 수용한다면 그 조직의 힘이 어떨지 한번 상상해보라. 반역자들로 구성된 기업은 더없이 강력한 조직이다. 이것이 바로 델컴퓨터를 회생시키는 일에 관해 말할 때 마이클 델이 염두에 두었던 내용이다. "나는 세계 최대의 신생기업과 같은 환경을 창출하고 싶습니다."

이 장에서는 조직의 각급 수준에서 일하는 모든 리더를 위한 교훈을 제공한다. 성장에 따르는 예측 가능한 위기들을 극복하는 방법과 월요일 아침에 조직을 활기차게 가동하는 방법에 관한 실용적인 교훈들이다.

우리는 다음과 같은 몇 가지 강력한 편향성을 가지고 이 논의에 임한다.

첫째, '리더십은 학습이 가능하다.' 멘토링할 수 있고 측정할 수 있으며 연습할 수 있고 향상시킬 수 있다.

둘째, '리더십은 CEO의 전유물이 아니다.' 창업자 정신을 가장 성공적으로 보유한 기업들은 마치 리더들로 구성된 부대처럼 움직인다. 이런 기업의 CEO들은 직원들을 더 발전하고 더 향상되도록 이끈다. 조지 버클리 경이 3M에서 엔지니어링 리더들에게 그랬던 것처럼 말이다. 존 도나호는 이베이에서 기업가 정신을 고취하는 문화를 창출함으로써 그렇게 했고, 카를로스 브리토는 열망에 불타는 젊은 직원들에게 큰 목표와 많은 자유 활동 공간을 제공함으로써 그렇게 하고 있다.

셋째, '창업자 정신은 이미 일정 수준의 성공을 거두었기에 이제 직원들에게 관심을 기울이고자 하는 기업의 사치품이 아니다.' 오히려 그 반대다. 직원들의 가슴과 머리를 공고히 점유하지 못하는 기업은 그 규모나 사업 유형에 관계없이 결국 새로이 공격을 가하는 반역적 기업들에 뒤처지게 마련이다. 창업자 정신이 없으면 현재 시장을 장악한 대기업은 곧 관료적 조직이 되고, 전에 없이 빠른 속도로 적응하며 규모를 키우는 반역자들의 공격에 갈수록 취약해진다.

끝으로, '반역적 대기업의 속성은 모든 비즈니스 리더들에게 실제로 중요하다.' 이 책 전반에 걸쳐 우리가 강조했듯이 지속적으로 이익을 내며 성장하길 바라는 사업체는 반역적 대기업이 되는 것을 목표로 심아야 한다(그림 6-1 참조). 반역적 대기업은 그 규모에 따르는 우위(규모의 경제, 시장 지배력, 유리한 학습 기회 등)와 창업자 정신의 특성을 유지하는 데에서 나오는 이점(반역성, 현장 중시, 주인의식 등)을 누

그림 6-1 | 리더들이 목표로 삼아야 할 반역적 대기업

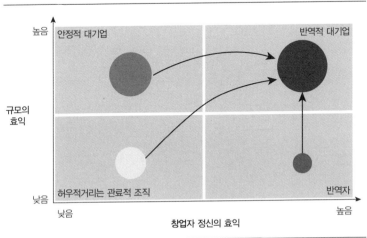

릴 수 있다. 그리고 그러한 우위와 이점은 엄청나게 중요하다. 10년 이상 지속적으로 이익을 내며 성장하는 기업 셋 가운데 둘가량이 반역적 대기업이다. 또한 반역적 대기업은 자신이 속한 업계에서 늘 '일하고 싶은 기업' 목록의 상위권을 차지한다.

이 책은 전임자들은 보지 못했던 잠재력을 파악해 기업을 새롭게 되살린 리더들, 창업자 정신의 힘을 활용해 조직을 위기에서 구한 리더들의 사례로 가득하다.

- 켄트 시리와 그의 팀은 파산 직전에 이른 조직에서 다비타를 만들어 내 미국 최고의 성과를 올리는 의료 서비스 기업으로 변혁했다.
- 예르겐 비그 크누스토르프는 레고 그룹을 핵심으로 되돌리고 새로운 기술과 새로운 아이디어로 개혁을 단행해, 고객에게 더욱 가까이 다가서며 친밀성을 창출했다.
- NXP에 투자한 사람들은 모기업이 포기한 사업부문을 인수하여 단순화를 통해 극적으로 되살려놓았다.
- 강력한 아이디어에 동기를 부여받은 ABI의 창업자들은 별다른 수익을 내지 못하고 있던 브라질의 한 맥주회사를 인수하여 이 시대 가장 위대한 반역적 대기업으로 키워냈다.
- 스티브 잡스는 다른 사람들이 모두 회의적일 때 애플의 잠재력을 보고 되돌아와 세계에서 가장 가치가 높은 기업으로 만들어놓았다.

　이들 리더와 그 팀들은 누구나 자신들이 반역적 대기업에 이르는 과정에 도움이 되었던 여러 가지 행운에 대해 기꺼이 이야기할 것이다. 하지만 어느 경우든 행운은 결정적 요소가 아니었다. 그들은 모두 자신들이 대부분의 업계 관찰자들이 인정하는 것보다 더 많은 잠재력을 지녔다고 열정적으로 믿었다. 그리고 그 잠재력을 완전히 발현하기 위해 모든 노력을 기울였다. ABI의 CEO 카를로스 브리토는 이렇게 말했다. "우리는 현재의 위치에 만족하는 법이 없습니다. 항상 더 많은 것을 이룰 수 있다고 생각하기 때문입니다."

　우리가 전에 출간한 전략에 관한 책들은 모두 완전한 잠재력에 대한 탐색을 논의의 출발점으로 삼았다. 핵심 사업의 완전한 잠재력에 관한 《핵심에 집중하라Profit from the Core》, 인접 사업의 완전한 잠재력에 관한 《핵심을 확장하라Beyond the Core》, 사업 모델이 한물가고 있더라도 여전히 토대로 삼을 만한 자산은 자신들의 완전한 잠재력이라는 걸 강조한 《멈추지 않는 기업Unstoppable》, 반복 적용할 수 있는 사업 모델의 완전한 잠재력에 관한 《최고의 전략은 무엇인가Repeatability》 등이다. 한 가지 면에서 보면 이 책도 다르지 않다. 이 책역시 완전한 잠재력에 대한 탐색을 출발점으로 삼는다는 얘기다. 하지만 지금까지 거듭 밝혔듯이 큰 차이점이 있다. 우리의 이전 책은 모두 외부적 전략 게임에 초점을 맞췄지만 이 책은 내부적 게임을 집중적으로 다루고 있다.

　모든 리더는 이 내부적 게임을 잘 수행해야 한다. 그리고 우리는 그 게임을 잘하도록 이끄는 것으로 창업자 정신에서 얻는 교훈만 한 게 없다는 사실을 발견했다. 창업자 정신이 리더들에게 귀중한 교훈을 줄 수 있는 세 가지 중요한 영역을 확인한 것이다. 그것들에 대해 알아보자.

자기 인식

성장의 위기가 닥치면 기업들은 자기 인식을 유지하고 자신들의 취약성에 대해 실체적인 평가를 하기가 극도로 어려워진다. 자기 인식을 유지하려면 다음의 문제들에 주의를 기울여야 한다.

근본적인 척도가 없을 수 있다

기업들은 다양한 결과 척도를 가지고 외부적 관점에서 자신의 건강을 평가한다. 일테면 이익, 매출, 고객 수, 시장 점유율, 평균 가격 등이다. 하지만 비재무적인 근원을 척도로 하여 내부적 핵심의 건강을 면밀히 조사하지는 않는다. 필수적으로 수행해야 하는 일인데도 말이다. 델은 그런 척도를 갖춘 덕분에 규모를 키우는 속도에서 세계 기록을 세운 것이다. 우리가 사용하는 척도는 고객과 직원의 충성도다.

잘못된 목소리에 귀를 기울일 수 있다

무슨 이야기를 듣느냐는 어디에 귀를 기울이느냐에 좌우된다. 예스맨들로 둘러싸인 채 집무실에 묶여 일하는 리더들은 이 함정에 빠지기 쉽다. 일선 현장에서 발생하는 새로운 정보나 반대 의견에 연결되지 못하기 때문이다. 시어스로벅앤드컴퍼니Sears, Roebuck and Company의 CEO였던 에드 텔링Ed Telling의 사례가 그렇다. 텔링의 스토리는 홈데포의 창업자인 버나드 마커스가 홈데포 간부들에게 동기를 부여하기 위해 나쁜 보기로 종종 든 사례다.

마커스와 블랭크는 그에 대해 이렇게 썼다. "텔링은 내강에 나가는 걸 매우 싫어했다. 기업에 돈을 벌어주는 곳이 바로 그 매장들이었는데 말이다. 자신의 봉급도 거기서 나왔는데, 그는 그것을 결코 이해하지 못했다. 하지만 우리는 다르다. 우리는 그 점을 잘 이해하는 조직이다. 그래서 우리 기업에 들어오는 임원은 누구든 예외 없이 홈데포에 합류하자마자 우선 매장에 나가서 일하도록 조처한 것이다. 이 정책은 심지어 우리 법무 파트너들에게도 적용된다."[1] 역설적인 것은 창업자들이 떠난 이후 홈데포가 잊어버린 원칙들 중에 이것도 포함됐다는 사실이다. 그런 일이 얼마나 쉽게 일어날 수 있는지 여실히 보여주는 예다.

리더들을 위한 교훈 __ 반드시 일선 현장의 목소리에 접근할 수 있도록 조처하라. 현장의 목소리야말로 자기기만을 막아주는 최상의 방어물이다. 현장에 직접 나가서 공장이나 창고, 매장 등의 직원들과 회합의 시간을 가져라. 그리고 임원과 간부급 직원들에게도 현장에 나가서 그렇게 하라고 지시하라. 아흔 살이 넘은 후에도 M. S. 오베로이는 여전히 고객 카드 등에 대해 의견을 피력하곤 했다.

아마존닷컴의 제프 베조스Jeff Bezos는 주요 회의 때마다 한 명을 지정해 고객의 목소리를 대변하는 역할을 맡기곤 한다. 다비타의 켄트 시리는 어떤 직원이든 전화로 참여할 수 있는 행사를 정기적으로 마련해 직원의 목소리를 듣는다. 지난번 행사에는 4,000명이 참여했다. 월마트의 샘 월튼Sam Walton은 이렇게 말했다. "월마트가 커지면 커질수록 우리는 더욱 필수적으로 작게 생각해야 하는 겁니다. 거대 조직처럼 행동하지 않는 것, 그것이 바로 우리가 거대 조직이 될 수 있었던 이유입니다."[2] 맥도날드McDonald's의 창업자 레이 크록Ray Kroc은 세부적인 데서 출발하는 관점이 갖는 힘에 대해 훌륭한 식견을 보여주었다. "나는 부분에서 전체로 옮겨가며 일합니다. 그리고 작은 세부 사항이 완벽해지기 전까지는 큰 규모의 아이디어로 넘어가지 않습니다."[3]

시간 관리

리더의 일은 위기가 발생하길 기다렸다가 행동을 취하는 게 아니다. 위대한 리더들은 자신의 시간을 전략적 자원처럼 관리하며, 다른 사람들에게 행동방식의 모범을 보이고, 가장 중요한 사안들에 집중한다. 인텔Intel의 창업자 앤디 그로브Andy Grove는 이렇게 말했다. "리더

자리에 있으면 시간을 어떻게 쓰느냐가 커다란 상징적 가치를 갖게 됩니다. 무엇이 중요하고 무엇이 중요하지 않은지를 어떤 연설보다도 훨씬 더 강력하게 전달할 수 있다는 얘깁니다."[4] 전략적 변화는 당신의 일정에서도 시작될 수 있다. 스스로 시간을 잘 통제하고 있는지 자문해보라. 고객과의 시간, 일선 현장에서의 시간, 유망한 젊은 리더들과의 시간 등 당신과 당신의 팀이 시간을 소비하는 방식에 대해 검토해본 게 마지막으로 언제였는가? 혹시 까마득한 과거의 일로 느껴지지는 않는가?

자기 인식의 도구를 하나 더 소개한다. 창업자 정신 지도와 창업자 정신 설문조사를 이용해 당신의 현재 상황을 정의하라. 이 도구의 간단한 버전을 우리 웹사이트에서 구할 수 있다. 현재 어디에 있는지를 정확히 알지 못하면 미래로 가는 최상의 경로 역시 찾기 어려운 법이다.

공동의 야망

"꿈이 있어야 실현도 할 수 있는 법이지요." 레슬리 웩스너가 한 말이다.

명명백백해 보이는 개념이지만 때로 잊힐 수도 있다. 기업이 성장하고 전문 경영 체제가 되면 기존에 정립된 사명이 영감을 주는 것과는 거리가 먼, 법인조직형의 포괄적 사명 선언문에 가까워질 수 있다. 반스앤노블Barnes & Noble의 '판매 상품이 무엇이든 미국 최고의 특제품 소매 사업을 운영한다' 또는 에이본Avon의 '세계 여성의 자기 충족 니즈와 그들이 원하는 제품 및 서비스를 가장 잘 이해하고 만족시키는 기업이 된다' 등과 같은 명쾌한 사명이 이런저런 야망을 다양하게 나열한 포괄적 사명 선언문에 통합될 수 있다는 얘기다. 그런 사명 선언문은 대부분 직원들에게 기업의 전략이 무엇인지 또는 기업을 특별하게 만드는 게 무엇인지 등에 대한 명확한 관점을 제공하지 못한다.

조직의 야망이 장황해지고 모호해지면 세 가지 부정적인 일이 발생한다. 먼저 영감을 고취하는 능력을 상실하게 된다. 또한 단기적 재무 목표나 위기가 지배적인 의제가 되어버린다. 장기적으로 무엇이 구축되고 있는지에 대한 개념이 없어지기 때문이다. 그리고 의사 결정의 토대가 되는 주요 원칙들이 희미해진다. 위대한 리더들은 무엇이 중요한지를 놓고 모호하게 나오는 법이 없다. 그들은 자신이 전하고자 하는 메시지를 골자에 맞춰 단순화하고, 늘 그것에 대해 언급한다. 케빈 시언이 NCL을 맡자마자 한 일이 바로 그것이다. 그는 매우 개인적인 사명의식으로 육상근무 직원들과 해상근무 직원들에게 새로운 활력을 불어넣었다.

리더들이 이를 더 잘, 그리고 더 자주 수행하는 데 도움이 되는 몇 가지 구체적인 아이디어가 있다.

창업자 정신을 주요한 전략적 자원처럼 관리하라

만약 창업자 정신의 제반 요소가 실로 이 책에서 우리가 주장하는 것만큼 중요하다는 생각이 든다면, 당신은 그것을 전략적 자원처럼 관리해야 한다. 실제로 전략적 자원이기 때문이다. 그렇게 하고 있는지 아닌지 스스로에게 물어보라.

지난 다섯 번의 경영회의와 지난 두 차례의 경영 전략 워크숍에서 다뤘던 의제를 떠올려보라. 당신의 사업 모델을 나아가게 할 차별화 방안, 사업 모델이 진부해지지 않도록 만들 방안, 일선 현장 직원들이 실제로 말하는 바와 느끼는 바, 경쟁 기업들에 비해 의사결정과 실행의 속도가 어떠한지 등에 대해서 실제적 논의를 벌인 게 마지막으로 언제였는가? 이 간단한 질문은 조직 내에서 창업자 정신이 얼마나 강하게 작용하고 있는지를 알아보기 위한 것이다.

이런 문제의식을 갖지 못하는 리더들은 일상적 우려나 관심 사안들에 치여 가장 중요한 사안을 제쳐놓는 경우가 많다. 다음번 경영진 워크숍에서는 한나절 정도를 할애하여 위의 사안들을 탐구하는 시간을 가져보길 바란다. 단, 의견이나 견해가 아니라 데이터를 이용해 탐구하라. 놀라운 결과가 나올지도 모른다.

조직의 일선과 직접 접촉하라

일선 상급 직원들이 느끼는 우려와 염려는 고객들의 현재에 대한 있는 그대로의 정보를 얻을 수 있는 최상의 원천이다. 또한 종종 과부하 또는 속도 저하가 닥칠 것을 예언하는 지표가 되기도 한다.

주로 성장의 위기에 처한 기업들을 구제하는 것으로 경력을 쌓은 네덜란드 출신의 CEO 텍스 거닝Tex Gunning이 곤경에 처한 유럽 기반의 국제특송회사 TNT를 맡았을 때 제일 먼저 무엇을 했는가. 그는 처음 6주 동안 현장을 누비며 창고에서 직원들과 함께 일하고 트럭에 올라 고객을 만났다. 그리고 7만 명에 달하는 직원 모두에게 현안이나 아이디어, 우려 사항을 제시해달라는 이메일을 보냈다. 그리하여 1,000명이 넘는 직원들로부터 응답을 받았고, 그에 대해 또 일일이 직접 답장을 썼다. 오늘날 그는 이것이 실로 필수적인 첫 행보였노라고 느낀다. 그것을 통해 많은 것을 배울 수 있었고, 또 새로운 경영진은 본사가 아니라 현장에 초점을 맞춘다는 신호를 보낼 수 있었기 때문이다.

베인앤드컴퍼니는 최근 '미국 최고의 직장' 상을 받았다. 우리는 이 상을 받은 배경이 어느 정도는 우리가 현장의 우려 사항에 관심을 기울이는 방식에서 비롯된 것으로 믿는다. 예를 들면 우리는 온라인 도구를 이용해 매월 모든 프로젝트팀을 대상으로 설문조사를 하고, 즉각 응답 내용을 검토하여 각 팀의 책임자에게 필요한 조치를 취하도록 한다. 조직원 모두 이러한 중재 방식을 높이 평가하는 까닭에 우리는 곧 이를 격주 단위로 시행할 계획을 짜고 있으며, 몇 몇 팀에 대해서는 매주 시행할 예정이다. 시간은 별로 걸리지 않으면서도 현안과 우려 사항을 즉각적으로 표면화해 적절한 행동을 취하도록 해주기 때문이다.

이는 또한 대기업에만 효과가 있는 것이 아니다. 최근 우리는 베인 설문조사를 주리스테크놀로지Juris Technologies의 CEO 시와이훈See Wai Hun과 공유했다. 주리스테크놀로지는 쿠알라룸푸르에 본사를 둔, 빠르게 성장하고 있는 젊은 재무소프트웨어 기업이다. 이튿날 그녀는 자신의 회사가 이미 그것을 시행하는 쪽으로 움직이고 있다는 내용의 이메일을 보내왔다. 창업자 정신이 잘 작동하는 전형적인 예다.

당신의 기업이 얼마나 큰지는 문제가 되지 않는다. 당신은 현장 직원들과 고객, 또는 생산시설 직원들로부터 어떤 식으로 직접적인 인풋을 얻는가? 얻을 수 있는 충분한 양을 얻고 있다고 확신하는가? 그들에게 듣는 내용을 반영해서 조치를 취하고 있는가? 그들이 당신의 조치에 만족하는가?

나침반을 창출하라

2009년 폴 폴먼Paul Polman이 유니레버의 CEO직을 맡았을 때 그 기업은 속도 저하에 빠진 상태였다. 이전 10년 동안 빠르게 성장하는 시장에 속했음에도 매출이 감소했고, 주식시장에서도 소비용품 업계의 상위 4대 경쟁 업체들보다 형편없이 뒤처지는 성과를 기록했다. 애널리스트들은 그 10년의 실적을 '지옥 수준'으로 묘사했다. 상황을 호전시키기 위해 폴먼은 매우 실용적인, 그리고 필수적인 조치를 취했다. 그와 그의 팀이 '나침반Compass'이란 제목으로 성명서를 채택한 것이다. 이 성명서는 기업의 새로운 목적과 높은 수준의 목표 그리고 12개의 타협할 수 없는 원칙들로 구성되었다. 물론 조직의 응집력을 높이고 복잡성을 줄이려는 취지였다. 폴먼은 그 '나침반'을 기업의 방향을 바로잡아 반역적 대기업으로 가는 경로에 올려놓는 데 이용했다.

쉽지는 않았다. 폴먼이 맡았을 당시 유니레버는 거대 조직이었을 뿐 아니라 놀랄 것도 없이 매우 복잡한 조직이었다. 얼마나 복잡했던지 여러 곳에서 '세계에서 가장 복잡한 조직'으로 묘사될 정도였다. 따라서 속도 저하에 처한 유니레버의 고삐를 쥔다는 것은 폴먼에게도 사실 벅찬 임무였다.

더구나 그는 창사 이래 처음으로 외부에서 영입한 CEO이기도 했다. 하지만 그는 그런 도전을 당연한 것으로 받아들였다. "경제적으로 매우 어려운 상황인데 외부인까지 들어왔으니…. 나는 조직에 받아들여질 방법부터 찾아야 했습니다. 그래서 두 가지 일을 했습니다. 우선은, 많은 시간을 그 기업의 가치관을 연구하는 데 썼습니다.

그것이 어떻게 구성되었는지 파악하는 데 말입니다. 그런 다음에는 성장하지 않는 기업을 성장시키는 데 필요한 '목적'을 찾았습니다. 이 두 가지를 결합하니까 답이 나오더군요. 우리 기업의 목적은 언제나 사람들의 삶을 향상시키고 성공적인 공동체를 조성하는 데 이바지하는 것이었습니다. 그래서 내가 선언했습니다. '우리는 우리 기업을 2배로 성장시킬 사업 모델을 창출할 겁니다. 그렇게 사업을 키우는 동안 우리는 환경에 끼치는 영향은 줄이고 사회에 미치는 영향은 늘릴 것입니다.' 유니레버의 장점만을 조합해서 강력한 목적을 만들어낸 겁니다. 또한 우리는 상기직 관점을 토대로 직원들에 대한 보상 시스템에 변화를 가했습니다. 위기 상황에서조차 우리는 장기적 관점으로 투자한다는 신호를 명확히 전달한 겁니다."[5]

'나침반'의 초안이 나왔을 때 폴먼과 경영진은 그것을 설명하고 보완하기 위한 포럼을 열기 위해 장도에 올랐다. 그 과정에서 그들이 만난 직원이 수천 명에 달했다. 그런 다음 그들은 타협할 수 없는 원칙들을 행동 계획으로 전환했다. 예를 들어보자. 그들은 세계의 많은 지역에서 유니레버의 성장을 막는 장벽이 인재 부족에 기인하는데도 인적 자원에 대한 별다른 계획 없이 전략이 승인되고 집행된다는 사실을 발견했다. 그래서 타협할 수 없는 원칙 중 하나를 토대로 '어떤 전략도 세부적인 인적 자원 계획 없이는 승인될 수 없다'는 규정을 도출했다. 이런 방식으로, 각각의 원칙 모두가 일상 업무에 적용할 수 있는 기준을 바탕으로 했다.

폴먼은 아주 능란하게 유니레버를 회생시켰다. 그가 CEO로 합류한 이후 매출이 22퍼센트 증가했고, 이익은 60퍼센트 늘어났으며, 주가는 2배로 뛰었다. 전반적인 구성원의 조직 몰입도는 75퍼센트로 역대 최고치를 기록하고 있다. 또한 2014년 글로브스캔GlobeScan과 서스테이너빌러티SustainAbility에서 지속 가능성 촉진 부문 세계 최우수 기업으로 선정되었다.[6]

폴먼은 이러한 성취에 대해 기업의 창업자 중 한 명인 윌리엄 레버William Lever가 정립한 한 가지 원칙에 공을 돌린다. 빅토리아 시대에 기업을 세운 그는 사람들의 위생을 개선하도록 고안된 비누 제품으로 핵심 제품라인을 구성했다. 사람들의 삶을 향상시키는 데 이바지한다는 원칙이 그때 세워진 것이다.

시간을 들여 사업의 주요 원칙을 성문화하고, 그것을 나아갈 방향과 경로를 찾는 나침반으로 이용하라. 이는 당신의 조직을 강력한 목적의식과 일관성 있는 행동으로 이끌어준다. 이는 조직의 유형이나 규모와 관계없이 모든 기업이 효과를 거둘 수 있는 방식이다. 우리는 그 효과를 마리코, 다비타, NCL, 이케아, 레고 그룹 등에서 이미 확인했다.

내부적 전략 게임에 반드시 이기는 기술

이 시대의 가장 위대한 리더십 연구가라 할 수 있는 워런 베니스 Warren Bennis는《리더와 리더십Leaders: Strategies for Taking Charge》에서 문제에 직면한 조직은 과잉 관리가 횡행하고 리더십은 부족해지는 경향이 있다고 했다. 그가 쓴 내용을 잠시 살펴보자. "그 차이는 실로 중대하다. 관리자는 일을 올바르게 처리하는 사람들이고 리더는 올바른 일을 하는 사람들이기 때문이다. 이 차이를 비전과 판단력을 갖춘 활동들이 있음과 없음으로 요약할 수도 있다."[7] 베니스는 계속해서 훌륭한 관리자의 '효율성efficiency'과 훌륭한 리더의 '효과성 effectiveness'을 구분한다. 우리가 창업자 정신에 대한 이 연구에서 초점을 맞춘 차이와 일맥상통하는 것이다. 조직을 반역적 대기업으로 이끄는 리더들, 그리고 이미 반역적 대기업에 도달한 조직을 이끄는 리더들에게 더욱 유용한 몇 가지 기법이 있다. 이제부터 그것들을 정리해보자.

야누스적 사고방식을 채택한다

야누스적 사고방식이란 정신과 의사 알베르트 로텐버그Albert Rothenberg가 만들어낸 용어다. 서로 반대되는 것을 동시에 고려하는 데서 생겨날 수 있는 창의적 혜택을 가리킬 때 사용된다. 야누스는 로마신화에 나오는 시작과 이행의 신으로 대개 서로 반대 방향을 응시하는 2개의 얼굴을 가진 것으로 묘사된다.

세계의 가장 창의적인 사상가 몇몇은 확고한 것으로 통하는 명제를 '사실인 동시에 사실이 아닌' 것으로 상상하는 양면적 사고를 통해 고유한 아이디어를 개발했다고 로텐버그는 주장한다. 그 방식이 비범할 정도로 창의적인 사고를 이끌 수 있다는 얘기다. 아인슈타인 역시 부분적으로는 지붕에서 떨어지는 사람이 움직이는 것인 동시에 움직이지 않는 것일 수도 있다고 상상함으로써 상대성 이론을 창안할 수 있었다.

창업자 정신의 효익과 규모의 효익을 동시에 추구하는 것 또한 야누스적 노력의 전형이다. 위대한 반역성을 창출하려면 창업자는 산업의 경계를 무시하고 무한한 지평이라는 개념을 수용해야 한다. 하지만 규모의 효익을 획득하려면, 그와 동시에 핵심 사업과 지속적인 향상을 위한 힘겨운 세부 작업에 집중해야 한다. 이 둘은 근본적으로 상충하는 조건이지만 성공적인 반역적 대기업이 되려면 필수적으로 갖춰야 하는 것들이다. 마찬가지로 반역자는 혼돈을 수용할 필요가 있다. 고객을 확보하고 유지하기 위해 신속히 자원을 동원하고 분산할 수 있으려면 말이다.

하지만 안정적 대기업은 강점의 상당 부분을 고정된 일과와 행동 방식, 그리고 경험곡선experience curve(생산 또는 판매 경험의 축적에 따른 원가 변화를 나타내는 곡선-옮긴이)을 타고 내려가는 것에서 얻는다. 이에 비해 반역적 대기업의 리더들은 이러한 경쟁적 요구 사항에 대해 야 누스적 사고방식을 채택한다. 레고 그룹과 용후이슈퍼스토어, 올람 인터내셔널Olam International, 하이얼, 아마존, 엘브랜즈, 구글, 이케아 등이 대표적이다. 그래서 이들이 단지 '부분의 합'에서 그치지 않고 그것을 훨씬 넘어서는 것이다. 규모와 속도, 양쪽 모두 탁월한 새로 운 혼합물을 만들어내기 때문이다.

'예스'라고 말하기 위해 '노'라고 말한다

금융 업계에서 진정한 반역적 대기업을 꼽으라면 단연 뱅가드 Vanguard다. 뱅가드는 1974년 전설적인 투자자 존 보글John Bogle이 창 업한 투자회사다. 보글은 단순한 아이디어를 염두에 두고 뱅가드를 창업했다. 그는 소규모 투자자들은 장기적으로 시장을 이길 수 없다 고 믿었고, 그래서 수수료가 아주 낮은 지수연동 주식 펀드를 전략 의 기반으로 삼았다. 그의 전략은 뱅가드를 제대로 추진시켰고, 오 늘날 3조 달러의 자산을 관리하는 세계 최대의 뮤추얼펀드회사로 발전시켰다. 현재 이 기업의 시장 가치는 헤지펀드 업계 전체보다 크다. 그럼에도 이 기업은 사업 다각화라는 엄청난 유혹에 굴하지 않고 핵심 사업과 핵심 고객에 대한 초점을 유지하고 있다.

 우리는 최근 현 CEO 빌 맥냅Bill McNabb에게 기업의 의사결정 철학 을 설명해달라고 요청했다. 그는 다음과 같은 간단한 언급으로 답을 대신했다. "우리가 내린 가장 중요한 전략적 결정의 다수는 무언가를 거부하는, 즉 모종의 제안에 '노' 라고 답하는 것이었습니다." 그들은 그렇게 온갖 종류의 사모펀드와 부동산, 해외 벤처 사업 등을 거부해왔다. 뱅가드를 핵심 사명에 집중하지 못하게 할 수도 있다는 단순한 이유 때문이었다. 맥냅은 심지어 투자자들이 맡기고자 내민 큰돈을 거부한 적도 있다고 말했다. 뱅가드의 포트폴리오와 맞지 않는다는 이유로 말이다. 이는 금융 업계에서 결코 들어볼 수 없는 얘기다.

속도 저하를 부르는 전략적 측면의 일반적인 근원은 핵심 사업을 너무 일찍 내다 버린다는 것이다. 다른 말로 표현하자면, 기업의 핵심 사명에 부합하지 않는 새로운 기회에 '노' 라고 답하지 못한다는 것이다. 한때 레고 그룹을 수렁으로 밀어 넣었던 재난 수준의 사업 다각화와 퍼페추얼이 겪었던 초점 상실을 떠올려보라. 위대한 리더들은 기업이 무엇을 지향하는지를 타협할 수 없는 원칙을 세워 명확히 해둔다. 그래야 핵심에서 자원과 에너지를 빼앗아가는 유혹적인 기회들에 '노' 라고 말할 수 있기 때문이다. 의사결정의 장벽, 즉 '예스' 의 장벽을 높이 세워두는 것이 하나의 방편이다.

그 밖에도 기업은 '노' 라고 말하는 것을 수월하게 해주는 다양한 방법을 만들어놓을 수 있다. 또 하나 소개하자면 프로젝트나 제품을 새로 채택할 때마다 같은 속도나 비율로 기존 프로젝트나 제품을 죽이는 방식을 채택하는 것이다. 즉, 하나를 얻으면서 하나를 버리는 방식이다. 또 다른 방법은 ABI처럼 하는 것이다. ABI는 일단 모든 프로젝트에 '노'라고 말하는 것으로 의사결정 프로세스를 개시한다. 그런 다음에 제로베이스 예산 편성에 들어간다. 리더가 가장 곤경에 빠지기 쉬운 방식 중 하나는 '1,000개의 꽃을 모두 피우게 하려는' 접근방식으로 투자에 임하는 것이다. 이는 결코 효과를 거둘 수 없는 방식이다. 불가능한 일이라는 얘기다. 위대한 리더들은 그 점을 잘 알고 있으며, '노'라고 말하는 것의 힘을 이해하고 있다.

핵심에 10배의 힘을 쏟아붓는다

2~3년 전 우리는 유럽의 한 거대 복합기업을 연구했다. 50개가 넘는 사업을 수십 개에 달하는 시장에서 펼쳐나가고 있는 대기업이었다. 그 기업은 10년 넘도록 유기적 성장을 하지 못하고 있었고, 잘못된 곳에서 성장을 추구하고 있었다. 당연히 주가는 끝없이 하락세를 이어갔다.

우리는 곧 그 이유를 깨달았다. 첫째, 인수한 대부분의 조직이 인수 이후에 성장 속도가 둔화되었다. 그중 다수는 창업자가 이끄는 조직이었음에도 말이다. 사실은 그 빠른 속도를 보고 인수한 것이지만 실패였다. 둘째, 기업의 자본이 다양한 사업 유형과 포지션 전반에 걸쳐서 기이할 정도로 균등하게 할당되고 있었다. 인수·합병에 많은 투자를 하다 보니 가족으로 편입된 기업들이 많았는데, 그들 모두를 동등하게 대하고 있었던 것이다. 실적이 형편없는 사업에는 실적 개선을 바라며 투자했고, 실적이 좋은 사업에는 그런대로 잘하고 있다는 이유로 투자를 게을리했다. 결과는? 하향 평준화를 이뤄 죄다 별 볼 일 없는 사업체가 되고 말았다.

반역적 대기업은 이런 접근방식을 거부한다. 그들은 자금 할당에서 극도로 편파적인 성향을 보인다. 예를 들어보자. 아마존은 당일 배송으로 매출을 크게 늘릴 수 있다는 것과 인스타카트Instacart나 운운WunWun 같은 반역적 신생기업들이 특정 상품에 대한 즉시 배송에 초점을 맞추고 있다는 사실을 간파했다. 이에 아마존은 주저 없이 자체 배송 선단을 구축하는 데 투자했다. 드론 기술이 그 주된 투자 대상이다.

'기업의 규모가 커지면 커질수록 투자와 관련해서는 작게 생각하기가 쉬워진다.' 기업을 키우고 사업 영역을 확장하느라 핵심 사업에 투자하는 데 게을러지는 경향을 지적한 말이다. 하지만 반역적 대기업은 언제나 핵심 사업에서 최상의 차별화를 이룰 방안을 찾아 대규모 투자를 단행한다. 그것이 바로 인도 최고의 부자 무케시 암바니Mukesh Ambani가 거대 복합기업 릴라이언스인더스트리Reliance Industries를 이끌어온 방식이다. 릴라이언스는 그의 아버지인 디루바이 암바니Dhirubhai Ambani가 뭄바이에서 창업한 회사로 현재 인도에서 가장 높은 가치를 기록하고 있다. 2000년에 암바니는 스스로 '경영주 정신owner's mentality'이라 칭하는 원칙에 입각하여 석유화학 정제

공장을 세웠다. 미래 핵심 사업을 통해 거대한 인도 시장의 25퍼센트를 점유하기 위해 이와 같은 일을 한 것이다. 대부분의 기업은 그 규모 앞에서 뒷걸음질을 쳤을 정도의 투자였다. 하지만 그 공장은 기술력과 규모 덕분에 인도의 여타 경쟁 업체들보다 30퍼센트 정도의 비용우위를 누리고 있다.[8]

핵심을 요약하자면, 위대한 리더는 예측 불허의 불확실성과 맞서 싸운다는 것이다. 특히 새로운 핵심을 세우기 위해 새로운 자산과 역량에 투자하는 경우에는 10배의 재원을 쏟아붓는 결정도 기꺼이 내린다.

'숨겨진' 근원을 추적한다

위대한 반역적 대기업은 창업자 정신을 이용하여 뿌리 끝에 존재하는 문제까지 파악하고 끄집어내 해결한다. 토요타는 자사의 생산 시스템에 이 방식을 그대로 적용했다. 생산라인에서 일하는 직원들은 어떤 문제든 발견하면 즉시 근원root cause 분석 프로세스를 가동하는데, 여기에는 때때로 '다섯 가지 왜'라는 프로세스가 동원된다. '다섯 가지 왜'는 문제의 진정한 근원에 도달할 때까지 '왜'라는 질문을 던지며 파헤쳐나가는 방식을 말한다. 우리는 최고의 리더들은 단지 제조와 관련된 문제에 대해서뿐 아니라 여러 폭넓은 비즈니스 현안에 대해서도 이와 유사한 방식을 통해 직관적으로 진단한다는 사실을 발견했다.

비크람 오베로이가 좋은 예다. 한번은 그가 고객 의견 수렴 카드에 차가 차갑게 제공된 것에 대한 불만을 적은 손님의 이야기를 들려주었다. 호텔 지배인은 그녀에게 정중한 사과 편지를 썼지만 문제의 세부 사항을 조사하지는 않았다. 지배인의 업무보고서를 통해 이 일을 알게 된 비크람은 지배인을 불러 조사를 시작했다(그가 신경 써야 할 호텔이 그곳 말고도 30군데나 더 있다는 점을 생각해보기 바란다).

비크람의 얘기를 들어보자. "그 고객은 영국인이었습니다. 자신이 평소 즐겨 마시는 차가 어느 정도 뜨거워야 하는지에 대해서 잘 아는 분이라는 얘기지요. 그래서 호텔 지배인에게 오베로이의 찻물과 보통의 찻주전자 찻물의 온도를 재보라고 했습니다. 결과를 보니까 온도에 차이가 있더군요. 그래서 다시 그 이유를 알아보라고 지시했고, 그 결과 찻물용 온수기가 주기적으로 그런 이상을 보인다는 것을 알게 됐습니다. 즉, 정기적으로 유지보수를 받는데, 유지보수를 받을 시점이 다가올 무렵이 되면 찻물 온도가 평소보다 낮아진다는 것입니다. 우리는 다시 또 그 이유를 추적했고, 우리가 그 기계들에 대해 표준 유지보수 프로그램을 운용하지 않아서 그렇다는 사실을 알아냈습니다. 우리는 다른 오베로이호텔도 점검하여 모두가 공통된 문제를 겪고 있다는 사실을 파악했습니다. 우리의 모든 호텔에서 온수기가 일으키는 온도 변화 탓에 특정 시점에 다소 차가운 차를 제공하고 있었던 겁니다. 그렇게 확인이 되자마자 당장 문제를 해결했죠. 이것이 우리가 일상적으로 우리의 표준을 높이는 방식입니다."[9]

당신도 여분의 시간과 활력을 할애해서 적극적인 청취자가 되도록 하라. 당신의 경영회의 자리에서도 '다섯 가지 왜'를 활용해보라. 주변 사람들을 미치게 할지 모르지만, 대화의 수준은 분명 높아질 것이고 세부 사항에 대한 주의도 높아질 것이다.

차세대 리더들에게 막대한 투자를 한다

우리는 인력을 기우는 데 괴도하게 투자한다고 느끼는 리더를 만나본 적이 없다.

올람의 CEO 서니 버기스Sunny Verghese는 조직 내 상위 800명의 간부사원에 대한 모든 인사 문제에 직접 개입한다. 그는 그들 각각의 이름을 모두 알고 있을 뿐 아니라 개개인에 대한 나름의 견해도 갖고 있다. 사실 그는 최근까지도 고용하는 직원 모두에 대해 자신이 직접 면접을 볼 것을 고집하곤 했다. 임직원이 모두 2만 3,000명에 달하는 기업에서 말이다.

ABI도 직원 채용에 이 정도의 관심을 쏟는다. 조 반 비스브룩은 이렇게 말했다. "우리 조직에서는 모든 임원이 쓰는 시간의 3분의 1 이상이 인재 관리에 할애됩니다. 정말 대단한 수준이죠." 그는 인재 관리가 특히 중요할 수밖에 없는 이유가 ABI에서는 신입사원에게 조차 흔치 않을 정도로 큰 일거리와 공격적인 목표를 부여하기 때문이라고 설명했다. "처음 기업에 들어오면 정말 엄청나게 어려운 목표를 부여합니다. 그래놓고 우리는 반응을 살펴봅니다. 이런저런 코치와 지침은 얼마든지 제공합니다. 다만, 어떤 식으로 도전을 수용하는지 보는 겁니다. 함께 갈 친구인지 아닌지를 거기서 포착할 수 있지요. 이것이 우리가 조직에 능력주의를 정착시키는 방식입니다. 다들 능력주의에 대해서 말은 많이 합니다만, 우리처럼 전체 시스템이 그것을 토대로 구축된 조직은 사실 드물지요. 그래서 우리가 그렇게 많은 것을 젊은 인재들에게 투자하는 겁니다."

이러한 예는 더 들 수 있지만 이 정도면 충분하다고 생각한다. 반역적 대기업의 위대한 리더들은 인재를 영입하고 멘토링을 제공하고 성장시키고 보유하는 데 실로 많은 시간을 투자한다. 그들은 조직이 성장하려면 사람을 키우는 능력이 필요하다는 사실을 명확히 인식한다. 이들 기업의 대부분은 내부 승진을 선호하고, 내부에서 많은 책임자를 키우며, 심지어 미니 창업 기회까지 제공하는 강력한 편향성을 지닌다. 이를 통해 가장 뛰어난 인재들에게 책임감을 심어주고 리더십 경험을 안겨주고자 노력한다. 최고의 반역적 대기업은 관료주의를 배척하며 능력주의를 바탕으로 삼는다. 적절한 인재가 없으면, 그리고 그들에게 동기를 부여할 능력주의가 없으면 기업은 성장을 멈춘다는 사실을 잘 알기 때문이다.

다음 질문들을 고려해보기 바란다. 당신의 기업은 지금도 예전만큼 능력주의를 고수하는가? 조직의 진정한 영웅이나 비범한 스타에게 보상을 제공하기 위해 인적 자원 관리체계조차 뛰어넘은 것이 마지막으로 언제였는가? 조직은 예외가 아니라 평균을 중심으로 시스템을 구축한다. 그러므로 때로는 공식 시스템을 넘어서는 조치가 필요해지기도 한다.

새로운 역량을 구축하는 데 먼저 투자한다

우리가 이 책에서 탐구한 지속적인 성공 스토리의 사실상 전부가 사업 모델을 강화하거나 조정할 수 있는 하나 또는 그 이상의 새로운 역량에 대한 대대적 투자를 필요로 했다. 경영팀을 교체하고 반역성을 재정의해 전달하고 복잡성과 비용을 덜어내고 기업을 내부적으로 재창업하는 데 몰두하다 보면, 새로운 역량에 투자하는 이 단계를 늦추거나 소홀히 하거나 지나치게 적게 투자하기가 쉽다. 하지만 이는 치명적인 실수가 된다. 변혁 프로세스의 초기에는 조직이 다시 완전한 경쟁력을 회복하려면 어떤 역량을 구축하거나 획득할 필요가 있는지 반드시 자문해봐야 한다. 리타 군터 맥그레이스Rita Gunther McGrath는 《경생우위의 종말The End of Competitive Advantage》에서 오늘날 어떤 시장에서 갖는 어떤 개별적 우위도 짧은 시간만 지속될 가능성이 크다고 말했다. 그러면서 기업이라면 예외 없이 차세대 사업 모델과 그것을 차별화할 새로운 역량에 꾸준히 투자해야 한다고 주장했다. 이것이 어떤 식으로 작용하는지, 우리가 잘 아는 한 기업을 예로 삼아 살펴보자. 그 기업은 사업 모델을 중심으로 혁신을 기하고, 경계를 넓힐 수 있는 새로운 역량에 지속적으로 투자하는 능력을 토대로 반역적 대기업의 반열에 올랐다. 기업 이름은 올람이다.

올람은 1989년 나이지리아에서 캐슈너트를 수입하며 안전하고 부정부패 없는 공급망을 구축하는 소박한 행보로 사업을 시작했다. 현재는 65개국에서 45가지의 일차 상품을 거래하는 동남아 최대의 식품 업체로 성장했으며, 연 매출 136억 달러에 6억 5,000만 달러가 넘는 이익을 올리고 있다. 이러한 성공에 힘입어 올람은 지난 10년간 아시아권 IPO로서는 최대의 성과를 기록했고, CEO인 서니 버기스는 '동남아 올해의 CEO'를 비롯하여 많은 상을 받았다. 올람의 이와 같은 성과는 시장의 낮은 성장률과 나이지리아 같은 곳에 안전한 공급망을 구축하는 등의 실질적인 난제, 식품 사업 고유의 복잡성을 고려할 때 더욱더 놀라운 일이다.

다음을 생각해보라. 올람이 사업에 나서기 전에는 대개 이런 식으로 유통됐다. 캐슈너트 농부가 작물을 지역의 중개상에게 팔면, 중개상은 다시 유통업자에게 넘기고, 유통업자는 다시 누군가를 고용해 다국적 기업이 상품을 모으는 창고로 운반하게 하는 방식이었다. 전체 공급망을 '보유한' 이가 아무도 없었다는 얘기다. 결과적으로 안정적으로 공급되지도 않았고 공급 경로를 추적하기도 어려웠으며 부정부패가 만연할 수밖에 없었다. 게다가 농부들은 응당 받아야 할 대가의 극히 일부밖에 받지 못했다. 버기스와 그의 팀은 처음부터 끝까지 직접 관리하며 책임지는 엔드투엔드end-to-end 방식의 공급망을 구축하면 네슬레Nestlé 같은 세계적 기업 고객에게도 차별화를 인정받을 수 있다고 봤다. 올람은 성공을 거두었고, 현재 자사의 핵심 시장에서 농장에서 최종 소비자에 이르기까지 완전하게 통제되는 공급망을 보유한 유일한 업체로 군림하고 있다. 한 가지 추가하자면, 올람에서 관리자나 경영자로 일하고 싶은 사람은 누구든 적어도 3년 이상을 시골 공동체에서 거주하며 일선 현장의 일을 해야 한다.

올람은 차별화를 이뤄주는 네 가지 역량을 중심으로 구축된 조직이다. 버기스는 1년에 두 차례 일주일의 시간을 내서 개인적으로 주요 간부들을 훈련한다. 무엇이 올람을 특별하게 만들고, 무엇이 사업 모델을 차별화하는지 교육의 시간을 갖는 것이다. 이 기업에서 사업 모델의 차별성은 캐슈너트 한 알 한 알까지 원산지를 추적할 수 있는 가장 안전한 공급망을 중심으로 구축될 때부터 형성되었다. 올람은 이 교육을 핵심 프로세스 훈련이라고 부르며 무척 중시한다. 모든 주요 직원이 올람에 경쟁우위를 부여하는 몇 가지 역량을 되새기며 더욱 깊이 이해하는 시간이기 때문이다.

올람은 지속적으로 다음과 같은 체계적인 질문을 던지고, 그에 따라 움직인다. 당신도 자신의 사업에 적용해보길 권한다.

질문 무엇이 우리 기업을 차별화하는가?

답   공급망을 관리하는 우리의 방식이다.

질문 공급망을 관리하는 우리만의 고유한 방식은 무엇인가?

답   농장 문에서 고객에 이르는 전체 공급망을 통제하는 것이다.

질문 그렇게 통제하는 우리만의 고유한 방식은 무엇인가?

답   시골 공동체에 관리자를 배치하고, 독점적인 리스크 관리 시스템을 운용하며, 현지의 지식을 이용해 각 상품을 현장에서 공장까지 추적하는 방식이다.

질문 그 일을 잘 수행하는 우리만의 고유한 방식은 무엇인가?

이 마지막 질문에 도달한 이후에야 마침내 올람이 지금 지닌, 그리고 앞으로도 계속 지닐 반역성의 중심에 놓인 근본적 역량에 다다를 수 있다. 이 일련의 질문은 관계자들 모두를 사업의 가장 가치 있는 핵심 자산에 이르도록 이끈다.

벌써 수십 년째 이어지고 있는 올람의 이익성장은 자사의 반복 적용이 가능한 모델을 제품마다 그리고 나라마다 재적용하는 스토리다. 올람은 성장을 거듭하면서 새로운 시장에 진입하고 인근의 이익풀을 공략하게 해주는 새로운 역량을 추가하는 데 전문가가 되었다.

예를 들어보자. 올람은 캐슈너트를 등급별로 분류하는 일을 비롯하여 열처리, 굽기, 포장, 분쇄 등과 같은 이차적 가공처리가 공급망 역량에 부가적 이점을 안겨줄 수 있다는 사실을 알게 됐다. 그래서 원산지 인근에서 가공처리를 해서 고객들에게 더 가치가 높아진 제품을 공급하기 시작했다. 그리고 그렇게 가공처리를 늘려나가자, 중개상을 배제하는 한편 현지의 사업체를 인수하거나 통합하는 기술과 역량까지 갖추게 되었다.

우리는 앞서 위대한 반역성이 어떻게 두세 가지 눈에 띄는 강점에 대한 '비타협성'을 중심으로 형성되는지 이야기했다. 위대한 기업은 두세 가지 심오한 강점에 일반적인 경우보다 10배 정도는 많은 자원을 투자한다. 평균에 묻히지 않고 나협 없이 튀어나오는 것, 즉 뾰족해지는 것이 승리의 비법이다.

우리는 독자들이 이 논의를 쉽게 시작하도록 돕기 위해 간단한 도구를 개발했다. 200개 사업체의 주요 차별화 요소와 그들의 900여 차별화 원천을 분석하여 15개의 기본 역량과 자산을 도출했고, 이를 매트릭스로 구성한 것이다. 누구든 이 매트릭스를 출발점으로 삼아 더 많은 수준으로 세분하고 깊이 파고들면 조직의 가장 중요한 역량의 본질에 접근할 수 있다(그림 6-2 참조). 올람에서 진행된 문답이 좋은 보기가 될 것이다.

모든 리더십팀은, 특히 자유 낙하에 처한 조직의 리더십팀은 다음의 사항들을 자문해야 한다. 어느 시점엔가는 생존에 핵심적인 것으로 드러날 질문들이다.

그림 6-2 | 역량 매트릭스

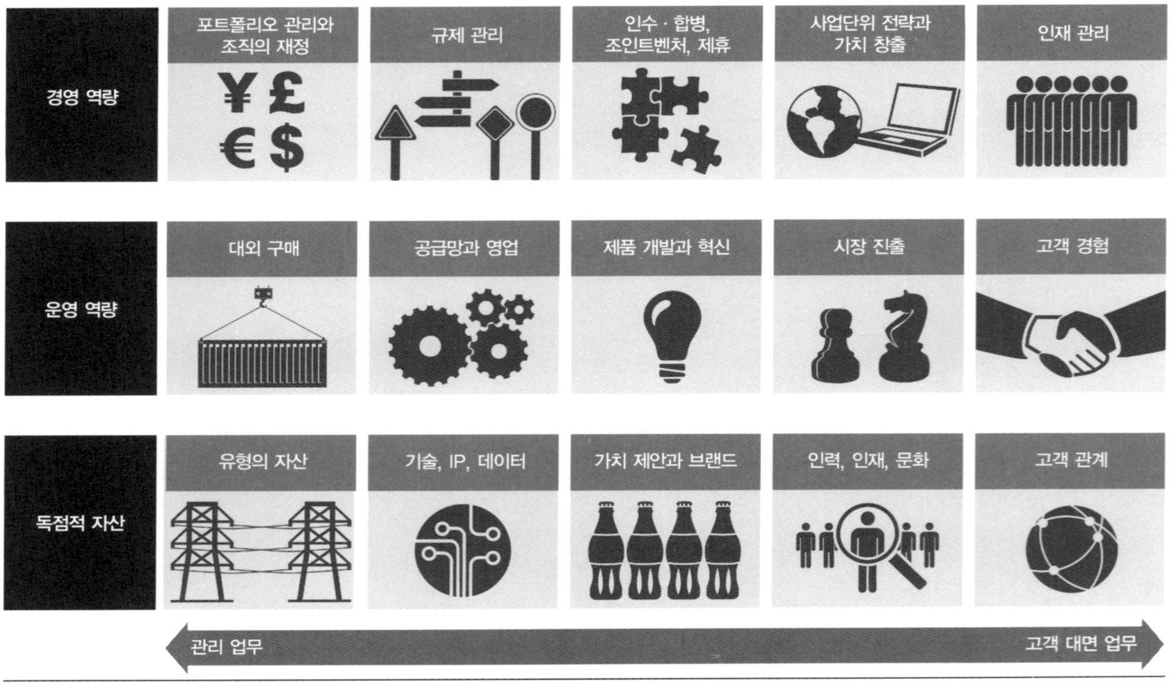

	고객 대면 역량				
영업 역량	포트폴리오 전략과 조직 개발 설계	규제 관리	인수·합병, 조인트벤처, 제휴	사업단위 전략과 가치 창출	인재 관리
운영 역량	인프라	공급망과 영업	제품 개발과 혁신	시장 진출	고객 경험
독점적 자산	유형의 자산	기술, IP, 데이터	가치 제안과 브랜드	인력, 인재, 문화	고객 관계

관리 역량 ← → 고객 대면 역량

- 우리가 과거에 이룬 성공의 핵심에서 가장 강력한 역량은 무엇이었는가?

- 그것이 여전히 유의미하고 강건한가?

- 미래의 경쟁을 위해 우리는 어떤 역량을 갖춰야 하는가?

- 그 역량을 갖추려면 얼마를, 어떻게 투자해야 하는가?

장기적 목표와 지평으로 더 많은 초점을 이동한다

새로운 역량을 구축하는 데 먼저 투자하는 것은 사업체의 리더가 내리기 가장 어려운 결정에 속한다. 왜 그럴까? 즉각적으로 성과가 나타나는 경우가 거의 없기 때문이다. 특히 주식시장의 이해관계자들이 눈을 번득이며 들여다보는 상황에서는 그 일을 행하기에 적절한 시기라는 게 전혀 있어 보이질 않는다. 즉각적으로 성과를 보여주는 일에 투자하는 것만도 벅찰 판이고 말이다. 그래서 늘 너무 꼼지락거리다가 주요 역량에 투자할 수 없게 되거나, 최소한의 자원으로 진행하려 애쓰다가 결국 필요한 수준의 기술을 충분히, 그리고 빠르게 구축하지 못하는 일이 종종 발생한다.

하지만 좋은 소식이 있다. 리더들이 장기적 목표를 향해 초점을 이동시키기 위해 쓸 수 있는 전술이 있다는 얘기다. 이 전술은 창업자 정신의 요소를 강화하는 역할까지 수행한다. 이를 내부와 외부 모두에서 효과적으로 수행한 한 창업자의 사례를 살펴보자. 그의 이름은 로버트 킨Robert Keane이다.

킨은 1994년 파리의 한 아파트에서 심프레스Cimpress라는 이름의 회사를 창업했다. 사업 아이디어는 경영대학원 인시아드INSEAD에서 벤처 기업에 관한 수업을 듣던 중 모종의 통찰력 형태로 킨에게 떠올랐다. 소규모 사업체들에게는 명함에서 안내판 등에 이르는 여러 가지와 관련해 고품질의 인쇄가 필요하다는 것, 거기에 커다란 사업 기회가 존재한다는 것을 간파한 것이다. 그는 또 그러한 소량의 고품질 인쇄가 인쇄 시장의 반 정도를 차지하는데도 대량 인쇄물을 주로 취급하는 인쇄소들이 거기서 별다른 수입을 올리지 못한다는 사실을 깨달았다. 킨은 스스로 '대량 맞춤 생산mass customiz ation'이라 이름 붙인 프로세스를 개발했다. 과거에는 양립할 수 없다고 여겨지던 대량 생산Mass production과 특별 주문 제작Customization을 융합한 새로운 프로세스였다. 그는 이를 통해 수천의 소량 인쇄 주문을 아우르는 규모의 경제를 이룰 수 있었다. 그리고 그의 접근방식은 결국, 그가 말한 바와 같이 "기존의 대기업은 관심을 두지 못하는 시장의 밑바닥에서 시작해 파괴적 영향력을 발휘하는 수준으로 발전하는 전략의 전형"이 되었다.

심프레스가 신생기업에서 반역자로 옮겨가는 데에는 약간의 시간이 걸렸다. 하지만 2005년에 접어들면서 기업은 성장의 첫 단계를 밟을 수 있는 공식을 발견했다. 인터넷을 통해 주문을 받음으로써 각기 다른 인쇄 세분시장과 각기 다른 지역을 공략할 수 있는, 반복 적용할 수 있는 모델을 찾은 것이다. 대량 맞춤 생산을 가능하게 하는 특별한 일괄처리 소프트웨어로 각 지역의 인쇄시설도 이용할 수 있는 모델이었다. 2005년 심프레스는 9,000만 달러의 매출을 기록했는데, 6년 뒤인 2011년에는 거의 10배에 달하는 8억 달러의 매출을 올렸다.

하지만 그러고 나서 과부하가 닥쳤다. 성장이 느려졌고 이윤폭이 줄어들었으며 투자자들로부터 우려의 목소리가 높아졌다. 킨의 얘기를 들어보자. "우리는 엄청난 비용우위로 적절한 시점에 적절한 곳에서 대박을 터트린 거나 마찬가지였습니다. 아무것도 없이 시작해서 8년 만에 8억 달러의 매출을 올리는 기업으로 성장했으니까요. 하지만 둔화의 신호에 걱정이 되기 시작했습니다. 게다가 조직 내에서는 우리가 물 위도 걸을 수 있다는 식의 자만심조차 은밀히 퍼지고 있었습니다. 일은 매우 열심히 하고 있었지만 물리적으로 탈진한 느낌이었고, 우리가 뚱뚱해지고 느려지고 있다는 생각이 들었습니다. 무언가 조치를 취해야 했습니다. 우리의 역량을 업그레이드하고 경영을 내부적으로 단순화하는 데, 특히 우리의 의사결정 방식을 단순화하는 데 투자할 필요가 있었습니다. 그와 더불어 우리는 장기적 관점에서 대규모 투자를 단행할 필요가 있다는 판단도 내렸습니다."

킨은 많은 변화를 도모했다. 〈월스트리트저널〉에 심프레스는 이제 장기적 관점에서 투자할 것이고, 연간 실적 전망치를 더는 내지 않을 것이며, 임원들에게 보상을 하고, 장기적 기반의 목표를 설정하는 쪽으로 옮겨갈 것이라고 선언하는 편지를 보냈다. "우리는 대량 맞춤 생산에서 세계 일등이 된다는 목표를 명확히 했습니다." 킨이 한 말이다. "그리고 주당 내재가치보다 더 중시하는 재정 목표는 없다는 점도 분명히 했습니다." 그러한 노력의 일부로 심프레스는 단기 수익이 아니라 장기적 자본이익률에 초점을 맞췄다. 킨의 표현을 빌리자면 "기업가 정신을 고취하는 문화를 재건하고, 장기 목표를 가진 팀으로 일하며, 업계에서 가장 빠르고 비용은 가장 낮은 조직이 되는 데 투자하기 위해서"였다.

여기에는 용기가 필요했다. 킨과 그의 팀은 자신들의 모델을 전환해야 했다. 그들은 명료한 책임의식을 지닌 더 많은 사업단위를 만들어냈으며 위원회가 모든 사항에 대해 의사결정을 하던 관행을 버리고 단위마다 단일 의사결정체를 조직했다. 그들은 브랜드 관리 등에 대해 명확한 규칙을 정립하고, 차상위 수준의 결정은 사업 운영자들이 내리게 했다. 법인의 기능은 극적으로 축소하고, 자본 배분과 장기적 역량의 구축에 관한 의사결정에 더욱 초점을 맞췄다.

이러한 전략은 효과를 거두고 있다. 심프레스의 유기적 성장이 모든 시장에서 확인됐다. 기업은 규모가 거의 2배로 커져 연 매출 15억 달러를 올리고 있고, 투자자들은 장기적으로 주식을 보유하는 사람들 위주로 바뀌고 있다. 이에 따라 주가도 2011년 26달러에서 2015년에는 그 3배가 넘는 80달러에 거래됐다.

당신도 사업 목표가 갈수록 단기적으로 변하는 경향이 있음을 인정하라. 자본 배분과 내부 목표 및 타깃, 보상 시스템, 투자자들과의 의사소통 등에서 그런 경향과 맞서 싸워라.

속도와 민첩성의 수호자가 된다

기업은 성장하면 필연적으로 더 복잡해지고 집중력이 떨어지며 성장을 멈추게 된다. 이것이 성장의 역설이다. 1,000명의 사람을 한 빌딩에 모아놓고 무언가를 단순화하라고 말해보라. 그들은 열심히 일해서 그것을 더 어렵게 만들어놓을 것이나. 비로 그렇기 때문에 리더들이 속도와 민첩성의 수호자가 되어야 하는 것이다.

속도에 대해서는 이 책의 거의 모든 부분에서 중요한 요소로 다뤘다. 의사결정의 속도, 전달의 속도, 출시의 속도, 재고 보충의 속도, 고객 문제 해결의 속도, 근원에 도달하는 속도, 적응의 속도, 인수 및 통합의 속도, 다가오는 위기를 보는 속도, 준비의 속도, 행위의 속도, 성장의 속도….

오늘날 대부분의 시장에서 속도는 승리하는 데 매우 중요한 요소다. 반역적 대기업은 그것을 잘 안다. 규모가 그렇게 큰데도 위대한 반역적 대기업은 세계에서 가장 빨리 움직이는 조직에 속한다. 베인 앤드컴퍼니에서 우리가 수행한 조직 성과 사례에 대한 연구·조사에 따르면 기업의 성과와 의사결정의 속도, 그리고 의사결정이 얼마나 질적으로 인지되느냐 사이에 밀접한 관계가 있음을 알 수 있다. 우리가 파악한 바에 따르면, 반역적 대기업의 리더들은 조직이 크게 성장하면 어떤 식으로 속도가 저하될 수 있는지를 예리하게 인식하고 있다. 그들은 전환 시점마다 속도를 죽이는 숨겨진 요소의 일부 또는 모두를 찾아내 그 뿌리를 뽑는다. 다음의 목록을 참고하기 바란다.

조직의 속도를 죽이는 숨겨진 요소

1. 과도한 복잡성

2. 에너지 흡혈귀

3. 아무도 '결정권'이 없는 위원회에서 벌어지는 논쟁

4. 조직 내 과도한 계층, 그리고 사업의 다양한 측면을 관리하는 임원span speaker, 예로 COO

5. 핵심 원칙과 목적을 둘러싼 모호함, 그리고 경쟁 업체에 반응하는 방법에 대한 공통된 직감의 부족

6. 각 부서에 갇힌 자원

7. 단일 담당자가 없이 분산되고 파편화된 고객 경험

8. 병목현상을 해소하고 갈등을 해결하는 월요 회의의 부재

9. 반복 적용할 수 있는 모델을 갖추지 못해서 각각의 새로운 성장 기회마다 각각의 새로운 역량이 필요한 상황

10. 고급 정보를 독식하며 새로운 활동을 끊임없이 생각해내고 제안하는 본사 직원들

리더는 행하는 모든 일에서 속도를 경쟁우위로 만들어야 한다. 리더는 속도를 죽이는 요소를 줄이고, 속도를 촉진해야 하며, 속도를 증가시키는 새로운 아이디어를 독려해야 한다. 잭 웰치Jack Welch 는 GE의 CEO로 20년간 재임하면서 매출 268억 달러의 기업을 거의 1,300억 달러로 키웠다. 하지만 그가 유명한 진짜 이유는 그가 조직의 속도를 높였기 때문이다. "조직 내부의 변화 속도가 외부의 변화 속도보다 느려지면 종말이 시야에 들어온 것이다." 그가 남긴 유명한 말이다.[10]

하지만 속도만으로는 충분치 않다. 리더는 또한 민첩성이 수호자가 되어야 한다. 이 책 전반에 걸쳐 우리는 더 민첩한 조직을 구축하는 방법에 대해서 논했다. 중국의 선도적인 신선식품 체인 업체 용후이는 자사의 기존 '적색 매장'에 병행해서 반역적인 '녹색 매장'을 개설함으로써 민첩성을 향상시켰다. 만약 새로운 반역자가 업계에 파괴적 영향력을 행사하기 시작하면, 적어도 녹색 매장이 자사의 반역자가 되도록 만들겠다는 의도다. 터키의 선도적인 주류회사 메이키의 리더들은 월요 회의를 통해서 민첩성을 유지한다. 그들은 월요 회의를 이용해 혁신의 장애물을 제거하고, 자원을 적절히 배분하며, 기능 및 영업 영역 전반에 걸쳐 책임의식을 공유한다. ABI도 나름의 방식으로 민첩성을 촉진하고 있다. 조직의 모든 부분에 주인의식을 불러일으킴으로써 말이다.

리더십의 부담을 조직 전체와 나눈다

우리는 지금 창업자 정신의 재발견에 대해서 이야기하고 있다. 하지만 그렇다고 이 책을 읽는 사람들이 '모든 길은 다시 창업자에게 돌아가는 것' 이라는 결론을 내리길 바라는 것은 아니다. 또한 '변화를 원한다면 창업자가 움직이길 기다려야 하는 것' 이라는 결론도 내리길 바라는 것도 아니다. 전혀 그렇지 않다. 우리가 말하고자 하는 요점은 완전히 그 반대다. 만약 당신이 창업자 정신을 수용한 사람이라면, 기업에서 맡은 역할이 무엇이든 어떤 문제를 발견했을 때 결코 다른 사람처럼 그냥 지나치거나 무시해버리지 못한다. 당신이 그 문제의 주인이기 때문이다.

이와 관련해서 제이보 플로이드Jabo Floyd의 놀라운 스토리를 소개한다.

월마트 USA에서 25년을 근무한 베테랑 직원인 플로이드는 아칸소 주 벤턴빌에 있는 6094 유통센터의 총지배인이다. 말 그대로 어마어마한 '규모의 효익'을 느껴보고 싶다면 월마트의 유통센터를 한번 방문해보라. 월마트 유통센터는 규모에서 오는, 그리고 수십 년간 축적된 지속적인 학습에서 오는 비범한 효율성의 증거다. 월마트 유통센터는 하나의 거대한 분류 기계로 간주하면 된다. 한쪽 측면으로는 매일 100대가 넘는 트럭이 도착한다. 공급 업체에서 오는 트럭들이다. 트럭이 도착하면 유통센터 직원들이 상품을 내린다. 반대쪽 측면으로는 매일 거의 200개에 달하는 트럭이 도착한다. 각 월마트 매장의 선반을 채울 상품을 실어가기 위해 오는 트럭이다. 유통센터는 매출을 올리는 기관이 아니다. 따라서 이들의 성과는 효율성 관점에서 평가된다. 프로세스의 양쪽에서 짐을 부리거나 실을 때 얼마나 빠르고 얼마나 정확한가, 매장에 보낼 제품을 선별하는 과정은 얼마나 빠르고 얼마나 정확한가 등에 의해서다. 월마트 유통센터에도 약간의 재고품은 쌓이지만 대부분의 상품은 그저 인바운드 트럭으로 들어와 몇 시간 내에 다시 아웃바운드 트럭으로 빠져나간다.

월마트를 아는 사람이라면 내부분 짐작하겠지만 이러한 효율성의 상당 부분은 전적으로 운영의 규모를 통해 실현된 것이다. 벤턴빌의 유통센터는 하루 24시간 가동된다. 트럭들이 300개가 넘는 개별적인 독dock에 도착했다가 이내 떠난다. 하루 약 50만 개에 달하는 상자가 총연장 약 18킬로미터에 달하는 컨베이어벨트를 타고 움직인다. 그리고 그 유통센터와 관할 167개 매장을 오가는 트럭들은 모두 합쳐 월평균 300만 킬로미터를 운행한다. 이 모든 움직임을 관리하는 팀은 다년간의 현장 경험으로 잔뼈가 굵고, 직원들이 최상의 능력을 발휘하도록 이끄는 경험도 풍부한 베테랑이 책임을 맡는다. 비범한 선별력과 고객 대응력을 중심으로 돌아가는 이 사업체에서 플로이드와 그의 팀은 프랜차이즈 플레이어라 할 수 있다.

규모는 나름의 효익을 갖는다. 하지만 앞서 논의한 바와 같이 규모는 기업의 속도와 민첩성을 침식할 수 있다. 이것이 월마트 유통센터의 주요한 난제다. 거기서는 민첩성과 효율성의 방정식에 균형을 맞추려면 지속적으로 개선 방안을 찾아야 한다. 월마트가 유통센터로 들어오는 상품의 구색을 확대하고, 소형 매장의 수를 늘리며, 매장 픽업용과 가정배달용 포장상품 배송 사업도 시작했기 때문에 속도와 민첩성이 전보다 더 중요해지고 있다.

플로이드는 자신이 맡은 일의 복잡성 증가로 분투를 벌이던 중 창업자 정신에 관한 우리의 프레젠테이션을 접하게 되었다. 기업의 많은 상급 리더들은 새로 취임한 CEO 더그 맥밀란Doug McMillon의 본을 따르고 있었다. 맥밀란은 2014년 CEO직을 맡은 이후 샘 월튼의 유산과 창업자 정신의 중요성을 수시로 강조했다. 우리가 월마트 관계자들 앞에서 프레젠테이션을 하게 된 것도 다 그런 맥락에서였다. 우리의 메시지가 플로이드의 심금을 울린 것이다. 최근 그는 이렇게 말했다. "이 기업에 들어와 26년째 일하고 있습니다. 그리고 지금 나는 월마트에 평생을 바친 많은 베테랑과 함께 유통센터를 운영하고 있습니다. 그들은 기업의 반역 시기에 기업과 함께 성장한 금배지의 주인공들입니다. 우리는 실로 월마트의 놀라운 성공의 일부로서 반역자에서 대기업으로 이동하는 전 과정을 함께했습니다. 창업자 정신에 관한 프레젠테이션을 봤을 때 이런 생각이 들더군요. '오늘부터 다시 반역자로서 행동하자. 리스크를 감수하자. 다시 재밌게 일해보자. 다른 사람이 다르게 움직이길 기다릴 필요가 없다. 일단 나부터 시작하고 서로 도전하고 자극해보자. 전과는 다르게 일하자고 해보자' 라는 생각 말입니다."

플로이드의 말마따나 아마도 대기업에서는 이전에 거의 모든 것을 시도해보았을 것이다. "그런 상황이 장애가 될 수 있습니다. 왜냐하면 누구든 '아, 그거 1998년에 해본 건데 효과가 없었어' 라는 식의 말로 브레인스토밍 시간을 중단시켜버릴 수 있거든요." 플로이드는 그런 언급을 금지했다. "우리가 벽에 부딪혔다는 것을 팀원들이 인식했습니다. 우리는 새로운 아이디어가 필요했고 실험이 필요했습니다. 이제 다르게 일해야 한다는 것을 모두가 알았습니다. 우리는 다시 반역자였고 그래서 실험할 필요가 있었습니다. 항상 그것을 해왔든, 전에 시도했다가 실패했든 아무런 상관이 없었습니다. 무엇이든 다시 시도해보고 실험해보는 게 중요했습니다."

최초의 실험 중 하나는 유통센터의 생산성을 측정하는 방식에 변화를 가한 것이었다. "그동안 우리는 개인별로 생산성을 측정해왔습니다. 만약 누군가가 나쁜 트럭을 만나면, 그러니까 짐을 내리고 분류하기가 힘든 트럭을 만나면 그 사람은 그날 하루는 망치는 겁니다. 그런 트럭은 딱 보자마자 '아, 오늘은 운이 나쁘구나' 이런 생각이 들면서 기운이 쫙 빠지는 겁니다." 그래서 플로이드는 개인이 아니라 팀 자체의 수행도를 우선적 척도로 삼기 시작했다. "그렇게 바꾸고 나니까 나쁜 트럭을 만나면 다 같이 뛰어올라 함께 처리하고 다음 트럭으로 넘어가게 되었지요."

플로이드와 그의 팀은 그들이 긴 여정에 이제 막 돌입한 셈이라는 걸 잘 안다. 창업자 정신의 힘은 부분적으로는 그것이 조직에 퍼지면서 형성하는 사고방식에서 나온다. 플로이드는 이렇게 말했다. "허용되는 것과 용인되는 것 사이에는 분명한 개념상의 차이가 존재한다고 생각합니다. 실험은 반드시 넘어서는 안 되는 가드레일에 대한 명확한 이해를 토대로 진행돼야 합니다. 우리 CEO는 최근 '월마트 방식'을 강조했습니다. 그는 윤리와 법적 기준, 고객을 우선시하는 태도라는 관점에서 '월마트 방식'이 무엇을 의미하는지에 대한 최상의 의견을 수렴하기 위해 많은 직원과 함께 노력을 기울였습니다. 이제 모든 것이 간단하고 명료합니다. 나는 우리가 '월마트 방식'을 토대로 교육을 받고 그에 순응하기로 동의하면, 그것이 제시하는 지침 안에서 실험을 할 수 있어야 한다고 봅니다. 우리는 실험을 통해 개혁을 도모할 필요가 있기 때문입니다."

플로이드가 보기에 반역자처럼 행동하는 것의 효익은 그것이 일선 현장에서 일하는 수백여 팀의 잠재력을 일깨운다는 사실이다. "내가 한때 야구팀 코치였거든요. 나는 어떤 경우든 팀이 가장 중요하다고 봅니다. 모두가 최선을 다하고, 모두가 승리에 기여했다고 느끼는 게 중요하다는 뜻입니다." 코치 시절 플로이드는 선수들에게 시합 중에 벤치를 돌아보고 지시를 구하는 행태를 버릴 것을 요구했다. "나는 선수들이 상대에 당당하게 맞서서 승리를 거두길 바랍니다. 월마트는 팀들로 이뤄진 팀입니다. 만약 우리가 서로 활력을 더해주며 서로에게서 배울 수 있다면, 반역성과 규모 모두에서

득을 보게 될 겁니다. 월마트는 팀과 활력을 토대로 구축되었습니다. 우리는 성공에 이르고 나면 성공을 안겨준 근육은 더는 연습을 하지 않게 됩니다. 하지만 그 오랜 근육을 다시 회복해야 하고, 충분히 그럴 수 있습니다. 물론 새 근육도 계속 개발하면서 말입니다. 예전보다 복잡해진 소매 업계에 대응해야 하니까요."

팀 기반의 이 새로운 방향성은 요즈음 새로 합류한 신입사원들에게 도움이 되고 있다. "우리는 평직원 회의 시간을 갖고 새로운 팀 개념이 작용하는 방식에 관해 토의했습니다. 사람들이 주목한 한 가지는 이 팀 개념이 특히 신입사원들에게 큰 인기를 끈다는 사실이었습니다. 팀 개념이 더 큰 무언가의 일원이라는 느낌을 주기 때문입니다. 그들은 특히 다양한 성원으로 구성된 팀의 일원이라는 아이디어를 좋아합니다. 또 베테랑들과 함께 팀을 이루는 것도 다들 맘에 들어 했는데, 베테랑들 역시 신입사원들의 활력을 느낄 수 있어 좋았지요."

플로이드는 이렇게 예전보다 비범한 경력을 쌓고 있다. 그 비범한 경력은 미국 비즈니스 역사상 가장 위대한 창업자 중 한 명인 샘 월튼의 유산과 함께 시작되었다. 샘 월튼은 우리가 이 책에서 지금까지 설명한 창업자 정신의 진정한 화신이라 할 만한 인물이다. 그는 월마트가 미국 역사상 가장 크고 가장 성공적인 사업체로 성장하는 데 전력을 기울이며 경력을 쌓았고, 현재는 월마트의 원로가 되었다. 하지만 플로이드는 샘 월튼의 전설에 안주하지 않는다. 오늘날 미국 소매 업계가 맞닥뜨린 이 격변의 시기에도 월마트가 위대한 반역적 대기업으로서 다음 장을 써내려가기를 바란다. 그리고 그 선봉에 서길 자처한다. "나는 '우린 늘 이런 식으로 일해왔어' 라고 말하는 구식 베테랑이 되고 싶지 않습니다. 우리가 현재 직면한 도전에 나는 이제 더는 관계가 없는 존재가 아닌가 하는 생각이 들면 잠도 오지 않습니다. 젊은 친구들이 나를 보며 '저 노인네, 월마트에서 25년 동안이나 참 열심히도 일했지' 라고 말하는 걸 원치 않습니다. 나는 그들이 나를 보며 '항상 혁신을 도모하는 우리 플로이드가 오네. 여전히 조직의 신선한 피야' 라고 말하길 바랍니다. 나는 좋은 노인네가 되고 싶지 않습니다. 나는 반역자가 되고 싶습니다."

플로이드의 스토리와 그의 야심은 참으로 심오한 영감을 안겨준다. 이 책을 마무리하기에 좋은 지점이다. 플로이드는 창업자 정신을 받아들였고, 이제 그에게는 하늘만이 유일한 한계다. 당신도 그렇게 할 수 있다. 당신이 핵심 사업을 운영하는 시장에서 리더라고 상상해보라. 당신이 업계의 그 누구보다 빨리 움직이는 주자라고 상상해보라. 당신의 직원들이 플로이드처럼 활력이 넘치고 헌신적이라고 상상해보라. 만약 이 상상을 현실로 만들 수 있다면 당신의 기업은 최고의 인재들을 위한 최고의 직장이 될 것이고, 당신은 경쟁자들에게 가장 끔찍한 악몽이 될 것이다. 당신이 진정한 반역적 대기업을 이끌고 있을 테니 말이다.

이 책에 투자한 수년간의 노력을 돌아볼 때 역시 가장 먼저 떠오르는 것은 기꺼이 시간과 전문 지식 그리고 통찰력을 제공해준 많은 수의 놀라운 인물들이다. 우리 두 저자는 그분들에게 실로 겸손한 자세로 감사의 뜻을 전한다.

대부분 바쁘기 그지없는 100여 명의 CEO 및 창업자가 귀중한 시간을 충분히 할애하여 우리에게 자신들의 스토리를 들려주었다. 지속성 있는 사업체를 창출하는 과정에서 겪은 도전과 그 도전을 이겨내기 위해 이용한 최상의 기법 등을 공유하면서 말이다. 그들이 사업의 최전선에서 경험한 스토리와 거기서 얻은 통찰력이 이 책의 핵심이다. 우리는 그러한 비즈니스 리더들, 특히 창업자들이 이룩한 성취와 그들이 보여준 기술 및 의지력에 대한 무한한 존경심으로 이 프로젝트를 마무리했다.

베인앤드컴퍼니에 몸담은 우리의 파트너들은 우리의 노력에 꾸준한 지원을 아끼지 않으며 참고 자료나 사례, 비평, 아이디어를 요청할 때마다 빠르고 후하게 부탁을 들어주었다. 이 책을 집필하는 동안 우리는 우리 파트너들의 고객을 대상으로 문자 그대로 수백 차례의 워크숍과 간담회, 프레젠테이션을 수행했다. 아이디어들을 사업의 제일선에서 적용해보는 동시에 테스트를 통해 지속적으로 배우며 발전해나가기 위해서였다. 우리는 정말 운 좋게도 시간과 아이디어, 자료를 사심 없이 공유하는 관대하고 능력 있는 사람들만 만났다. 그 가운데 특히 니콜라스 블로흐 Nicolas Bloch, 스테파노 브리델리 Stefano Bridelli, 이노슨트 듀티로 Innocent Dutiro, 프랑수아 파엘리 François Faelli, 히우라 도시 Hiura Toshi, 듀니건 오키프 Dunigan O' Keeffe, 찰스 오미스톤 Charles Ormiston, 라지 페르와니 Raj Pherwani, 스티브 쇼버트 Steve Schaubert에게 감사를 표하고 싶다. 스티브 쇼버트는 이 책이 완성되기 불과 몇 개월 전 뜻하지 않게 세상을 떠났다. 창업자 정신의 롤모델로서 그리고 이 책과 관련해 현명한 조언을 제공한 인물로서 그는 우리의 감사 목록 상단을 차지하며 우리 기억 속에 남아 있다.

우리는 베인앤드컴퍼니의 실로 탁월한 능력을 갖춘 올스타급 컨설턴트와 애널리스트들의 도움을 받아 기업의 속도 저하 비율에서부터 수익을 동반한 성장의 지속 가능성 등에 이르는 모든 것을 파악할 수 있었다. 소널 프루티 Sonal Pruthi, 브하뱌 낸드 키쇼어 Bhavya Nand Kishore, 아누크 피에닝 Anouk Piening, 앨리스 레너드 Alice Leonard, 루시 커밍스 Rucy Cummings, 제니퍼 킴 Jennifer Kim, 애슐리 설리반 Ashleigh Sullivan 등 그러한 연구 · 조사 노력을 이끌어준 리더들에게 감사를 표한다. "그대들의 명석함에 충심으로 경의를 표하는 바이오." 랠프 댄젤로Ralph D' Angelo는 구하기 힘든 자료가 필요할 때마다 도서관을 찾아 수완을 발휘해주었고, 20년 넘게 크리스 주크의 비서로 일해온 브렌다 데이비스Brenda Davis는 우리가 체계적으로 일을 수행하도록 도우며 작업 기간 내내 긍정적인 기운을 제공해주었다.

하버드 비즈니스 리뷰 출판사의 교정·교열 및 편집, 표지 디자인, 제작 팀에게도 무한한 감사를 표한다. 이 프로젝트를 맡아 올해의 주력 도서로 만들어준 편집주간 팀 설리반Tim Sullivan과 편집장 멜린다 메리노Melinda Merino에게 감사를 드린다.

우리의 에이전트인 레이프 새걸린Rafe Sagalyn은 직무 범위를 벗어나 책의 구성에 몇 가지 변화를 제안하고 경험 많은 편집자 토비 레스터Toby Lester에게 우리의 글을 다듬게 하는 등의 수고까지 했다. 토비의 섬세한 손길은 이 책 구석구석에 영향을 미쳤다. "감사하오, 토비."

웬디 밀러Wendy Miller와 폴 저지Paul Judge가 이끄는 베인앤드컴퍼니의 마케팅팀은 문체에서부터 편집 현안, 심지어 (계속 골머리를 썩이던) 트랙체인지 소프트웨어의 사용에 이르기까지 작업과 관련된 여러 문제를 지칠 줄 모르고 도와주었다. 우리는 그들의 지식과 인내의 그 놀라운 한계가 어디인지 아직 모른다. 이 쇼의 진정한 스타 중 한 명은 매기 로처Maggie Locher다. 그녀는 항해의 중요한 시점마다 '선장의 수호자'라는 역할을 맡았으며 필요할 때마다 세부 사실 확인이라는 주요 임무를 수행했다. 매기는 놀라운 수준의 집중력을 발휘해 이 작업에 정확성을 불어넣었다. 만약 어떤 것이 누락되었다면 그것은 우리의 잘못이다.

끝으로 이해심 많은 우리의 부인들 도나 로빈슨Donna Robinson과 캐시 앨런Kathy Allen에게 가족의 일정을 번번이 망가뜨리는 행태를 매번 잘 참아준 데 대해서, 그리고 우리가 그토록 필요로 하던 지원과 조언, 긍정적 에너지를 언제나 변함없이 제공해준 데 대해서 깊고 깊은 고마움을 전한다.

지속적인 이익성장sustainable profitable growth은 모든 기업의 목표다. 모든 기업이 지속적인 흑자 성장을 위해 성장 전략을 개발하고 고객 가치 제언을 설계하고 운영 프로세스를 개선하는 노력을 끊임없이 경주한다. 그러나 베인앤드컴퍼니의 연구 결과에 따르면 현실 비즈니스 세계에서 지난 10년간 9분의 1 정도의 기업만이 지속적인 흑자 성장을 달성했다. 왜 기업의 경영진이 모든 노력을 경주함에도 대부분의 기업이 지속적인 흑자 성장에 실패하는가? 이 질문에 대해 85퍼센트의 기업 경영진은 실패의 원인이 외부적인 요인(시장 점유율 하락, 경쟁의 격화, 기술 진보 등)보다는 내부적 요인(조직 내 오너십의 약화, 복잡성 증대에 따른 의사결정 속도의 지연, 현장과의 괴리 등)에 있었다고 답했다. 기업이 성장함에 따라 내부적 복잡성은 증가하고 초창기 조직 내 번성하였던 혁신적인 문화, 임직원의 주인의식, 고객·현장 중심적 사고는 죽어간다. 이른바 '성장의 역설'이다.

이 책의 저자인 크리스 주크와 제임스 앨런은 이러한 성장에 따른 내부적 위기의 주요 증상들이 기업의 성장 단계에 따라 예측 가능하고, 더 나아가서 극복 가능하다는 점을 강조한다. 저자들은 지난 10년간 40여 개국의 다양한 기업 사례들을 통해서 이러한 기업 성장 단계별 위기들을 구조화하고, 위기의 극복 방안을 이 책의 제목이기도 한 "창업자 정신The founder's mentality"에 기반하여 구체화하였다.

저자들이 주목한 기업 성장 위기의 첫 번째 단계는 "과부화overload" 위기로서 급속한 사업 규모 확장에 따라 신생기업들start up 들이 겪는 내부적 기능 장애이다. 두 번째 단계는 "속도 저하stall-out" 위기로서 기업 규모가 커짐에 따라 조직의 복잡성이 증가하고 초창기 조직을 이끌었던 명확한 창업자적 미션이 희미해짐에 따라 겪게 되는 성장 둔화다. 세 번째 단계는 "자유 낙하free fall" 위기로서 창업자 정신을 상실한 대기업들이 사업 모델의 경쟁력을 잃고 자신들의 핵심 시장에서 성장을 완전히 멈추게 되는 현상이다. 이러한 기업 성장의 각 단계별 위기들을 극복하고 지속적인 흑자 성장을 달성한 대부분의 기업은 창업 초기에 창업자가 올바르게 설정한, 성장을 가능하게 했던 공통된 세 가지의 동기부여 및 조직원들의 행동방식을 보유하고 있다.

이것이 '창업자 정신'이다. 첫째, 이런 기업들은 사내 모든 직원이 명확하게 이해하고 서로 간에 이야기할 수 있는 반역자insurgent적 미션(충분히 만족스러운 서비스를 받지 못하는 고객을 위하여 기존 기업들의 업계 표준standard과 전쟁을 벌이거나 새로운 사업을 창출하는 사명)을 유지하고 있다. 둘째, 이러한 반역자적 사명에 따라 운영되는 기업은 모든 직원에게 깊은 주인의식을 길러줄 수 있다. 셋째, 이러한 창업자적 정신이 살아 있는 기업은 전략의 명확한 실행을 방해하는 복잡성을 극도로 혐오하며 고객과 직접 접촉하는 제일선 현장 직원들을 존중한다. 즉 창업자 정신의 세 가지 주요 특성인 반역자적 사명, 주인의식, 철저한 현장 중시를 기업의 성장에 따라 유지시켜온 기업들이 지속적인 흑자 성장을 달성할 수 있었던 것이다. 이 책에서 언급된 용후이 슈퍼스토어, 엘브랜즈, 이케아, ABI 등이 이러한 예에 속하는 기업들이다.

문제는 기업들이 그 규모가 커져 감에 따라 너무나도 쉽게, 또 너무나도 빈번히 창업자 정신을 상실한다는 것이다. 성장의 추구와 이에 따른 규모 확대는 조직에 복잡성을 더하고 프로세스를 증가시키며 고객을 위한 반역자적 미션을 희석시키고 창의적 인재를 유지하는 데 실패하게 한다. 이러한 일련의 과정은 필연적으로 기업 성과의 악화를 초래해서 지속적인 흑자 성장을 불가능하게 만든다. 어떤 기업들은 이러한 위기들을 극복하고 창업자 정신을 부활시키는 데 성공한다. 우리는 이 책에 언급된 다비타, 노르웨이크루즈라인, 홈데포에서 그러한 성공 사례들을 발견할 수 있다.

오늘날 성장 단계별 위기를 빠르게 파악하고 이를 극복하는 일은 비단 신생기업뿐만 아니라 기존의 모든 기업에서 시급한 현안이 되고 있다. 기업의 생애주기가 빠르게 단축됨에 따라 신생기업이 이전보다 빠르게 시장 지배력을 확보하고 있다. 기술의 진보, 특히 디지털화와 더불어 기업의 규모가 덜 중요한 서비스 및 소프트웨어 부문으로 가치가 이동하고 규모의 이점이 약화되고 있다. 이러한 결과로 창업자 정신으로 무장한 신생기업이 빠른 시간 안에 기존의 대기업들에게 큰 위협으로 부상한다. 그러나 이러한 신생기업들이 일단 대기업으로 기존 세력화되면 창업자 정신이 희석되고 더 빈번하고도 더 빠르게 성장 속도 저하의 위기에 봉착하게 된다. 그리고 회복에 있어서도 더 큰 어려움을 겪게 된다. 이렇듯 기업의 생애주기 단축 및 기술 진보에 따른 신생기업의 빠른 성장 및 기존 세력화, 더 빠른 성장 속도의 저하 등은 모든 기업의 전략적 포지션을 빠르게 변화시키며 많은 산업에서 경쟁 지위의 재편을 가져오고 있다. 이러한 환경에서 앞서 언급한 성장 위기들은 상시화되고 있으며 성장 위기의 극복을 위한 창업자 정신의 유지 및 재주입 또한 상시적으로 요구되고 있다.

이 책은 창업자뿐만 아니라 기업의 리더들(최고 경영진에서부터 현장 관리자들까지)에게 어떻게 기업들이 성장 단계에 따른 위기를 예측하고, 안정적으로 극복하며 조직에 창업자 정신을 불어넣고, 궁극적으로 지속적인 이익성장을 달성할 수 있을 것인가에 대한 조언을 제공한다. 그리고 많은 기업 사례를 통해 그러한 조언들의 구체적 실행 방안들까지 제언하고 있다.

오늘날 많은 국내 기업은 저성장의 늪에 빠져서 미래 성장의 길을 파악하는 데 크나큰 어려움을 겪고 있다. 많은 이들이 이러한 성장 정체의 원인을 한국이 처한 산업 및 시장의 구조적인 요인들과 같은 외부적 요인들에서 찾고 있다. 제조업에서 중국의 추격, 높은 임금 및 노동 시장의 비유연성, 시장 내 경쟁의 격화 등이 그것이다. 그러나 이러한 외부 환경적 요인을 탓하기에 앞서서 내부적으로 우리 기업들이 '창업자 정신'에 기반하여 고객을 위한 뚜렷한 반역적 미션을 가지고 있는지, 모든 조직원이 주인의식을 가지고 있는지, 철저하게 현장 중심적 의사결정 및 사고체계를 가지고 있는지를 반문해보아야 하지 않을까? 의외로 이러한 시속직 싱징의 헤법은 외부적인 요인보다 내부에 있을 가능성이 크다는 것이 이 책이 주는 교훈일 것이다.

우리는 국내의 많은 기업에서 불명확한 기업 미션, 최고 경영진과 현장의 괴리, 조직 간 사일로silo에 의한 의사결정의 지연, 고객 만족과는 무관한 복잡한 내부적 프로세스 등을 왕왕 목격한다. 이러한 내부적 요인들의 해결 없이는, 외부적 환경이 아무리 좋다 하더라도 지속적인 이익성장을 달성하기란 불가능할 것이다. 이러한 관점에서 이 책이 많은 국내의 경영 리더들이 성장 위기의 예측 및 위기의 해결을 통해서 지속적인 이익성장을 달성하는 데 실용적이고도 구체적인 방안들을 발견할 수 있도록 실질적인 도움을 주리라 확신한다.

끝으로 이 책의 출간을 위해 지난 수개월간 많은 노력을 기울여준 베인앤드컴퍼니 서울 오피스의 박혜진 님과 마케팅팀, 그리고 지원과 조언을 아끼지 않으신 한국경제신문 한경BP 여러분께 다시 한번 깊은 감사를 드린다.

2016년 7월

베인앤드컴퍼니 파트너 **조영서**

주석

—

서문

1. 첫 책《핵심에 집중하라》를 출간한 이후 우리는 전 세계 8,000개 상장기업의 데이터베이스를 관리해왔다. 우리가 '핵심에 집중하라' 데이터베이스라 부르는 그것에는 현재 30년 동안의 기록이 담겨 있다. 우리는 그것을 이용해 세계 갓곳의 성장 패턴을 분석하며, 기업 성장의 '통계표(actuarial table)'로 간주한다. 오늘날 전 세계적으로 고작 11퍼센트의 기업만이 지난 10년간 적절한 수준의 이익성장을 지속하고 자본비용을 벌어들였다. 여기서 적절한 수준의 이익성장이란 우리 기준으로 5.5퍼센트의 매출 및 이익을 기록하는 성장을 의미한다. 2011년 3월 EIU(Economist Intelligence Unit)가 베인앤드컴퍼니를 위해 전 세계 377명의 경영 간부를 대상으로 실시한 설문조사 결과를 참고하기 바란다.

2. 우리의 책《최고의 전략은 무엇인가》를 위해 수행한 분석은 유럽의 기업 직원 대상 설문조사 전문기관인 이펙토리(Effectory)가 베인앤드컴퍼니 팀과 함께 분석한, 30만 명의 회사원 설문조사 결과를 토대로 삼았다.

3. Gallup, *State of the Global Workplace*, 2012.

4. 캐피탈IQ(Capital IQ)와 기업 보고서, 문헌 검색 등에서 얻은 자료를 토대로 한 베인앤드컴퍼니의 분석. 창업자 지수(n=115)는 지난 10년 중 적어도 8년 이상 창업자가 CEO였거나 이사회 멤버였던, 2014년 기준 S&P 500 기업을 포함한다.

5. 전 세계 200개 기업에 대한 베인앤드컴퍼니의 평가. 문헌 검색 및 전문가들에

게 의존한 내부 연구.

6. Kevin J. O'Brian, "Nokia's Success Bred its Weakness: Stifling Bureaucracy Led to Lack of Action on Early Smartphone Innovation," *International Herald Tribune*, September 27, 2010.

7. 우리는 이것을 25개 대기업을 표본으로 삼아 도출했다. 그 25개 대기업은 우리가 초기까지 거슬러 올라가서 그 가치 창출 기록을 살펴볼 수 있는 오랜 역사를 가진 회사들이다. 그러고 나서 우리는 기업이 각 시기에 직면하는 도전과 결정의 특징을 밝히고 기업의 생애주기 각 단계에서 발생하는 사건에 따라 대규모 가치 변동을 분류했다. 우리는 주식시장 평균과 비교하여 대규모의 가치 변동은 미래의 이익성장에 대한 전망이 의미 있게 오르거나 내릴 때 발생했다는 사실을 발견했다. 우리는 또한 그러한 인식이 업계의 변동보다는 해당 기업의 업계 대비 성과와 훨씬 더 많은 관련성을 갖는다는 사실을 발견했다(실제로 한 업계 내에서 가치 변동의 80퍼센트 이상은 시장 성장 기대치의 등락과 관계가 없었다).

8. 우리의 글로벌 재무 데이터베이스를 토대로 수행한 분석에 기초한다. 여기서 우리는 기업들이 〈포춘〉 500대 기업에 도달하는 속도를 살펴보았다. 또한 우리는 8,000개 글로벌 기업의 지난 30년 기록을 담은 우리의 데이터베이스를 이용해서 연 매출 100억 달러 이상으로 사업의 규모를 키운 기업들을 대상으로 그런 성장을 이룬 속도에는 어떤 차이가 있는지 조사했다. 우리는 지난 몇십 년 사이에 기업들의 성장 속도가 몇 배 빨라졌음을 확인할 수 있었다. 우리가 10년 전 수행한 1980~90년대의 성장 속도 분석 역시 '규모를 키운 속도'의 기록 보유자들에 대해 이와 동일한 결론에 도달한 바 있다.

9. "Bain Brief: Strategy Beyond Scale," February 11, 2015.

10. 1994년에서 2014년 사이에 〈포춘〉 500대 기업 목록에 오르거나 거기서 내려간 기업들에 대한 베인앤드컴퍼니 팀의 분석에 기초한다. 우리는 더 나아가 지난 10년 사이에 속도 저하에 처한 대규모 사례 50개의 매출 감소 속도를 연구함으로써 이를 입증했다.

11. 2011년 3월 EIU가 베인앤드컴퍼니를 위해 전 세계 377명의 경영 간부를 대상

으로 실시한 설문조사 결과에 기초한다.

1장

1. 2015년 오하이오 주 콜럼버스에서 크리스 주크가 레슬리 웩스너와 가진 일련의 인터뷰 및 대화에서 뽑은 내용이다.

2. Gallup, *State of the Global Workplace Report*, 2014.

3. 이 통계치는 서로 강화하는 성격의 세 가지 설문조사 결과를 기초로 한다. 첫 번째는 2013년 샌프란시스코에서 열린 인데버(Endeavor) 연례 회합 자리에서 거기에 참석한 인데버 기업가들을 대상으로 한 설문조사다. 두 번째는 2013년 크리스 주크가 벨기에에 있는 블레릭 경영대학원에서 개최한 워크숍에서 모두 창업가에 해당하는 70명의 경영 간부를 대상으로 한 설문조사다. 세 번째는 전 세계 325명의 경영 간부를 대상으로 한 베인앤드컴퍼니의 창업자 정신 글로벌 설문조사다. 모두 강력한 결과를 일관되게 보여준다.

4. 전 세계 200개 기업에 대한 베인앤드컴퍼니의 평가.

5. 20개 글로벌 상장 대기업을 대상으로 그들의 역사 전반에 걸쳐 시장 가치의 주요 변동을 추적한 베인앤드컴퍼니의 기업 생애주기 가치 분석에 기초한다. 각각의 변동을 그것이 발생한 생애주기 기간에 결부시키며 예측 가능한 위기에 대응하는지를 알아보았다.

6. 2011년 3월 EIU가 베인앤드컴퍼니를 위해 전 세계 377명의 경영 간부를 대상으로 실시한 설문조사 결과에 기초한다.

2장

1. 2013년 10월 28일, 노르웨이스카이 유람선 선상 인터뷰 자리에서 케빈 시언이 크리스 주크에게 한 말.

2. 크리스 주크의 제프 로이드 인터뷰, Sidney, Australia, May 12, 2014.

3. 전 세계 8,000개 상장기업의 1993년에서 2013년 사이의 기록을 토대로 한 베인앤드컴퍼니의 속도 저하 분석, 그리고 그 원인과 과정을 보다 상세히 살펴보

기 위한 50개 대규모 속도 저하 사례에 대한 '심층 조사'.

4. Matthew S. Olson, Derek van Bever, and Seth Verry, "When Growth Stalls," *Harvard Business Review*, March 2008.

5. 2011년 3월 EIU가 베인앤드컴퍼니를 위해 전 세계 377명의 경영 간부를 대상으로 실시한 설문조사 결과에 기초한다.

6. 그레그 브레네만 인터뷰, Houston, TX, October 12, 2015.

7. 주요한 사업 변혁 50개 사례에 대한 베인앤드컴퍼니의 분석.

8. 50개 업종 분류(예컨대 공익사업, 항공업 등) 표본을 대상으로 당시 해당 업계가 주요 격변(예컨대 에너지 교환에 따른 공익사업 업계의 신가격책정 모델 또는 항공 업계의 규제 철폐 등)을 겪었는지, 또 몇 차례나 겪었는지 등을 확인한, 베인앤드컴퍼니 내부 전문가들의 분석을 기초로 한다.

9. John Kador, *Charles Schwab: How One Company Beat Wall Street and Reinvented the Brokerage Industry* (Hoboken, NJ: John Wiley & Sons, 2002).

10. 크리스 주크의 찰스 골드먼 인터뷰, New York, January 6, 2014.

11. 고객 순추천지수는 프레드 라이할트(Fred Reichheld)가 개발한 고객 옹호도에 대한 척도. 그는 특정 기업의 이 점수와 이익성장을 달성할 수 있는 능력 사이에 강력한 관계가 있음을 보여주었다. 이는 고객에게 해당 기업의 상품이나 서비스를 친구에게 추천하고 싶다는 의향의 정도를 1에서 10까지 점수로 매겨달라고 요청해서 도출하는 간단한 지수다. '비방자(0에서 6까지의 점수를 주는 사람)'에 해당하는 고객의 비율을 '옹호자'에 속하는 고객의 비율에서 차감하는 방식으로 계산한다. 우리는 여러 업계에서 다양한 규모의 기업에 걸쳐 이 지수를 살펴보고 규모와 고객 순추천지수 사이에 평균적으로 강력한 부적관계성(역의 관계)이 있음을 발견했다. 하지만 그럼에도 모든 범주에서, 규모를 키우면서도 고객 옹호도를 유지한 소수의 대기업을 언제나 발견할 수 있었다. 창업자 정신을 유지하고 고객 경험의 분열을 막기 위해 취한 조치들 덕분에 말이다.

12. Clayton Christensen, *The Innovator's Dilemma* (Boston: Harvard Business Press, 1997).

13. 2013년 전 세계 325명의 경영 간부를 대상으로 베인앤드컴퍼니에서 수행한 창업자 정신 설문조사 결과에 기초한다.

14. Michael Mankins, Bain Brief: "이 주간 회의가 연간 30만 시간이나 잡아먹고 있었습니다." April 2014.

15. Temkin Group, "Employee Engagement Benchmark Survey," January 2012.

16. David Packard, *The HP Way: How Bill Hewlett and I Built Our Company* (New York: HarperCollins, 2006).

17. A Letter from Walter Hewlett, *Wall Street Journal*, February 13, 2002.

18. Bill Taylor, "How Hewlett-Packard Lost the HP Way," *Harvard Business Review*, September 23, 2011.

3장

1. 2013년 10월 30일, 노르웨이스카이 유람선 선상 인터뷰 자리에서 케빈 시언이 크리스 주크에게 한 말.

2. 시스템이 가장 우선시되는 현상에 관한 다양한 아이디어를 원하면 다음 웹사이트의 블로그들을 참조하라. www.foundersmentality.com

4장

1. Matthew S. Olson and Derek van Bever이 "Stall Points(New Haven, CT: Yale University Press, 2008)"에서 처음 추산했고, 최근 속도 저하의 위험성과 심각성이 증가하고 있음을 보여주는 베인앤드컴퍼니의 분석으로 확인되었다.

2. Niall Ferguson, "Complexity and Collapse" *Foreign Affairs*, March 2010.

3. 크리스 주크의 게리 무어 인터뷰, San Jose, CA, May 5, 2015.

4. 크리스 주크의 제프 로이드 인터뷰, Sidney, Australia, May 14, 2014.

5. 크리스 주크의 조지 버클리 경 인터뷰, Miami, FL, August 11, 2013.

6. 크리스 주크의 존 도나호 인터뷰, San Francisco, July 2, 2013.

7. 크리스 주크의 로니 내브달 인터뷰, Oslo, Norway, March 26, 2014.

5장

1. David C. Robertson with Bill Breen, Brick by Brick (New York: Crown Business, 2013).

6장

1. Arthur Blank and Bernie Marcus with Bob Andelman, *Built from Scratch: How a Couple of Regular Guys Grew The Home Depot from Nothing to $30 Billion* (New York: Crown Business, 1999), xvii.

2. Sam Walton with John Huey, *Sam Walton: Made In America* (New York: Doubleday, 1992).

3. Ray Kroc with Robert Anderson, *Grinding It Out: The Making of McDonald's* (Chicago, IL: Contemporary Books, 1985).

4. Andrew S. Grove, *Only the Paranoid Survive: How to Exploit the Crisis Points That Challenge Every Company* (New York: Currency, 1996).

5. Vinod Mahanta and Priyanka Sangani, "Corporate Dossier," *Economic Times of India*, November 9, 2013.

6. Unilever, https://www.unilever.com/sustainable-living/ the-sustainable-living-plan/our-strategy/awards-and-recognition/.

7. Warren Bennis and Burt Nanus, *Leaders: Strategies for Taking Charge* (New York: Harper & Row Publishers, 1985).

8. Hamish McDonald, *The Polyester Prince: The Rise of Dhirubhai Ambani* (New South Wales, Australia: Allen and Unwin Pty. Limited, 1999).

9. 비크람 오베로이 인터뷰.

10. GE Annual Report, 2000.

참고문헌

Books

Bennis, Warren G., and Patricia Ward Biederman. Organizing Genius: The Secrets of Creative Collaboration. New York: Perseus Books, 1997.

Bhat, Harish. Tata Log: Eight Modern Stories from a Timeless Institution. New York: Random House Penguin, 2012.

Carnegie, Andrew. The Autobiography of Andrew Carnegie. New York: Signet Classics, 2006.

Chernow, Ron. Titan: The Life of John D. Rockefeller, Sr. New York: Vintage Books, 1998.

Christensen, Clayton M. The Innovator's Dilemma: When New Technologies Cause Great Firms to Fail. Boston: Harvard Business School Press, 1997.

Collins, James C., and Jerry I. Porras. Built to Last: Successful Habits of Visionary Companies. New York: HarperBusiness, 1997.

Cord, David J. The Decline and Fall of Nokia. Helsinki: Schildts & Söderströms, 2014.

Dell, Michael, with Catherine Fredman. Direct from Dell: Strategies That Revolutionized an Industry. New York: HarperBusiness, 1999.

DeRose, Chris, and Noel Tichy. Judgment at the Front Line. New York: Portfolio Penguin, 2012.

Fischer, Bill, Umberto Lago, and Fang Liu. Reinventing Giants: How Chinese Global Competitor Haier Has Changed the Way Big Companies Transform. San Francisco: Jossey-Bass, 2013.

Gallo, Carmine. The Innovation Secrets of Steve Jobs: Insanely Different Principles for Breakthrough Success. New York: McGraw-Hill, 2010.

Goodheart, Adam. 1861: The Civil War Awakening. New York: Vintage Books, 2011.

Greenberg, Maurice R., and Lawrence A. Cunningham. The AIG Story. Hoboken, NJ: John Wiley & Sons, 2013.

Grove, Andy. Only the Paranoid Survive. New York: Bantam Doubleday Dell Publishing Group, 1996.

Guaracy, Thales. O Sonho Brasileiro: Como Rolim Adolfo Amaro Construiu aTAM e Sua Filosofia de Negocios Portuguese ed. editoracopacabana, 2003.

Horowitz, Ben. The Hard Thing about Hard Things: Building a Business When There Are No Easy Answers. New York: HarperCollins Publishers, 2014.

Hsieh, Tony. Delivering on Happiness. New York: Business Plus-Hachette Group, 2010.

Isaacson, Walter. Steve Jobs. New York: Simon & Schuster, 2011.

Janis, Irving L. Groupthink: Psychological Studies of Policy Decisions and Fiascoes. Boston: Houghton-Mifflin, 1982.

Kador, John. Charles Schwab: How One Company Beat Wall Street and Reinvented the Brokerage Industry. Hoboken, NJ: John Wiley & Sons, 2002.

Kahneman, Daniel. Thinking, Fast and Slow. New York: Farrar, Straus and Giroux, 2011.

Kaku, Michio. The Future of the Mind. New York: Random House, 2014.

Karkara, Bachi J. Dare to Dream: A Life of M.S. Oberoi. New Delhi, India: Portfolio Penguin, 1993.

Kiechel, Walter. The Lords of Strategy. Boston: Harvard Business Press, 2010.

Lala, R. M. For the Love of India: The Life and Times of Jamsetji Tata. New Delhi, India: Portfolio Penguin, 2004.

Larish, John J. Out of Focus: The Story of How Kodak Lost Direction. Privately published, 2012.

Lashinsky, Adam. Inside Apple. New York: Business Plus, 2013.

Levy, Steven. In the Plex: How Google Thinks, Works, and Shapes Our Lives. New York: Simon & Schuster, 2011.

Lumet, Sidney. Making Movies New York: Vintage Books, 1996.

McDonald, Hamish. Mahabharata in Polyester. New South Wales: New South Wales Press, 2010.

Marcus, Bernie, and Arthur Blank. Built from Scratch. New York: Crown Business, 1999.

Mondavi, Robert. Harvests of Joy. New York: Harcourt, Inc., 1998. Olson, Matthew S., and Derek van Bever. Stall Points. New Haven, CT: Yale University Press, 2008.

Packard, David. The HP Way: How Bill Hewlett and I Built Our Company. New York: Harper Collins, 1995.

Pink, Daniel H. Drive: The Surprising Truth about What Motivates Us. Edinburgh, Scotland: Rivergate Books, 2009.

Reichheld, Fred. The Ultimate Question 2.0: How Net Promoter Companies Thrive in a Customer-Driven World. Boston: Harvard Business School Press, 2011.

Ries, Eric. The Lean Start-Up: How Today's Entrepreneurs Use Continuous Innovation to Create Radically Successful Businesses. New York: Crown

Business, 2011.

Robertson, David, and Bill Green. Brick by Brick: How LEGO Rewrote the Rules of Innovation and Conquered the Global Toy Industry. New York: Crown Business, 2013.

Rottenberg, Linda. Crazy Is a Complement: The Power of Zigging over Zagging. New York: Portfolio Penguin, 2014.

Schelling, Thomas C. Micromotives and Macrobehavior. New York: WW Norton, 1978.

Schmidt, Eric, and Jonathan Rosenbert. How Google Works. New York: Grand Central Publishing, 2013.

Schultz, Howard. Onward: How Starbucks Fought for Its Life Without Losing Its Soul. New York: Rodale Press, 2010.

Sheehy, Gail. New Passages: Mapping Your Life Across Time. New York: Random House, 1995.

Shelp, Ron. Fallen Giant: The Amazing Story of Hank Greenberg and the History of AIG. Hoboken, NJ: John Wiley & Sons, 2009.

Simon, Hermann. Hidden Champions of the 21st Century: Success Strategies of Unknown World Market Leaders. New York: Springer, 2009.

Snyder, Paul. Is This Something George Eastman Would Have Done? Rochester, NY: Privately published, 2013.

Stadler, Christian. Enduring Success: What We Can Learn from the History of Outstanding Corporations. Stanford, CA: Stanford Business Books, 2011.

Stiles, T. J. The First Tycoon: The Epic Life of Cornelius Vanderbilt. New York: Knopf Doubleday, 2009.

Stone, Brad. The Everything Store: Jeff Bezos and the Age of Amazon. London: Bantam Press, 2013.

Syed, Matthew. Bounce: How Champions Are Made. London: Fourth Estate,

2010.

Thiel, Peter, and Blake Masters. Zero to One: Notes on Startups, or How to Build the Future. New York: Crown Publishing, 2014.

Wallace, James, and James Erikson. Hard Drive: Bill Gates and the Making of the Microsoft Empire. New York: Harper Collins, 1992.

Wolcott, Robert C., and Michael Lippitz. Grow from Within. New York: McGraw Hill, 2010.

Zook, Chris. Beyond the Core: Expand Your Market Without Abandoning Your Roots. Boston: Harvard Business School Press, 2004.

_____. Profit from the Core: A Return to Growth in Turbulent Times. With James Allen. Boston: Harvard Business Press, 2010

_____. Unstoppable: Finding Hidden Assets to Renew the Core and Fuel Profitable Growth. Boston: Harvard Business School Press, 2007.

Zook, Chris, and James Allen. Repeatability: Build Enduring Businesses for a World of Constant Change. Boston: Harvard Business Review Press, 2012.

Articles

Allen, James, Dunigan O'Keeffe, and Chris Zook. "Founder's Mentality: The Paths to Great Repeatable Models." Bain & Company, Boston, May 3, 2013.

Blenko, Marcia, Eric Garton, Ludovica Mottura, and Oliver Wright. "Winning Operating Models That Convert Strategy to Results." Bain & Company, Boston, 2014.

Bloch, Nicolas, James Hadley, Ouriel Lancry, and Jenny Lundqvist. "Strategy beyond Scale." Bain & Company, Boston, 2015.

Cassano, Erik. "Medicine Man: How Kent Thiry Cured DaVita Inc. of Its Ills and Turned It into an Industry Leader." SmartBusiness, January 2007.

"Charles Schwab: Return of the King." The Economist, July 22, 2004.

Dyer, Jeffrey H., Hal B. Gregersen, and Clayton M. Christensen. "The Innovator's DNA." Harvard Business Review, December 2009.

Fahlenbrach, Rudiger. "Founder-CEOs, Investment Decisions, and Stock Market Performance." Working paper, Ohio State University, Fisher College of Business, August 8, 2007.

"Founder Returns Charles Schwab to Its Maverick Roots." MarketWatch, December 6, 2005.

Groom, Nichola. "Schultz Back as Starbucks CEO; US Expansion Slowed." Reuters News, January 7, 2008.

Hansen, Morten T., Herminia Ibarra, and Urs Peyer. "The Best-Performing CEOs in the World." Harvard Business Review, January-February 2013.

Hewlett, Walter. "Letter to Hewlett Packard Shareholders." Wall Street Journal, February 13, 2002.

Hjelmgaard, Kim. "Back from the Brick: How LEGO Was Transformed." MarketWatch, December 23, 2009.

Iansiti, Marco, and Roy Levien. "Strategy as Ecology." Harvard Business Review, March 2004.

Ignatius, Adi. "The HBR Interview: 'We Had to Own the Mistakes.'"Harvard Business Review, July-August 2010.

Jones, Del, and Matt Krantz. "Firms, Investors Tend to Prosper with Founders at Helm." USA Today, August 22, 2007.

Kedrosky, Paul. "The Constant: Companies That Matter." Ewing Marion Kauffman Foundation, May 2013.

Laurie, Donald L., and J. Bruce Harreld. "Six Ways to Sink a Growth Initiative." Harvard Business Review, July-August 2013.

Mankins, Michael C., and Richard Steele. "Turning Great Strategy into Great Performance." Harvard Business Review, July-August 2005.

Martens, Martin L. "Hang On to Those Founders." Harvard Business Review, October 1, 2005.

Morris, Betsy. "Steve Jobs Speaks Out." Fortune, March 7, 2008.

Nakamura, Noriko, and Mayumi Negishi. "Sharp's New Boss Says It Suffers From 'Big Company Disease.'" Wall Street Journal blog, blogs. wsj.com/japanrealtime/2013/06/25.

O'Brien, Kevin J. "Nokia's Success Bred Its Weakness; Stifling Bureaucracy Led to Lack of Action on Early Smartphone Innovation." International Herald Tribune, September 27, 2010.

Olson, Matthew S., Derek van Bever, and Seth Verry. "When Growth Stalls." Harvard Business Review, March 2008

Porter, Michael E. "What Is Strategy?" Harvard Business Review, November-December 1996.

Schein, Edgar H. "The Role of the Founder in Creating Organizational Culture." Organizational Dynamics, Summer 1983.

Strangler, Dane, and Robert E. Litan. "Where Will the Jobs Come From?" Firm Formation and Economic Growth. Kauffman Foundation Research Series, November 2009.

Taylor, Bill. "How Hewlett-Packard Lost the HP Way." Harvard Business Review, September 23, 2011.

Wasserman, Noam. "The Founder's Dilemma." Harvard Business Review, February 2008.

Wats, Robert. "The Good Brick Who Rebuilt LEGO." Telegraph, December 17, 2006.

Zook, Chris, and James Allen. "The Great Repeatable Business Model." Harvard Business Review, November 2011.

창업자 정신

제1판 1쇄 발행 | 2016년 7월 15일
제1판 13쇄 발행 | 2023년 12월 11일

지은이 | 크리스 주크 · 제임스 앨런
감수 | 조영서
옮긴이 | 안진환
펴낸이 | 김수언
펴낸곳 | 한국경제신문 한경BP
책임편집 | 마현숙
교정교열 | 공순례
저작권 | 백상아
홍보 | 서은실 · 이여진 · 박도현
마케팅 | 김규형 · 정우연
디자인 | 권석중
표지디자인 | 이승욱
본문디자인 | 디자인 현

주소 | 서울특별시 중구 청파로 463
기획출판팀 | 02-3604-590, 584
영업마케팅팀 | 02-3604-595, 562 FAX | 02-3604-599
H | http://bp.hankyung.com E | bp@hankyung.com
F | www.facebook.com/hankyungbp
등록 | 제 2-315(1967. 5. 15)

ISBN 978-89-475-4127-5 03320

감수 | 조영서

베인앤드컴퍼니의 파트너이며, 현재 베인 서울 사무소 금융 및 공공 프랙티스 대표로
일하고 있다. 금융 및 공공 부문에서 15년 이상의 컨설팅 경력을 보유하고 있으며, 그
과정에서 국내외 금융기관, 공기업들의 포트폴리오 및 성장 전략, 신사업 개발, 마케팅
및 영업 전략, 운영개선, 변화 관리, 디지털 혁신 등과 관련된 다양한 프로젝트들을 수
행하였다. 현재 〈포춘코리아〉 편집위원으로도 활동 중이다. 베인앤드컴퍼니 이전에 맥
킨지앤드컴퍼니에서 근무했으며, 재정경제원에서 사무관으로 재직했었다. 서울대학교
경제학과를 졸업하고, 컬럼비아 비즈니스스쿨에서 경영학 석사학위를 취득했다.

옮긴이 | 안진환

국내 출판계의 대표적인 전문 번역가. 연세대학교 졸업 후 번역 활동을 시작, 이후 명
지대학교와 성균관대학교에 출강한 바 있다. 저서로는 《영어실무번역》 《Cool 영작문》
등이 있으며, 역서로는 《스티브 잡스》 《정치와 도덕을 말하다》 《넛지》 《마시멜로 테스
트》 《빌 게이츠@생각의 속도》 《포지셔닝》 《괴짜 경제학》 《온워드》 《불황의 경제학》 《스
틱!》 《스위치》 등이 있다.